EDK

Edition Delius

D1717831

Andrew McIndoe

Sträucher

Auswahl · Schnitt · Pflege

Delius Klasing Verlag

Inhalt

Echter Lavendel *(Lavandula angustifolia)* 'Imperial Gem' (Seite 2 oben)

Japanischer Ysander *(Pachysandra terminalis)* (Seite 2 unten)

Japanischer Blumen-Hartriegel *(Cornus kousa)* 'Gold Star' (Seite 4 oben)

Fächer-Ahorn *(Acer palmatum)* 'Fireglow' (Seite 4 unten)

Was versteht man unter Sträuchern?

Sträucher sind Gehölze, die keinen einzelnen, säulenartigen Stamm als Hauptachse aufweisen, sondern zahlreiche, gleichwertige, häufig dünn bleibende Stämme dicht über dem Boden ausbilden. Sie zeichnen sich durch auffällige, schöne Blüten, panaschiertes oder farbiges Laub, attraktive Stämme bzw. Rinde oder duftende Blätter aus. Sträucher bestimmen das Gartenbild auf sämtlichen Pflanzebenen von Bodennähe bis über Augenhöhe. Dabei zeigen sich einige der gebräuchlichsten Sträucher stets in einem einheitlichen Grün, behalten ihr Laub jedoch ganzjährig, sind also immergrün. Der Mensch pflanzt seit Jahrhunderten Sträucher, schneidet sie in Form und nutzt sie zur Strukturbildung in der Gartengestaltung.

Der Jardin d'Angélique, Normandie, Frankreich

Der Strauchkauf

Beim Erwerb von Sträuchern hat der Gartenfreund die Qual der Wahl, denn das Angebot an frostharten Pflanzen in Pflanzenkatalogen, Baumschulen und Gartencentern ist überaus vielfältig und groß. Die meisten Sträucher werden von ihren Käufern selber in entsprechenden Gärtnereien ausgewählt. Moderne Produktionsmethoden sorgen für ein breites Spektrum an qualitativ hochwertigem Pflanzenmaterial.

Heutzutage sind die meisten Sträucher als Containerware erhältlich. Diese Pflanzen werden durch Samen, Stecklinge oder Veredlung vermehrt und nach dem Anwurzeln in Container gepflanzt. Bei jedem Umpflanzen wird besonders darauf geachtet, dass die Wurzeln intakt und ungestört bleiben, was auch bei der endgültigen Pflanzung im Garten wichtig ist. Einige Sträucher gedeihen besser im Freiland als in Töpfen. Diese werden im Herbst aus dem Freiland aufgenommen und in Töpfe gesetzt. Pflanzt man sie innerhalb weniger Monate nach dem Verschulen aus, kann es passieren, dass sich das Erdreich von den Wurzeln löst, da sich die Pflanzen nicht gut im Topf etablieren konnten. Diese kurzfristig in Container verschulten Pflanzen benötigen nach dem Auspflanzen zunächst zusätzliche Pflege.

Früher wurden sämtliche laubabwerfende Sträucher als wurzelnackte Ware verkauft, was heute fast nur noch für Heckenpflanzen gilt. Die Pflanzen werden in der Ruhephase aus dem Freilandquartier genommen und gelangen ballenlos in den Verkauf. Ballenware wird im Freilandquartier gezogen und während der Ruhephase mit Erdballen entnommen, wobei das Wurzelsystem intakt bleibt. Auf diese Weise werden traditionell Immergrüne und große Solitärsträucher angeboten, darunter besonders solche mit einem feinen Wurzelsystem wie Rhododendren (*Rhododendron*), Japanische Ahorne (*Acer japonicum*) und Magnolien (*Magnolia*). Der Wurzelballen wird häufig durch ein Ballentuch zusammengehalten. Dieses sollte in den meisten Fällen bei der Pflanzung nicht entfernt werden. Es wird dann im Pflanzloch verrotten. Sind Sie sich in diesem Punkt unsicher, lassen Sie sich vom Baumschulgärtner beraten: Seine Empfehlung hängt vom verwendeten Material ab.

Gütekriterien für Sträucher (Auszug aus dem Sonderdruck Deutscher Gartenbau 2006)	
Leichter Strauch	zwei bis drei Triebe, 25-90 cm Höhe, mindestens einmal verpflanzt
Verpflanzter Strauch	zwei bis acht Triebe, 15-200 cm Höhe, sonst wie oben
Sträucher im Container	Höhensortierung von 15-200 cm, mindestens drei Triebe
Solitärsträucher	nach Höhe sortiert, mindestens dreimal verpflanzt, Container oder Ballen
Leichte Heister	nach Höhe sortiert (60-200 cm), mindestens einmal verpflanzt
Verpflanzte Heister	nach Höhe sortiert (125-300 cm), mindestens einmal verpflanzt, Stammumfang in 30 cm Höhe 5 oder 6 cm, Kultur in weitem Stand
Stammbüsche	nach Stammumfang sortiert (12-20 cm), dreimal verpflanzt, Kultur in weitem Stand, Mindesthöhe 250 cm, Ballen oder Container
Solitärstammbüsche	nach Stammumfang (mindestens 18 cm) sortiert, zusätzliche Angaben zu Breite und Höhe möglich, besonders eindrucksvoller Wuchs, Anzahl der Verpflanzungen ist angegeben
Heckenpflanzen	nach Höhe sortiert (ab 80 cm), mindestens zweimal geschnitten

1 | Der perfekte Strauch besitzt ein ausgewogen verzweigtes Astwerk, gesundes Laub und ein gut entwickeltes Wurzelsystem.

2 | Containerpflanzen erlauben den Kauf und die Pflanzung zu jeder Jahreszeit – sogar während der Blütezeit.

Große Solitäre

Immer häufiger sind große Solitäre erhältlich, besonders immergrüne. Sie kommen oft aus Italien, wo eine wesentlich längere Vegetationszeit ein schnelleres Wachstum bedingt. Auf diese Weise spart man Zeit und erzielt sofort eine Wirkung, was jedoch seinen Preis hat. Hier ist die Pflege nach der Pflanzung besonders wichtig, aber leider ist die Wüchsigkeit häufig enttäuschend. Meist stellt sich in den ersten zwei, drei Jahren ein Stillstand ein, während die Wurzeln einwachsen. Auf lange Sicht erzielt man mit einer kleineren Pflanze oft dasselbe Ergebnis.

♉ Das Gütesiegel der Royal Horticultural Society: RHS Award of Garden Merit

Der Award of Garden Merit ist ein Gütesiegel und damit ein Qualitätshinweis, den viele der hier vorgestellten Sträucher aufweisen. Diese sind mit dem entsprechenden Symbol ♉ gekennzeichnet.
Das Zeichen besagt, dass die Pflanze im Handel erhältlich ist sowie einzigartige Eigenschaften besitzt.

Sie ist einfach in Kultur und Pflege, von robuster Konstitution und vielseitig im Garten verwendbar. Es bedeutet nicht, dass Pflanzen ohne AGM nicht eingesetzt werden können, sondern lediglich, dass die RHS bis jetzt keine Wertung vornehmen konnte oder die Pflanze nicht alle diese Kriterien erfüllt.

Der richtige Kaufzeitpunkt

Sträucher werden in unterschiedlichen Wuchsgrößen angeboten. Größer zu kaufen, bedeutet Zeit zu gewinnen. Aber ist das wirklich vorteilhaft? Sträucher werden gewöhnlich anhand ihrer Größe (Höhe, Triebzahl etc.) und der Anzahl der Verpflanzungen klassifiziert. Gehölze guter Qualität müssen ihre Pflanzbehälter gut durchwurzelt haben.

Alternative Sorten

Suchen Sie eine besondere Pflanze, erkundigen Sie sich von vornherein nach einer Alternative. Ständig kommen neue Sorten auf den Markt, die vielfach eine Verbesserung darstellen. Der Japanische Spierstrauch *(Spiraea japonica)* 'Goldflame' z.B. hat mittlerweile mit 'Firelight' einen vitaleren Nachfolger, was die Anhänger von 'Goldflame' häufig übersehen.
Containerware ist sehr vorteilhaft, denn sie kann, im belaubten oder gar blühenden Zustand, praktisch zu jeder Jahreszeit erworben werden. Meist wird sie außerdem durch ihr Etikett hinreichend beschrieben und bebildert.

Was zeichnet einen hochwertigen Strauch aus?

Sträucher variieren in Form, Größe und Wuchsverhalten. Meistens ist bereits im frühen Stadium erkennbar, ob sich eine Pflanze zu einem wohlgestalteten Exemplar entwickelt. Ein gut gewachsener, junger Strauch zeichnet sich durch eine ausgewogene Verzweigung von der Basis her aus. Diese wird meist durch einen Erziehungsschnitt der einjährigen Pflanze in der Baumschule angelegt. Außerdem ist das Gehölz kräftig gewachsen und so gesund, dass es sich gut entwickeln kann.
Dabei sollten Sie nicht übersehen, dass einige Sträucher im Jugendstadium, also in dem Zustand, in dem sie normalerweise angeboten werden, keine Schönheiten sind. Darauf weisen wir in diesem Buch jeweils extra hin.

Erfolgreiches Pflanzen

Wenn es sich nicht gerade um die Gestaltung eines völlig neuen Gartens handelt, liegt Ihr Augenmerk vermutlich auf der Einzel- oder Gruppenpflanzung. Containerware kann zu jeder Jahreszeit gepflanzt werden, solange kein Frost herrscht, und sollte sich problemlos entwickeln. In der Praxis kann sich das Anwachsen im Garten durchaus als schwierig erweisen, falls Sie nicht bestimmte Grundsätze befolgen.

Ein junger Strauch im Container wurde in der Baumschule professionell gepflegt. Oft gedieh er unter Glas oder Folie, wurde regelmäßig gewässert sowie frei von Krankheiten und in einem speziellen Substrat gehalten. Er wurde mit einem ausgewogenen Langzeitdünger und gelegentlich mit Flüssigdünger versorgt.

Soll sich Ihre neue Pflanze im Garten schnell etablieren, sollten sich diese günstigen Bedingungen kaum ändern. Eine kleine Pflanzgrube in dichtem, kaltem, feuchtem Lehm, der in der Sommersonne austrocknet, hemmt die Entwicklung. Die Wurzeln breiten sich nicht aus, das Wachstum stagniert.

Eine Pflanze entwickelt sich dann gut, wenn sie sich wohlfühlt. Wir neigen jedoch dazu, Pflanzen nach unseren Vorstellungen auszuwählen. Dabei ist die beste Wahl eine Pflanze, die sich für die jeweiligen Standortverhältnisse eignet. Sagen diese der Pflanze nicht zu, ist der Aufwand für ihre gute Entwicklung sehr hoch.

Standort hat Priorität

Bei der Wahl der richtigen Pflanze geht es gleichermaßen um die Frage, was gut in einer bestimmten Gartensituation gedeiht und was dorthin passt. Der natürliche Lebensraum einer Pflanze bestimmt deren Standortanforderungen im Garten. Pflanzen mit grauem und aromatischem Laub sind oft im Mittelmeerraum beheimatet, brauchen daher viel Sonne, eher trockene Verhältnisse und eine gute Drainage. Je mehr sich der Gartenfreund auf Gartenarbeit einlässt, desto eher erkennt er die Bedürfnisse der Pflanzen. Glücklicherweise können wir heute aus einem reichen Erfahrungs- und Wissensschatz schöpfen. Das sollte den experimentierfreudigen Gärtner jedoch nicht hindern, neue Wege zu gehen oder durch Ausprobieren herauszufinden, ob eine für warme, trockene, sonnige Standorte als geeignet geltende Pflanze auch leichten Schatten oder Feuchte toleriert.

1. Pflanzgrube

Die Pflanzgrube sollte mindestens den zweifachen Durchmesser des Ballens besitzen. Die Sohle des Pflanzlochs mit Spaten oder Grabegabel für eine gute Drainage auflockern. Reichlich gute Gartenerde, reifen Mist oder Kompost unter den Aushub mischen und in die Sohle der Pflanzgrube einarbeiten. Langzeitdünger über den Aushub und eine Handvoll auf den Grund der Grube streuen, mit der Grabegabel untermischen.

2. Die richtige Pflanztiefe

Bevor Sie die Pflanze aus dem Container klopfen, sorgen Sie dafür, dass das Substrat gut durchfeuchtet ist. Ein trockener Wurzelballen lässt sich nach der Pflanzung nur schwer befeuchten. Die Pflanze aus dem Container nehmen und in die Mitte des Pflanzlochs stellen. Die Oberfläche des Ballens sollte dabei knapp unterhalb des Bodenniveaus liegen. Achten Sie darauf, die empfindlichen Wurzeln nicht zu verletzen. Aus dem Wurzelballen herausragende starke Wurzeln im Pflanzloch ausbreiten, aber keine weiteren aus dem Ballen ziehen.

3. Vorsichtig andrücken

Füllen Sie die gut mit Dünger und Kompost vermischte Erde um die Pflanze und drücken Sie das Substrat mit dem Schuhabsatz fest, ohne dass der Wurzelballen dabei tiefer in die Pflanzgrube sinkt. Häufeln Sie die Erde ungefähr 1 cm über dem Bodenniveau so an, dass eine Gießmulde entsteht, die das Regen- und Gießwasser zur Pflanze hinfließen lässt. Gut wässern!

Frost- und Windschutz

Einige Pflanzen, vor allem Immergrüne aus wärmeren Klimazonen, leiden im Winter eher unter kalten Winden als unter Kälte. Bei austrocknenden Winden wird dem Laub Feuchtigkeit entzogen, die die Wurzeln jedoch nicht aus dem Boden ersetzen können, wenn die Erde gefroren ist. Die Folge sind Schäden oder sogar das Eingehen der Pflanze.

Ein anderes Problem ist, dass Frost das Wasserleitsystem der Pflanzen zerstören kann. Der Schaden wird dabei erst bei Erwärmung sichtbar, wenn Laub und Stängel nicht mehr mit Wasser versorgt werden.

Eine nur bedingt frostharte Pflanze hat daher eine bessere Chance im Windschutz einer Mauer, des Hauses, anderer Gartengebäude oder anderer Sträucher. Schützen Sie empfindliche Pflanzen bei widriger Witterung mit einem leichten Gartenvlies, das Sie sorgfältig befestigen. Verwenden Sie jedoch keine Plastikplanen. Unter diesen bildet sich Kondenswasser, und es kommt zu extremen Temperaturschwankungen, die mehr schaden als nützen.

Wässern

Im Jugendstadium einer Pflanze, während sich das Wurzelsystem noch entwickelt, ist regelmäßiges und häufiges Gießen unbedingt erforderlich. Torfsubstrate oder deren Ersatz, die für Containerpflanzen verwendet werden, sind gewöhnlich schwieriger zu wässern als Gartenerde, da sich das Wasser in Zwischenräumen sammelt, anstatt den Wurzelballen zu durchdringen. Das Ergebnis sind trockene Pflanzen, geringes oder kein Wachstum und damit kein Anwachsen der Pflanze.

Auf trockenen Substraten ist ein weicher Strahl nötig, damit das Wasser nicht abläuft, ohne die Oberfläche zu durchdringen. Beim langsamen Wässern setzt sich der Boden, wodurch ein guter Kontakt zwischen Wurzeln und Boden hergestellt wird.

Moorbeetpflanzen wie Rhododendren und Azaleen besitzen ein besonders dichtes, feines Wurzelgeflecht, das sich, ist es einmal ausgetrocknet, schwierig wieder befeuchten lässt. Wirksam ist hier eine Tröpfchenbewässerung oder bei größeren Flächen ein Berieselungsschlauch.

Pflanzenschnitt

In unseren Gärten sind es heutzutage vor allem die Schnittmaßnahmen, die die Pflanzen ihres schönsten Schmucks berauben. Denn das Schneiden ist die Gartenarbeit, die der Gärtner nie vergisst. Aber leider sind sowohl Zeitpunkt als auch Technik oft falsch, sodass der ärgste Gartenschädling der Gärtner selbst ist.

Gartenarbeit stützt sich auf Schneiden, Sauberkeit und Ordnung: so bei Hecken, Formschnittgehölzen und Rasen. Als wir noch nicht aus der heutigen Pflanzenfülle schöpfen konnten, wusste der Gärtner Vielfalt lediglich durch Formgebung von Pflanzen zu erzeugen. Natürliches Wuchsverhalten war verpönt. Erst Gartengestalter wie Vita Sackville-West und Gertrude Jekyll verbanden freie mit formalen Strukturen.

Das Frühjahr ist die Zeit, den Boden zu bearbeiten und zu pflanzen. Aufkeimendes Unkraut beschäftigt uns. Schnell wachsender Rasen muss gemäht werden. Es gilt, Töpfe zu füllen, auszusäen sowie Blumen und Gemüse zu pflanzen. Die Sträucher sind jetzt sicher, denn es bleibt keine Zeit zum Schneiden, vielleicht mit Ausnahme der Rosen.

Im Herbst dagegen zeigen sich die laubabwerfenden Sträucher kahl und verwundbar. Nun ist es Zeit, im Garten aufzuräumen, Laub zu rechen, Stauden zurückzuschneiden, Einjährige zu entfernen, einen Komposthaufen anzulegen. Warum nicht auch gleich bei den Sträuchern Ordnung schaffen? Im Nu sind sie auf die Hälfte eingekürzt – das Ergebnis wirkt wie ein schlechter Haarschnitt!

Geht es um den Gehölzschnitt, juckt es den Gärtner in den Fingern. Ungeduld artet mitunter in Aggressivität aus. Wild entschlossen greifen viele zu

1 | Ein Formschnitt in Pfauengestalt in Cliveden, Buckinghamshire, England. Der Wunsch, Pflanzen im Garten unter Kontrolle zu halten, zeugt keineswegs von einem Mangel an Kreativität oder gar Humor.

1

Garten- und Astscheren, Kettensägen und Kanten-schneidern. Dabei gilt es, nur ein paar Grundregeln zu erlernen, bevor man ans Werk geht.

Wann wird geschnitten?

Der richtige Zeitpunkt ist nach der Blüte, und zwar unmittelbar nach dem Verblühen und nicht Monate später. Die neuen Triebe, die nach dem Schnitt ent-stehen, haben dann Zeit zum Wachsen, Ausreifen und Anlegen neuer Blütenknospen für das kom-mende Jahr (siehe Seiten 16-18).

Die einleuchtende Ausnahme von dieser Regel sind Obstgehölze. So ein Schnitt würde die Fruchtbil-dung verhindern. Man schneidet sie gezielt nach der Fruchtbildung. Dabei reduziert man zwar mög-licherweise die Blüte des Folgejahrs, doch wer die verschiedenen Knospen erkennt, setzt den Schnitt richtig an.

Warum wird geschnitten?

Zur Kontrolle der Form: Hecken und besonders formierte Pflanzen werden regelmäßig geschnit-ten. Die üblichen Formschnittgehölze sind Buchs-baum *(Buxus)* und Eibe *(Taxus)*. Häufiges leichtes Schneiden begünstigt einen dichten Austrieb.

Die goldenen Regeln

▶ Schnitte sind nicht zwingend notwendig. In der Natur kommen sie im Grunde genommen nicht vor, lediglich in Form von z.B. Wildverbiss oder Windbruch. Für eine natürliche Entwicklung sind sie jedoch unnötig. Viele Gärtner scheinen zu glauben, dass jede Pflanze für ein erfolgreiches Wachstum geschnitten werden muss. Das ist nicht der Fall.

▶ Je stärker Sie schneiden, desto kräftiger wächst die Pflanze anschließend. Sie sorgt mithilfe von Phytohormonen für ein verstärktes Wachstum und ersetzt so schnell das, was ihr genommen wurde.

▶ Leichte Schnitte bewirken ein verhaltenes Wachstum in die Breite und einen buschigeren Wuchs.

Ungünstig wirkt sich dieser Schnitt vor allem an laubabwerfenden Ziersträuchern aus. Damit nimmt man der Pflanze ihre natürliche Erscheinungsform, sodass sie letztendlich völlig entstellt und hässlich aussieht und häufig kaum noch zu erkennen ist.

Ein gezielter Schnitt zur Kontrolle der Form glückt, wenn man die Reaktion der Pflanze auf einen Rück-schnitt oder das Entfernen des Austriebs im Auge behält. Werden konkurrierende Äste entfernt, um eine offene Struktur zu schaffen, werden Wuchs-verhalten und Gesundheit gefördert, indem Licht und Luft in die Pflanze gelangen.

Pflanzen, die gemeinsam in einer Rabatte stehen, sollten in Relation zueinander und nicht wie Soli-tärsträucher geschnitten werden. Bei zu dicht ste-henden Pflanzen kann oft durch den bodennahen Schnitt einiger Äste Platz geschaffen werden.

Zur Kontrolle der Größe: Verlangt der ausufern-de Wuchs einer Pflanze nach einer drastischen Schnittmaßnahme, sollten Sie sich fragen, ob der Strauch vielleicht nicht einfach zu groß für den Standort ist. Wird ein regelmäßiger Schnitt erfor-derlich, der den Strauch stets verunstaltet, sollte man erwägen, diesen durch eine weniger wüchsige Sorte zu ersetzen.

Der Schlüssel zum Erfolg liegt darin, lieber früher als später einzuschreiten. Zu oft lässt man den Strauch für den zur Verfügung stehenden Raum zu groß werden.

Wie viel jeweils geschnitten werden sollte, lässt sich gut erkennen, wenn man die Pflanze von Anfang an aufmerksam beobachtet, den jährlichen Zuwachs abschätzt und dann entsprechend schneidet. Geht man in kleinen Schritten vor, hat man den Strauch

4

jederzeit im Griff. Anders gesagt: Muss geschnitten werden, beginnen Sie damit frühzeitig und tun Sie es regelmäßig. Dies gilt vor allem für immergrüne, strukturbildende Sträucher und besonders für Schnitthecken.

Zur Kontrolle von Schädlingen und Krankheiten:
Beim Schneiden werden als Erstes kranke oder geschädigte Teile entfernt. Damit verhindert man, dass ganze Zweige absterben und Krankheiten auf junge Triebe übergreifen.

Zur Förderung von Blüte und Fruchtbildung:
Rosen und Obstgehölze schneidet man, um die Bildung von Blütenknospen zu fördern und das vegetative Wachstum zu begrenzen.

▶ Viele moderne Hybridrosen brauchen für einen kräftigen Neuaustrieb, an dem zahlreiche Blüten entstehen, einen kräftigen Schnitt.

▶ Zahlreiche Alte Rosen reagieren besser auf einen moderaten Schnitt, der die Bildung blütentragender Seitentriebe fördert.

▶ Viele Apfel- und Birnensorten bilden ihre Blüten und damit die Früchte an kurzen Seitentrieben. Der Schnitt soll Anzahl und Vitalität dieser fruchtenden Kurztriebe und damit die Fruchtproduktion erhöhen. Dasselbe gilt für Blauregen *(Wisteria)*.

Der korrekte Schnitt

▶ Benutzen Sie stets hochwertige, scharfe Gartenscheren und Baumsägen; saubere Schnittflächen heilen gut und mindern die Infektionsgefahr. Keine Rindenrissschäden hinterlassen!

▶ Schneiden Sie knapp über einem Auge. Die schräge Schnittfläche leitet das Regenwasser von der Knospe weg.

▶ Schneiden Sie möglichst auf eine nach außen weisende Knospe zurück, um eine offene Aststruktur zu fördern. Jeder Schritt sollte überlegt sein. Wenn Sie genau hinschauen, werden Sie die zukünftige Wuchsrichtung der Knospe leicht feststellen können.

▶ Denken Sie daran, dass knospenlose Zweigabschnitte absterben und die Ausbreitung von Krankheiten fördern.

---

2 | Buchsbaumkugeln bilden klar umrissene Strukturen. Durch Festlegung ihrer Form und Größe kontrastieren sie mit dem natürlichen Wuchs der übrigen Pflanzen und werden zum Blickpunkt.

3 | Dieser Holunderstrauch wird jedes Jahr im Frühjahr zurückgeschnitten. Da der jährliche Zuwachs stets ähnlich ausfällt, erreicht die Pflanze immer wieder dieselbe Höhe und Breite.

4 | Blauregen, normalerweise eine Kletterpflanze, kann durch gezielten Rückschnitt als Strauch erzogen werden. Das Einkürzen der Langtriebe fördert die Bildung blütentragender Kurztriebe.

Eine einfache Schnittanleitung für die unterschiedlichen Strauchtypen

Dies sind einfache Faustregeln, von denen es immer Ausnahmen gibt.

Laubabwerfende, im zeitigen Frühjahr blühende Sträucher (A)

z.B. Forsythien *(Forsythia)*, Johannisbeeren *(Ribes)*

Schneiden Sie nach der Blüte. Entfernen Sie abgeblühtes Holz, um einen kräftigen Neuaustrieb zu fördern, und achten Sie dabei auf die Gestalt des Gehölzes. Den Schnitt nur gelegentlich durchführen, nicht jedes Jahr.

Laubabwerfende, im späten Frühjahr und Frühsommer blühende Sträucher (B)

z.B. Deutzien *(Deutzia)*, Flieder *(Syringa)*, Pfeifenstrauch *(Philadelphus)*

Nach der Blüte schneiden. Abgeblühtes Holz auf kräftige junge Triebe zurückschneiden. Bei älteren, zu dicht wachsenden Sträuchern jährlich einige Zweige aus der Mitte bodennah entnehmen. Der Neuaustrieb blüht im Folgejahr.

Laubabwerfende, im Spätsommer blühende Sträucher (C)

z.B. Rispen-Hortensien *(Hydrangea paniculata)*, Schmetterlingsstrauch *(Buddleja)*, Perowskie *(Perovskia)*, Bartblume *(Caryopteris)*

Kräftiger Schnitt im Spätwinter. Dies fördert einen kräftigen Neuaustrieb, der im Sommer ausreift und später im Jahr blüht. Als Faustregel gilt, dass alle Vertreter dieser Gruppe um zwei Drittel zurückgeschnitten werden.

Immergrüne Sträucher (D)

z.B. Immergrüner Schneeball *(Viburnum tinus)*, Kirschlorbeer *(Prunus laurocerasus)*, Aukube *(Aucuba)*, Glanzmispel *(Photinia)*

Der Schnitt erfolgt im Spätfrühjahr, einer Zeit verstärkten Wachstums. Der Rückschnitt regt einen schnellen, üppigen Austrieb an.

Pflanzen für saure Böden (E)

z.B. Rhododendren, Azaleen *(Rhododendron)*

Ein Schnitt ist nicht nötig. Muss dieser dennoch durchgeführt werden, sollten Sie unmittelbar nach der Blüte schneiden.

Silberblättrige Pflanzen (F)

z.B. Jakobskraut *(Brachyglottis)*, Heiligenkraut *(Santolina)*, Strohblume *(Helichrysum)*, Lavendel *(Lavandula)*

Der Schnitt erfolgt direkt nach der Blüte oder unmittelbar davor, falls Sie auf die gelben Blüten des Heiligen- bzw. des Jakobskrauts keinen Wert legen. Durch den Schnitt zum Sommerende treibt die Pflanze vor dem Winter üppig silbern aus. Schneiden Sie stets auf neue Knospen zurück und nicht bis ins nackte Holz, da dann der Wiederaustrieb fraglich ist. Ungeschnittene Pflanzen können Sie auch zur Frühjahrsmitte einkürzen.
In Form geschnittene, silberlaubige Pflanzen, die nicht wegen ihrer Blüte gezogen werden, während des Sommers regelmäßig schneiden.

Eine einfache Schnittanleitung nach Jahreszeiten

Im Zweifelsfall in einem guten Handbuch nachlesen.

Spätwinter (A)

Bartblumen *(Caryopteris)*, Perowskien *(Perovskia)* und Hornnarben *(Ceratostigma)* um mindestens zwei Drittel einkürzen. Die Knospen für den Austrieb des Folgejahres sind jetzt im unteren Zweigabschnitt leicht zu erkennen. Schneiden Sie bis auf diese zurück. Für einen kräftigen, bogenförmigen Austrieb ältere Schmetterlingssträucher *(Buddleja)* und Rispen-Hortensien *(Hydrangea paniculata)* bis auf 1 m, Jungpflanzen bis auf 60 cm über dem Boden zurückschneiden. Sorten des Trauben-Holunders *(Sambucus racemosa)* als Jungpflanzen ebenso stark zurückschneiden, um ein kräftiges Wachstum und schöne Blattfarben zu fördern.

Zeitiges Frühjahr (B +C)

Bei Tatarischem Hartriegel *(Cornus alba)* und anderen Sträuchern mit winterlichen farbigen Trieben jedes Jahr die Hälfte der Triebe bodennah entfernen. Glanzmispeln *(Photinia)* für jungen, gut gefärbten Neuaustrieb leicht schneiden. Bei Hortensien *(Hydrangea)* mit Ausnahme von *H. paniculata* (siehe oben) trockene Blütenstände bei prallen Knospen abschneiden. Bei älteren Pflanzen jährlich einige ältere Triebe bodennah entfernen. Rosen frühestens in der zweiten Märzhälfte schneiden. Floribunda-Rosen und Teerosen auf drei Knospen über dem Boden einkürzen. Bei Englischen Rosen und Strauchrosen totes Holz entfernen und zur Förderung der blütenbildenden Seitentriebe leicht schneiden.

Frühjahrsmitte (D)

Forsythien *(Forsythia)*, Johannis- und Stachelbeeren *(Ribes)* sowie Frühblühende, laubabwerfende Sträucher nach der Blüte schneiden. Alte, abgeblühte Zweige zur Förderung des Neuaustriebs entnehmen bzw. einkürzen.

Spätes Frühjahr (E)

Frostgeschädigte Partien bei immergrünen Sträuchern wie Orangenblumen *(Choisya)* und Aukuben *(Aucuba)* entfernen. Wenn gewünscht, dann bringen Sie jetzt immergrüne Sträucher in Form.

Frühsommer (F)

Flieder *(Syringa)* nach der Blüte kräftig zurückschneiden, auch einige ältere Äste einkürzen. Der kräftige Neuaustrieb blüht im Folgejahr. Verwelkte Rhododendronblüten für eine bessere Entfaltung neuer Triebe ausknipsen. Bei mehrfach blühenden Rosen verwelkte Blüten nicht einfach nur entfernen, sondern Trieb bis auf einen kräftigen jungen zurückschneiden.

Sommermitte (G)

Pfeifensträucher *(Philadelphus)*, Deutzien *(Deutzia)* und Weigelien *(Weigela)* nach der Blüte schneiden. Dabei einige ältere, abgeblühte Zweige bis zur Basis entnehmen und andere Blütenzweige ausdünnen, um einen harmonischen Neuaustrieb zu begünstigen.

Spätsommer (H)

Silberlaubige Sträucher wie Lavendel *(Lavandula)*, Heiligenkraut *(Santolina)* und Strohblumen *(Helichrysum)* nach der Blüte bis zum bodennahen Neuaustrieb zurückschneiden, der üppig nachwächst und den Winter über die silberne Farbe behält.

Frühherbst (I)

Verblühte Rosen mit Ausnahme von solchen, die schöne Hagebutten bilden, ausputzen.

Herbstmitte (J)

Einziehende Stauden säubern. Dabei jedoch Samenstände und Pflanzenstängel belassen, die auch im Winter attraktiv sind.

Spätherbst (K)

Weinreben *(Vitis)* schneiden, sobald die Blätter abgefallen sind. Dies muss vor dem Winter erfolgen, da die Pflanzen sonst bluten.

Frühwinter (L)

Winterschnitt bei Obstbäumen. Auch Zier-Äpfel *(Malus)* zur Kontrolle der Form und zur Krankheitsbekämpfung schneiden.

Strukturbildende Pflanzenelemente

Unabhängig von der Gartengröße besteht stets die schwierigste gestalterische Aufgabe darin, mit Gehölzen einen Grundrahmen zu schaffen. Viele sind besorgt, die gewählten Sträucher oder Bäume könnten zu groß werden, zu viel Schatten werfen oder die Bausubstanz schädigen. Die Reihe unserer Skrupel ließe sich endlos fortsetzen. Schuld sind häufig die unterschwellige Angst vor dem Unbekannten und die Unfähigkeit, sich den Garten im eingewachsenen Zustand vorzustellen.

Vielleicht macht uns die Planung des Grundgerüstes aus Gehölzen auch deshalb Probleme, da dies nicht Teil des gewohnten gestalterischen Prozesses ist. Die Ausmaße eines Hauses sind meist vorgegeben, Veränderungen lassen sich in präziser Weise vornehmen. Ähnliches gilt für einen eingewachsenen Garten.

Das Haus können wir dekorieren, möblieren und ihm nach unserem Geschmack den letzten Schliff geben. Die ergänzende Gartengestaltung ist vergleichsweise unproblematisch: Wir fügen Beet-, Zwiebel- und Knollenpflanzen oder alpine Pflanzen hinzu und setzen jahreszeitliche Farbakzente. Wir füllen mit unseren Neuerwerbungen Lücken, ohne am Grundgerüst etwas zu verändern, und sind damit auf der sicheren Seite.

Gärten funktionieren allerdings nicht ohne ein solches Grundgerüst. Bauliche Elemente wie Pflaster, Mauern, Pergolen, Bögen und Gartengebäude sind sehr wohl ein Teil vom Ganzen, doch erst strukturbildende Pflanzungen bringen Leben in den Garten.

Empfehlungen zur Gestaltung

Ziel ist es, ein vom Haus aus sichtbares, attraktives Gartenbild und einen gut nutzbaren Freiraum zu schaffen.

Für ein harmonisches Bild sollte man auf ein ausgewogenes Verhältnis zwischen bepflanzten Flächen (ein Drittel) und Freiflächen (zwei Drittel) achten. Letztere können Rasen, Pflaster- oder Kiesflächen, Wasserelemente oder sogar Bereiche mit niedrigen Bodendeckern sein. Tendenziell weisen die meisten Gärten zu große Freiflächen auf.

Ein Garten sollte zum Haus passen und sich in die umgebende Landschaft einfügen. Stil, Stimmung und Gestaltung des Gartens müssen mit den Baulichkeiten harmonieren. Dasselbe gilt für die Aus-

Platz ist Trumpf

▶ Vermeiden Sie bei der Planung der Pflanzbereiche parallel zur Grundstücksbegrenzung verlaufende Beete.
▶ Die meisten Rabatten und Beete werden zu schmal angelegt. Das Minimum ist eine Tiefe von 1 m; 3 m sind optimal.

▶ Die Maße eines durchschnittlich großen, ausgewachsenen Strauchs (bis 3 m) können als Grundlage dienen. Für Rabatten gilt die Regel: eher weniger, aber dafür tiefer.
▶ Markieren Sie die Umrisse des geplanten Beetes mithilfe eines Gartenschlauchs, und stellen Sie sich die Fläche dann bepflanzt vor.
▶ Zu klein angelegte Beete und Rabatten müssen über kurz oder lang aufwendig vergrößert werden. Die Sträucher werden dabei oft in platzsparende, aber hässliche Formen geschnitten.

wahl der Pflanzen, die sich wiederum der Atmosphäre des Gartens anpassen sollte.

In eingefriedeten Garten- und Innenhofräumen kann diese Wahl sehr individuell ausfallen. In offeneren Situationen bezieht man Bäume oder hohe

1

Sträucher der Umgebung mit ein und lässt die Landschaft in den Garten einfließen.

Laubabwerfende Sträucher als Fortsetzung der heimischen Heckenlandschaften eignen sich für ländliche Gärten. Stechpalmen *(Ilex)*, Eiben *(Taxus)*, kleinblättrige, immergrüne Gehölze sowie Pflanzen mit weiß oder silbern panaschiertem Laub bieten sich hierfür an. Gelbes Laub sollte vorsichtig eingesetzt werden.

Stadtgärten verlangen nach soliden, immergrünen Strukturen als Gegengewicht zur Masse der Baulichkeiten in der Umgebung. Kräftige Farben, gelbes Laub und Blattmuster wirken in schattigen Situationen.

Vertikale Strukturen

Die meisten Gärten sind zu flach. Höhe ist wesentlich, um Proportionen und ein räumliches Gefühl zu schaffen. Der so oft nachgefragte »Baum, der 2 m groß wird und so bleibt« ist einfach unangemessen. Höhe muss keine breite, ausladende Krone bedeuten, denn schon locker aufgebaute Bäume wie Birken *(Betula)* und Ebereschen *(Sorbus)* erfüllen diesen Zweck. Noch auffälligere vertikale Akzente setzen Kletterpflanzen an Pergolen oder Gartenbögen.

Pflanzebenen

Attraktive Gärten haben drei Pflanzebenen:

1 über Augenhöhe: Bäume, hohe Sträucher, Kletterpflanzen
2 auf Augenhöhe: Sträucher und hohe Stauden
3 unter Augenhöhe: Zwergsträucher, Stauden, Bodendecker

Wichtig dabei ist, dass das mit Pflanzen erzielte strukturelle Grundgerüst das ganze Jahr über Bestand hat.

Bäume bilden das alles überspannende Dach. Die winterliche Silhouette eines laubabwerfenden Baumes ist ebenso wirkungsvoll als Strukturelement wie die solide Grünmasse eines immergrünen Baumes. Hohe Sträucher übernehmen mit Einschränkungen eine ähnliche Funktion.

Immergrüne sowie laubabwerfende Sträucher mit ausgeprägtem Astgerüst gehören in die mittlere Pflanzebene. Kleinblättrigere Pflanzen mit lockerem Wuchs sind strukturbildend, ohne massig zu wirken. Großblättrige Immergrüne wie Kirschlorbeer *(Prunus laurocerasus)*, Rhododendron etc. sind solide Gerüstpflanzen und liefern wirkungsvolle, dunkle Kulissen für die Farbigkeit der Pflanzungen im Vordergrund.

Die unterste Ebene ist gut einsehbar und wird damit besonders beachtet: Niedrige Sträucher, Stauden, Zwiebel- und Knollenpflanzen und saisonale Beetpflanzen haben hier ihren Platz. Gewöhnlich konzentriert der Gartenfreund dort fast all seine Aktivitäten. Fehler sind hier am offensichtlichsten.

Auswahl und Positionierung strukturbildender Pflanzen

Widmen Sie der Auswahl von Strukturgehölzen ganz besondere Aufmerksamkeit, da hier die Weichen für das künftige Erscheinungsbild des Gartens gestellt werden. Achten Sie auf ihre optimale Verteilung, und wählen Sie Farbe, Gestalt, Laubform und Textur mit Bedacht. Sind diese harmonisch aufeinander abgestimmt, steigt die Wirkung jeder Einzelpflanze um das Vielfache.

Bei Neuanpflanzungen sollte die Pflanzdichte so gering sein, dass sich die Gerüstpflanzen gut entwickeln. In den ersten Jahren bieten sich Einjährige, Zwiebel- und Knollenpflanzen und andere vorübergehende Bepflanzungen als Lückenfüller an.

Zeitplan

Ungeduld ist ein Zeichen unserer Zeit, und Pflanzen taugen nicht für schnelle Ergebnisse. Die meisten Fehlentwicklungen sind jedoch genau darauf zurückzuführen. Wer eine Hecke aus Sorten der Leylandzypresse (× *Cuprocyparis leylandii*) gepflanzt oder übernommen hat, kann ein Lied davon singen.

Gerüststräucher benötigen Zeit, um sich zu entwickeln. Einige mögen schließlich zu groß werden und müssen nach fünf oder zehn Jahren entfernt oder ersetzt werden. Das ist der Lauf der Dinge. Dennoch sollte mit Voraussicht gepflanzt werden, um spätere größere Probleme zu vermeiden.

2

1 | Diese Rabatte in Le Bois des Moutiers, in der Nähe von Dieppe in der Normandie, ist beispielhaft für die erfolgreiche Pflanzung auf drei Ebenen.

2 | Gerüstpflanzen müssen nicht kompakt und reingrün sein. Dieser locker wüchsige, silbern panaschierte Großstrauch bringt Höhe und Form, ohne massig zu wirken.

Immergrüne Gerüstpflanzen

Einfarbige Immergrüne und ihre buntlaubigen Sorten bilden das solide Grundgerüst in gemischten Rabatten aus laubabwerfenden Gehölzen und krautigen Pflanzen. Sie sind von substanziellem Wert, denn ohne sie erscheinen ganze Bereiche während des Winters kahl und öde. Diese Sträucher stellen die Grundlage für die übrige Gartengestaltung dar.

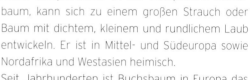

2

Buxus sempervirens ♀, der Europäische Buchsbaum, kann sich zu einem großen Strauch oder Baum mit dichtem, kleinem und rundlichem Laub entwickeln. Er ist in Mittel- und Südeuropa sowie Nordafrika und Westasien heimisch.

Seit Jahrhunderten ist Buchsbaum in Europa das strukturbildende Gartenelement schlechthin, denn aufgrund seiner Schnittverträglich- und Formbarkeit eignet er sich ideal für Hecken und Formschnitte. Durch Anspruchslosigkeit, Härte und Langlebigkeit ist er unverzichtbar für die Anlage von Parterres. Einige klassische geometrische Gärten bestehen sogar ausschließlich aus Buchs.

Es existieren zahlreiche Sorten mit den unterschiedlichsten Wuchsleistungen und -formen; einige besonders schöne panaschierte Sorten finden sich auf den Seiten 52/53.

B. sempervirens 'Suffruticosa' ♀, besonders für Einfassungen geeignet, ist eine Zwergsorte. Die Blätter sind mittelgroß, oval und leuchtend grün. Er wächst langsam, ist daher formstabil und ideal für extrem niedrige Hecken. Er eignet sich für moderne Kiesparterres und phantasievolle Formschnitte.

B. microphylla 'Faulkner', der Kleinblättrige Buchsbaum, ist eine Alternative zu 'Suffruticosa' und wird ebenfalls oft verwendet. Er wächst kompakt und eher in die Breite.

Im modernen, formalistischen Gartendesign wird Buchsbaum ausgiebig und ideenreich für Formschnitte in Töpfen sowie Hecken verwendet, was die Zeitlosigkeit und Anpassungsfähigkeit dieser Pflanze beweist.

Buchsbaum ist normalerweise pflegeleicht und eigentlich frosthart. Dennoch können Spätfröste den Neuaustrieb schädigen. Allerdings treibt die Pflanze bald wieder neu durch. Auf Nährstoffman-

---

1 | Europäischer Buchsbaum *(Buxus sempervirens)* **'Suffruticosa'**

2 | **Buchsformschnitte im Bourton House Garden, Gloucestershire, England**

gel reagieren vor allem in Töpfen oder auf leichten, durchlässigen Böden gezogene Exemplare empfindlich. Kaliummangel zeigt sich besonders im Winter als Bronzefärbung des Laubes, da das leicht lösliche Kalium durch winterliche Regengüsse schnell ausgewaschen wird. Eine Gabe eines Langzeitdüngers schafft hier Abhilfe.

Elaeagnus × *ebbingei*, die Wintergrüne Ölweide, ist eine Hybride aus der Dornigen Ölweide *(E. pungens)* aus Japan und der Großblättrigen Ölweide *(E. macrophylla)* aus Korea und Japan. Der hohe, schnellwüchsige, kräftige Strauch bietet Sicht- und Windschutz und ist ein attraktives Gartenelement. Sein Laub ist groß und dunkelgrün mit silberner Unterseite. Der Neuaustrieb ist grauolivgrün und unterseits rostfarben. Im Frühwinter erscheinen unter dem Laub winzige, cremefarbene, unscheinbare Blüten, die durch einen betörenden, tropisch anmutenden Duft überraschen.

Die Wintergrüne Ölweide kam erst Anfang des 20. Jahrhunderts in unsere Gärten, was ihren geringen Bekanntheitsgrad erklärt. Sie entwickelt sich schnell, ist windresistent und salzverträglich.

Silberne Blattunterseiten und ihre Trockenheitstoleranz empfehlen sie als ideales Grundgerüst für silber- und graulaubige Mischpflanzungen. Ihre dezente Färbung macht sie zu einem sehr guten Pflanzenpartner. Sie wächst problemlos ein und bildet eine neutrale Kulisse für die Gestaltung des Vordergrundes.

Die Ölweide reagiert positiv auf Schnittmaßnahmen. Diese sollten jedoch wohl überlegt sein, damit das Astgerüst nicht das Laubkleid in den Hintergrund drängt. Ein gezielter, kräftiger Schnitt der Hauptäste wirkt sich vorteilhafter aus als ein moderater Schnitt. Wird von frühester Jugend an geschnitten, ist die Ölweide auch eine ausgezeichnete Heckenpflanze.

Vorsicht! Der silbrige Überzug auf den Blättern kann beim Umgang mit der Pflanze Reizungen der Nasenschleimhäute hervorrufen.

Ilex aquifolium ♀, unsere heimische Gewöhnliche Stechpalme, ist seit alters aufgrund des glänzenden, dunklen, immergrünen Laubs beliebt. Während andere Bäume ihre Blätter fallen lassen, glänzt die Stechpalme grün, trägt hübsche, rote, beerenartige Steinfrüchte, trotzt den Elementen und erwarb sich damit den Ruf einer magischen Pflanze. Ihre Zweige nutzte man, um Viehgatter zu säumen, wo das stachelzähnige Laub nicht nur Raubtiere,

Buchsbaum-Triebsterben

Diese Pilzkrankheit hat sich in den letzten Jahren dramatisch ausgebreitet. Was zunächst wie ein Nährstoffmangel wirkt, wird schnell zu gelbem, trockenem, pergamentartigem Laub und partiellem Triebsterben.

Behandlung: Befallene Triebe abschneiden und entsorgen. Die Pflanze regelmäßig nur von unten gießen und ausgewogen düngen. Je weniger Stress, desto größer die Heilungschancen. Nach jedem Schnitt mit einem zugelassenen Fungizid behandeln.

3 | Wintergrüne Ölweide *(Elaeagnus × ebbingei)*

4 | Gewöhnliche Stechpalme *(Ilex aquifolium)* 'J.C. van Tol'

5

6

sondern dem Volksglauben nach auch böse Geister abwehrte. Stechpalmen vor der Haustür hielten Hexen fern, und sie zu fällen, galt als Sakrileg.

Darüber hinaus schreibt man der Stechpalme Heilwirkungen zu. Nicholas Culpeper, ein englischer Botaniker, Arzt und Kräuterkundler des 17. Jahrhunderts, empfahl die roten Früchte der Stechpalme gegen Erkältung und zähen Auswurf, und die gelben Früchte gegen Phlegma durch exzessiven Alkoholgenuss. Aus den Blättern brühte man Tee. Im Garten sind die Sorten der Gewöhnlichen Stechpalme hervorragende, skulpturale Gerüstpflanzen. Sie wachsen langsam, doch die Geduld lohnt sich. Die buntlaubigen Sorten (siehe Pflanzenporträt

Gute Pflanzpartner

Die gelbfrüchtige Gewöhnliche Stechpalme *(Ilex aquifolium)* 'Bacciflava' sowie die bronzegelbe Sorte 'Amber' ♀ (unten) lassen sich gut mit gelb panaschierten Immergrünen wie der Dornigen Ölweide *(Elaeagnus pungens)* 'Maculata' kombinieren. Der wüchsige Immergrüne Schneeball *(Viburnum tinus)* 'French White' mit großen, weißen Blütenköpfen passt zu weißbunten Immergrünen wie *Ilex aquifolium* 'Silver Queen'.
Der Immergrüne Schneeball *(V. tinus)* 'Purpureum' harmoniert mit goldlaubigen, sommergrünen Sträuchern wie dem Trauben-Holunder *(Sambucus racemosa)* 'Sutherland Gold' ♀.

Seite 57) sind häufiger als die reingrünen. Von Letzteren ist die selbstfruchtbare 'J.C. van Tol' ♀ die beliebteste. Ihr glänzendes, dunkelgrünes, fast stachelloses Laub bildet einen schönen Kontrast zu den üppig erscheinenden roten Früchten.

'Ferox', eine männliche, gelbbunte Sorte, produziert keine Früchte. Sie trägt interessantes, kleines Laub, das nicht nur an den Blatträndern, sondern auf der gesamten Blattoberfläche Dornen aufweist. Sie wächst niedriger und langsamer als andere, ist seit dem 17. Jahrhundert bekannt und gilt als die älteste noch kultivierte Sorte.

I. crenata 'Convexa' ♀ ist eine exzellente Sorte der Japanischen Stechpalme mit buchsähnlichem, jedoch größerem und kräftigerem Laub. Obwohl sie ein kleiner, dichter Busch ist, eignet sie sich gut als Gerüstpflanze. Mit ihrer ausgezeichneten Schnittverträglichkeit ist sie für niedrige Hecken die Alternative zu Buchsbaum. Im Spätherbst erscheinen glänzende, schwarze Früchte.

I. × meserveae, die blaublättrigen Stechpalmen, wurden in New York speziell für die harten Ostküstenwinter gezüchtet. Die buschig wachsenden Sträucher erreichen 2 m Höhe, haben schwarzpurpurne Triebe und weich stachelzähnige, eher kleine Blätter. Das glänzende Laub erscheint in dunklem Blaugrün. Die Sorten 'Blue Angel' und 'Blue Girl' sind weiblich und tragen scharlachrote Früchte. 'Blue Boy' und 'Blue Prince' sind männlich. Aufgrund ihrer Frosthärte sind sie auch hierzulande beliebt. Diese blaulaubigen Stechpalmen empfehlen sich besonders für moderne Anlagen in Kombination mit Schiefer und Metall.

Die großblättrigen Japanischen *(Ligustrum japonicum)* und Chinesischen Liguster *(L. sinense)* werden trotz ihrer ausgezeichneten Eigenschaften selten als Gerüstpflanzen eingesetzt. Der dichte, mittelhohe *L. japonicum* mit olivgrünem, kamelienähnlichem Laub blüht im Spätsommer weiß

und eignet sich als Hecken- oder Kulissenpflanze. Die beste Sorte ist der großblättrige 'Macrophyllum' mit dunklem, breitem Laub. 'Rotundifolium' mit rundlichen, fleischigen, dunkelgrünen Blättern wächst langsam.

L. lucidum ♀, der Glänzende Liguster aus China, wächst höher, häufig als kleiner Baum und erscheint mit schmalen, spitzen Blättern wie die größere Ausgabe des Gewöhnlichen Ligusters *(L. vulgare)*. Seine Wuchsform ist symmetrisch. Im Herbst zeigt er auffällige weiße Blütenrispen und eignet sich vor allem als schnellwüchsige Kulissenpflanze. Die ilexähnliche, immergrüne Duftblüte *(Osmanthus)* ist eine gute Gerüstpflanze, die auf vielen Böden gedeiht. Die buntlaubigen Sorten sind populär, doch gibt es auch einfarbig grüne, die sich besonders aufgrund ihrer Pflegeleichtigkeit lohnen.

Die Stattliche Duftblüte *(O. decorus)* wird zu Unrecht kaum verwendet. Sie wächst breit kuppelförmig und ist eine ausgezeichnete, pflegeleichte Pflanze mit großem, ledrigem, glänzendem Laub und kleinen duftenden, weißen Blüten im Frühjahr. Burkwoods Duftblüte *(O. × burkwoodii)* ♀, die bekannteste Duftblüte, war früher als × *Osmarea burkwoodii* im Handel und wächst seit 1930 in den Gärten. Sie ist frosthart und wächst kompakt aufrecht mit hellbraunen Zweigen und glatt gerandetem, ovalem, dunkelgrünem, ledrigem Laub. Im späten Frühjahr erscheinen zahlreiche weiße, stark duftende Blüten. Sie gedeiht in Sonne oder Schatten und eignet sich für geometrischere Formschnitte.

In kleineren Gärten ist die Stachelblättrige Duftblüte *(O. heterophyllus)* 'Gulftide' ♀ eine sehr gute Alternative zur grünen Stechpalme. Ihr Laub ist dunkelgrün, häufig gedreht, stachelzähnig und glänzend. Sie bleibt eher klein und kompakt.

In der Gattung der leider wenig bekannten Steinlinden *(Phillyrea)* finden sich einige sehr gute immergrüne Gerüstpflanzen. Diese attraktiven Ölbaumgewächse sind eng mit den Duftblüten verwandt. Die schöne Schmalblättrige Steinlinde *(P. angustifolia)* hat schlankes, glänzend dunkelgrünes Laub. Obwohl kompakt und rundlich, zeigt sie ein elegantes Erscheinungsbild und ist gut schnittverträglich. Im Mai und Juni erscheinen cremefarbene Blütentrauben in den Blattachseln. Ihre Salzverträglichkeit empfiehlt sie als Küstenpflanze. Doch vor allem besticht ihre geschmeidige Bewegung im Wind, die den meisten strukturbildenden Gehölzen fehlt.

Die Breitblättrige Steinlinde *(P. latifolia)* wächst höher als *P. angustifolia*. Sie wird häufig mit der Stein-Eiche *(Quercus ilex)* verwechselt, ist jedoch bei begrenztem Platzangebot eine gute Alternative. Ihre Blätter sind dunkelgrün, die Frühjahrsblüten weiß. Mit zunehmendem Alter wird ihr Wuchs lockerer, und die Zweige biegen sich elegant unter dem Gewicht des Laubes.

Der Immergrüne Schneeball *(Viburnum tinus)* darf hier nicht unerwähnt bleiben (siehe auch Seiten 202 / 203). Er ist der Favorit unter den immergrünen Sträuchern und eine verlässliche Gerüstpflanze für jeden Standort sowie fast alle Bedingungen – vernässte Böden ausgenommen. Er ist schnittverträglich, obwohl der Schnittzeitpunkt aufgrund der langen Blühsaison gut überlegt sein will. Am besten schneidet man im März/April kurz nach der Blüte. Allerdings bleiben dann bei den entsprechenden Sorten die blauschwarzen Früchte aus.

---

5 | *Ilex × meserveae* 'Blue Prince'

6 | *Ilex × meserveae* 'Blue Girl'

7 | Glänzender Liguster *(Ligustrum lucidum)*

8 | Burkwoods Duftblüte *(Osmanthus × burkwoodii)*

9 | Schmalblättrige Steinlinde *(Phillyrea angustifolia)*

25

Immergrüne mit heller, lockerer Belaubung

Sträucher mit massivem, kompaktem Geäst sind nicht immer gefragt. Die nachfolgend beschriebenen Pflanzen wirken mit ihrer lichten, aufhellenden Erscheinung ebenfalls strukturbildend und erweisen sich besonders nützlich zur Aufhellung düsterer, schattiger Ecken. Zierliche Blätter, glänzendes Laub und reiche Grünschattierungen wirken in manchen Situationen eleganter als kompakte, massive Immergrüne.

Von den immergrünen Blütensträuchern ist vermutlich nur der Immergrüne Schneeball (*Viburnum tinus*) beliebter als die Mexikanische Orangenblume (*Choisya ternata*) ♀. Dieser vielseitige, mittelgroße Strauch ist pflegeleicht und wächst zu einem rundlichen Busch heran. Die dreiteiligen Blätter sind glänzend dunkelgrün und duften aromatisch, ein Charaktermerkmal der Familie der Rautengewächse.

Orangenblumen blühen am schönsten in offenen Situationen, gedeihen dabei in Schatten oder Sonne und auf vielen Böden. Im Spätfrühling, Frühsommer und erneut im Herbst erscheinen weiße, duftende Blütenbüschel in den Blattachseln. Manche Exemplare sind regelrechte Dauerblüher.

Orangenblumen können bei Bedarf nach der Blüte geschnitten werden, um ihre Größe zu beschränken. Diese Maßnahme sollte von Jugend an durchgeführt werden, da sich diese Sträucher nach einem radikalen Eingriff ins alte Holz selten erholen. Die Mexikanische Orangenblume ist eine ideale Pflanze: pflegeleicht, mit langer Blühsaison, duftend und robust. Ein kleiner Nachteil ist, dass sie sich nur langsam eingewöhnt.

Da die Orangenblume von Wild und Kaninchen verschmäht wird, empfiehlt sie sich vor allem auch für Gärten, in denen Tiere zum Problem werden können. Die gelblaubige Sorte 'Lich' ♀ ist weniger blühfreudig als die Ausgangsart, macht dies jedoch mit der Leuchtkraft ihrer jungen gelben Blätter wett. Die Spitzen können frostanfällig sein, doch Schäden beseitigt ein leichter Schnitt im zeitigen Frühjahr (siehe auch Seite 34).

Zweifacher Austrieb

Für optimale rote Laubeffekte sollten Glanzmispeln (*Photinia*) zweimal pro Jahr, im März und im Juli, geschnitten werden. Der zweite frische Austrieb nach dem Schnitt hält meist den Winter über.

Frasers Glanzmispel (*Photinia* × *fraseri*) ist vor allem auf kalkhaltigen Böden eine Alternative zur Lavendelheide (*Pieris*, siehe auch Seiten 58, 111). Sie ist ein großer, wüchsiger, immergrüner Strauch. Ihre glänzend ledrigen, dunkelgrünen Blätter ähneln denen der Portugiesischen Lorbeerkirsche (*Prunus lusitanica*), haben jedoch gesägte Ränder. Die neuen Triebe sind zunächst hübsch kupferrot gefärbt. Die weißdornähnlichen, jedoch größeren, weißen Blütenbüschel erscheinen im Frühjahr. Ihre populärsten Sorten sind ausgesprochen frosthart, was sogar weitgehend auch für den jungen Austrieb gilt.

Die pflegeleichte Frasers Glanzmispel gedeiht auf den meisten Böden, wenn sie nicht übermäßig nass sind. Bei normaler Besonnung ist die Laubfärbung des auch schattenverträglichen Strauchs am intensivsten.

'Red Robin' ♀ ist der bekannteste, beliebteste Klon mit spektakulärer Färbung. Er ist eine Züchtung aus Neuseeland und in Mitteleuropa mäßig frosthart. Sein Neuaustrieb erscheint in flammendem Rot und hält damit einem Vergleich mit Lavendelheide stand. 'Robusta' ist kräftiger sowie frosthärter und besitzt eher kupferrote junge Triebe.

Glanzmispeln wirken als junge Containerpflanzen oft schwächlich, was angesichts der späteren guten Wüchsigkeit des Strauchs täuscht. Ein kräftiger Schnitt nach der Pflanzung fördert den kräftigen Neuaustrieb und eine gute Zweigarchitektur von der Basis aus. Diese Sträucher bilden schöne Kulissen und in Verbindung mit anderen großen immergrünen Sträuchern einen wirksamen Sicht- und Geräuschschutz. Sie sind gut schnittverträglich, eignen sich für Heckenpflanzungen oder die Erziehung als Akzente setzender Hochstamm.

1 | Mexikanische Orangenblume (*Choisya ternata*)

2 | Frasers Glanzmispel (*Photinia* × *fraseri*) 'Red Robin'

Immergrüne mit auffälligem Laub

Immergrüne Sträucher mit dichter Belaubung sind Glanzlichter im Garten und bilden einen guten Kontrast zu Pflanzen mit zarten, grünen bzw. panaschierten Blättern. Werden kleinlaubige Pflanzen übermäßig verwendet, ergeben sie kein klar akzentuiertes Bild. Großlaubige Pflanzen dagegen haben Präsenz und schaffen kontrastreiche Strukturen.

Japanische Aukuben *(Aucuba japonica)* sind die heimlichen Stars unserer Gärten. Als immergrüne, schattenliebende Sträucher gedeihen sie praktisch auf jedem Boden und in jeder Situation. Sie behaupten sich gegen aggressive Wurzeln wie die der Birken *(Betula)* und Rosskastanien *(Aesculus)*. Selbst unter schwierigen Bedingungen entwickeln sie sich gut und sind mit ihrem satt glänzenden Laub attraktive Gartenelemente. Die buntlaubigen Sorten bringen Licht auch in die dunkelsten Ecken. Die Aukube stammt aus Japan und wird selbst in rauen Regionen häufig als Winterschmuck in Kübeln gezogen. Als solcher überdauert sie unbeschadet das eisige, windige Winterklima auf städtischem Pflaster und ist zudem unempfindlich gegen Luftverschmutzung. Nebenbei eignet sie sich auch als robuste Zimmerpflanze für zugige Flure und Eingangshallen, ein Standort, an dem zarter besaitete Pflanzen eingehen.

Die Blüten erscheinen im April, sind unscheinbar, klein und rötlich purpurn gefärbt. Die weiblichen Exemplare tragen rote, beerenartige Steinfrüchte, benötigen zur Fruchtbildung allerdings ein gewisses Maß an Sonne und einen Bestäuber.
Die erste, 1732 aus Japan eingeführte Aukube war die weibliche, panaschierte Sorte der Japanischen Aukube *(A. japonica)* 'Variegata' mit gelb geflecktem Laub. Buntlaubige Aukuben siehe Seiten 52/53.
Von den reingrünen Aukuben lohnt sich vor allem die Sorte **'Longifolia'** ♀. **'Salicifolia'**, eine weidenblättrige Sorte der Japanischen Aukube, hat schmale Blätter an meergrünen Stängeln und einen üppigen Fruchtbehang.
'Rozannie' ♀, eine kompakte, weibliche Sorte, die bei Bestäubung gut fruchtet, ist ein echter Dauerbrenner mit attraktivem, breitem, gezähntem Laub. Aukuben wachsen zu rundlichen Büschen von

1

2

2-3 m Höhe heran und sind gute, verlässliche Gerüstpflanzen. Ein Schnitt ist kaum erforderlich. Soll jedoch die Größe reduziert werden, geht man vorsichtig mit einer Gartenschere zu Werke, denn die elektrische Heckenschere hinterlässt fransige, unschöne Schnittflächen.

Im Winter erscheinen die jungen Triebe der Aukuben gelegentlich schwarz. Das sind keine Frostschäden, sondern Reaktionen auf Trockenperioden des vergangenen Sommers. Geschädigte Teile abschneiden! Die Pflanze erholt sich schnell.

Die bezaubernde Immergrüne Magnolie (*Magnolia grandiflora*) wird in kälteren Gebieten als Strauch vor einer schützenden Mauer gezogen. Heimisch im Südosten der USA, wächst sie im Mittelmeerraum vorwiegend als Solitär. In unseren Weinbauregionen gedeiht sie als schöner Großstrauch in sonnigen, geschützten Situationen. Im Sommer und Frühherbst erscheinen an den älteren Pflanzen große, cremefarbene, betörend duftenden Blüten. Um Blüte und Laub gleichermaßen zu genießen, pflanzt man eine Sorte, die schon in jungen Jahren blüht (siehe auch Seiten 138/139).

'Exmouth' ♀ ist die beliebteste Sorte. Ihr Laub ist an der Oberseite sanftgrün, unterseits rötlich braun sowie fein behaart. Sie trägt bereits in jungen Jahren große Blüten. 'Galissonnière' gilt als die frosthärteste Sorte und ist mit ihrem Säulenwuchs eine schöne formale Gerüstpflanze. Das dunkle, ebenfalls an der Unterseite rötlich braune Laub bildet eine zauberhafte Kulisse für die riesigen, duftenden Blüten. Die ebenfalls frostunempfindliche 'Victoria' ♀ wurde in Victoria, British Columbia, selektiert. Ihre Blattunterseiten sind besonders warm braun gefärbt.

'Little Gem' wird von Magnolienliebhabern mit kleinen Gärten geschätzt. Allerdings ist sie nicht frosthart und im frühen Stadium sehr langsamwüchsig. Immergrüne Magnolien benötigen Sonne und gute Drainage. Sie sollten keinesfalls zu tief gepflanzt werden, da sie sonst, selbst auf besten Böden, das Wachstum einstellen. Bei humusreicher Substratauflage gedeihen sie selbst auf kalkhaltigen Böden.

Der Kirschlorbeer (*Prunus laurocerasus*) ♀ ist bei uns so weit verbreitet, dass man ihn für heimisch halten könnte. Tatsächlich gelangte er im 17. Jahrhundert aus Osteuropa und Südwestasien zu uns. Auch wenn er einer der schattenverträglichsten Sträucher ist und gut unter Bäumen gepflanzt werden kann, sollten wir ihn im Garten als Kulissenpflanze einsetzen.

Kirschlorbeer ist wüchsig, erreicht eine Höhe von 6 m, bildet schöne, breite Hecken und war in der Viktorianischen Zeit zu diesem Zweck sehr beliebt. Die Sorte 'Rotundifolia' besitzt gestauchte, rund-

---

1 | Japanische Aukube (*Aucuba japonica*) 'Salicifolia'   2 | Immergrüne Magnolie (*Magnolia grandiflora*)

3

lichere Blätter, ist sehr schnittverträglich und daher eine gute Hecken- oder Formschnittpflanze für Rabatten. 'Anbri', ein Sämling von 'Rotundifolia', wächst dicht und aufrecht als breiter Strauch. Das attraktive bronzefarbene junge Laub verfärbt sich später dunkelgrün.

Aufgrund ihrer Anspruchslosigkeit werden etliche Sorten im öffentlichen Grün verwendet. Das glänzend dunkelgrüne Laub des niedrigen, kompakten 'Otto Luyken' ♀, einst ein häufiger Gartenstrauch, ist der perfekte Hintergrund für die prächtigen weißen Blütenkerzen. Leider ist die Pflanze für die Schrotschusskrankheit anfällig, die junges Laub durch Verfärbung und Löcher verunstaltet. Dieser Virus kann immergrüne wie laubabwerfende Prunus-Arten befallen, vor allem weniger kräftige.

Die Portugiesische Lorbeerkirsche (P. lusitanica) ♀ kann als schöner Solitär erzogen werden. Normalerweise finden wir die schnittverträgliche Art jedoch als rundlichen Busch. Das dunkelgrüne Laub ist zarter als das der Lorbeerkirsche. Zweige sowie Blattstiele sind von attraktivem Rot. P. lusitanica ist erstaun-

4

Der Schnitt von Kirschlorbeerhecken
(Prunus laurocerasus)

Kirschlorbeer als Heckenpflanze oder Form-
schnittgehölz sollte mit seinen großen, ledrigen
Blättern früh im Jahr geschnitten werden. Der
Neuaustrieb verdeckt dann schnell unansehnliche
Schnittflächen, die bei einem späteren Schnitt den
Rest der Saison das Erscheinungsbild empfindlich
stören. Kleine Exemplare mit der Gartenschere
schneiden.

5

lich frosthart, kalktolerant und hätte eine weitere
Verbreitung als strukturbildende Pflanze verdient.
Davids Schneeball *(Viburnum davidii)* ♀ brach-
te der Pflanzensammler E. Wilson erst 1904 aus
China nach Europa. Seine häufige Verwendung
im privaten und öffentlichen Grün spricht für seine Vielseitigkeit und Attraktivität. Er wächst auf
jedem Boden, in Sonne oder Schatten sowie auch
ausgezeichnet in Kübeln. Er wird häufig als guter
Bodendecker beschrieben, ist jedoch mehr als das.
Er bildet rundliche, schöne, kompakte Formen von
1 m Höhe und 1,5 m Breite aus.
Die großen, ledrigen, ovalen Blätter zeigen ausgeprägte Längsnerven und sind an der Oberseite
tiefgrün, unterseits hellgrün gefärbt. Blatt- und
Blütenstiele sind häufig rot. Die weißlich rosa Blüten erscheinen gewöhnlich im späten Frühjahr und
Frühsommer. An den weiblichen Pflanzen folgen
kleine, eiförmige, blauschwarze Früchte, die über
den Winter am Strauch verbleiben. Zur Fruchtbil-
dung ist ein männlicher Bestäuber erforderlich.
Seine klare Form passt in moderne oder fernöst-
liche Gärten sowie in Kiesflächen oder Felsgärten
und bringt Struktur in Schattenszenen mit Lungenkraut *(Pulmonaria)* und Immergrün *(Vinca)*.

3 | Kirschlorbeer *(Prunus laurocerasus)* 'Rotundi-
folia'

4 | Davids Schneeball *(Viburnum davidii)*

5 | Portugiesische Lorbeerkirsche *(Prunus lusita-
nica)*

Laubeffekte

Blüten kommen und vergehen, während das Laub als fester Bestandteil der Gartenszene bleibt. Laubfarbe und Textur sollten somit die Grundstruktur eines jeden Pflanzschemas bestimmen. Entsprechend ihres Wuchsbildes ausgewählte Sträucher schaffen einen soliden Rahmen, während die Blattfarben die Stimmung vorgeben: freundliches Gelb, dramatisches Weinrot, aufhellende Gold- und Silberpanaschierungen und ätherisches Silber. Ein langweiliger Garten ist ein Garten ohne das Spiel von Farbe und Form. Sträucher, deren Laubeffekte optimal eingesetzt werden, sind die Grundlage einer guten Planung.

Europäischer Perückenstrauch *(Cotinus coggygria)* 'Velvet Cloak' in Kombination mit einer orangen Taglilie *(Hemerocallis)*

Gelb und Gold

Gegen Ende des 20. Jahrhunderts bestimmten neue goldlaubige Sorten altbekannter Sträucher die Gartenszene in großer Zahl. Überhaupt waren gelbe Pflanzen sehr beliebt. Dann verlor die Farbe ihre Attraktivität und purpurn sowie silbern panaschiertes Laub und Pastelltöne traten an ihre Stelle. Die Beliebtheit von Narzissen *(Narcissus)* sank in dem Maße, wie sie bei Hyazinthen *(Hyacinthus)* und Krokussen *(Crocus)* zunahm. Ringelblumen *(Calendula)* und Studentenblumen *(Tagetes)* gerieten in Vergessenheit, Fleißige Lieschen *(Impatiens)* und Petunien *(Petunia)* gewannen die Gunst des Publikums.

Goldgelbes Laub hellt jeden Garten auf. Da Gelb den Blick anzieht, muss es sorgfältig platziert werden. Setzen Sie es dort ein, wohin die Aufmerksamkeit gelenkt werden soll – an eine Toreinfahrt, einen Eingang oder einen Fluchtpunkt – und vermeiden Sie es dort, wo es vom Blickpunkt der Gestaltung ablenkt.

Einige gelblaubige Pflanzen verbrennen in der Sonne, sollten daher nicht in offenen Situationen stehen. Gelbes Laub verblasst meist im Schatten und nimmt eine weniger auffällige limonengrüne Färbung an. Pflanzen mit goldgelben Blättern sehen tendenziell im Spätsommer am besten aus und ergänzen frühherbstliche Orange- und Rottöne.

Goldene Immergrüne

Die kräftigen Fleckenmuster und Panaschierungen der Aukuben erwecken den Gesamteindruck eines gelblaubigen Strauchs. Die Gelbsprenkelung der Japanischen Aukube *(Aucuba japonica)* 'Marmorata' ist besonders kräftig, sodass sie sich als goldlaubige Immergrüne besonders für schattige Standorte optimal eignet. Aukuben sind darüber hinaus ausgezeichnete Gerüstpflanzen (siehe auch Seiten 28/29, 52/53, 94, 125/126).

Die Mexikanische Orangenblume *(Choisya ternata)* 'Lich' ♛ ist eine der schönsten gelbblättrigen Immergrünen. Weniger blühfreudig als die reine Art (siehe Seite 26), bietet diese Pflanze dafür ganzjährig ein spektakulär golden glänzendes Blattkleid. Schädigt Frost die Triebspitzen, knipst man sie im zeitigen Frühjahr aus und die Pflanze erholt sich schnell. Ihre kompakte Aststruktur harmoniert mit lockeren, sommergrünen Sträuchern wie dem Kleinblättrigen Pfeifenstrauch *(Philadelphus microphyllus)* oder dem Braut-Spierstrauch *(Spiraea × arguta)* ♛. Vermeiden Sie die unpassende Farbkombination mit rosa blühenden Sträuchern.

> ### Kombinieren und arrangieren
>
> Für ein ausgewogenes Gartenbild sollte ausreichend reingrünes und gelb panaschiertes Laub in das Pflanzschema einfließen, um das Gelb zu dämpfen und den Farbton der einzelnen Pflanzen zu betonen.
> Das Limonengrün des Weichen Frauenmantels *(Alchemilla mollis)* ♛ z. B. schwächt Gelb ab und leitet zu den reingrünen Farbtönen über. Das Bronzepurpur der Fenchelsorte *Foeniculum vulgare* 'Purpureum' bietet einen guten Hintergrund für Gelb und schafft Tiefe und Leuchtkraft.

---

1 | Goldgelbes Laub und gelbe Blüten vereinen sich zu einer sonnigen Gartenszene.

2 | Mexikanische Orangenblume *(Choisya ternata)* 'Lich'

3 | Orangenblume *(Choisya)* 'Limo'

4 | Glänzende Heckenkirsche *(Lonicera nitida)* 'Aurea'

5 | Baum-Heide *(Erica arborea)* 'Albert's Gold'

6 | Japanische Stechpalme *(Ilex crenata)* 'Golden Gem'

7 | Stachelblättrige Duftblüte *(Osmanthus heterophyllus)* 'Goshiki'

Wo Baum-Heiden *(Erica arborea)* gedeihen

Diese Sträucher saurer Böden sind tatsächlich kalktoleranter als viele Besenheiden *(Calluna)*. Sie gedeihen bei nicht allzu hohen pH-Werten gut auf Lehmböden. Sie eignen sich optimal als Lückenfüller in Pflanzungen mit Koniferen und breitblättrigen Sträuchern.

Die neuere goldblättrige Sorte 'Limo' besitzt zarteres Laub in einem sanften Gelb. Die goldlaubige Sorte 'Aztek Pearl' ♀ entwickelt sich langsamer und in der Jugend eher in die Breite. Dies gibt sich mit dem Alter, doch als schnellwüchsig und robust empfiehlt sich eher 'Limo'.

Die Baum-Heide *(Erica arborea*, siehe Seite 135) ist in Südeuropa, Südwestasien sowie Nord- und Ostafrika heimisch. Selbst als mittel- bis großer Strauch verträgt sie im etablierten Zustand einen radikalen Rückschnitt nach der Blüte, um lange Blütenkerzen in der folgenden Saison zu fördern. Die duftenden, winzigen, rundlichen Blüten mit braunen Staubblättern erscheinen üppig im zeitigen Frühjahr. Sie verbreiten bei Bewegung Wolken von Blütenstaub. 'Albert's Gold' ♀ ist vital und frosthart mit hellgelbem jungem Laub. Die kleinwüchsigere 'Estrella Gold' ♀ ist mit ähnlichem Neuaustrieb sehr frosthart.

Die Sorte 'Golden Gem' der Japanischen Stechpalme *(Ilex crenata)* wächst als kleiner, kompakter Strauch mit abgeflachter Krone und gelbem Laub. Die Farbe ist im Winter und Frühjahr am kräftigsten und belebt Steingärten oder winterliche Kübelpflanzungen. *'Golden Gem'* ist langsamwüchsig, pflegeleicht und weiblich, kann Früchte bilden, blüht jedoch selten.

Der Wintergrüne Liguster *(Ligustrum ovalifolium)* gehört zu unseren häufigsten Sträuchern und Heckenpflanzen (siehe Seite 126). Er gedeiht auf vielen Böden, ist pflegeleicht und wirft sein Laub nur bei extremer Kälte ab. Ende des 20. Jahrhunderts verwendete man ihn fast ausschließlich in städtischen Hecken. 'Aureum' wächst zu einem großen, anmutigen Strauch von 3 m Höhe heran. Aufrecht, mit bogenförmig überhängenden Ästen und goldgelben, gelegentlich in der Mitte grünen Blättern, zeigt er eine offenere und im Schatten sogar überaus lockere Wuchsform. Er eignet sich damit zur Aufhellung dunkler Ecken. Seine weißen Blüten duften stark.

Die Glänzende Heckenkirsche *(Lonicera nitida)* 'Baggesen's Gold' ♀ ist erstaunlich vielseitig und wahlweise eine winterliche Kübelpflanze, ein immergrüner Strauch oder eine Heckenpflanze. Die reine Art **L. nitida** (siehe Seite 126) wächst als dichter, kleinblättriger, dunkler, immergrüner Strauch mit geraden Zweigen bis zu einer Höhe von 2 m. Sie ist wegen ihrer Schnellwüchsigkeit und Schnitttoleranz die ideale Heckenpflanze, kam Anfang des 20. Jahrhunderts in unsere Gärten und war in den Vorstadtgärten der Ersatz für Buchsbaum *(Buxus)*. Unbeschnitten wächst 'Baggesen's Gold' zu einem anmutigen Strauch heran. Das Laub ist während des Sommers gelb und nimmt im Herbst eine gelbgrüne Tönung an. Durch die kleinen Blätter wirkt der Strauch besonders attraktiv. Im Schatten ist das Laub das ganze Jahr über gelbgrün. Auf kargen Böden wirkt es blasser und gelegentlich fast primelgelb.

Die Stachelblättrige Duftblüte *(Osmanthus heterophyllus)* 'Goshiki' gilt als buntlaubig, wirkt jedoch insgesamt eher einheitlich sanft gelb gefärbt. Die kleinen, stechpalmenartigen Blätter sind gelb mar-

Gute Pflanzpartner

Eine Fuchsie *(Fuchsia)* 'Genii' ♀ (A) harmoniert mit gelblaubigen Pflanzen wie der Funkie *(Hosta)* 'Golden Tiara' ♀, der Steifen Segge *(Carex elata)* 'Aurea' (B) oder spektakulärer mit dem Purpurglöckchen *(Heuchera)* 'Plum Pudding' (C).

Gelbe und goldgelbe Kombinationen

Die Gelbe Rabatte in Le Clos du Coudray in der Normandie zeigt, welch zauberhafte Gartenbilder entstehen, wenn man goldlaubige Bäume wie Gewöhnliche Robinie *(Robinia pseudoacacia)* 'Frisia' ♛, Amerikanische Gleditsie *(Gleditsia triacanthos)* 'Sunburst' ♛ oder Dreiblättriger Lederstrauch *(Ptelea trifoliata)* 'Aurea' ♛ mit schönen goldblättrigen Sträuchern und gelb blühenden krautigen Pflanzen kombiniert.

moriert und in der Jugend bronzefarben getönt. In der Vollsonne zeigt sich die Farbe strahlender. Der ausgezeichnete Strauch mit kompaktem Wuchs und ebenmäßiger Kuppelform ist in Kübeln eine gute Alternative zu Buchsbaum *(Buxus)* und in Mischpflanzungen eine hervorragende Gerüstpflanze. Die gedeckte Laubfarbe harmoniert mit vielen Pflanzen und ist fürs Auge angenehmer als so manche goldlaubige oder panaschierte Pflanze. Kräftigere Akzente setzt 'Aureus' mit seinem dunkelgrünen Laub und dem sattgoldenen Neuaustrieb. Der auffällige Strauch empfiehlt sich für die Kombination mit golden panaschierten, immergrünen Sträuchern im Vordergrund.

Sommergrüne Sträucher mit goldgelbem Laub

Ahorne *(Acer)* erfreuen sich mit ihrem attraktiven Laub großer Beliebtheit (siehe auch Seiten 46 / 47). Der Breitfingrige Shirasawa-Ahorn *(A. shirasawanum)* 'Aureum' ♛ wächst langsam und benötigt Zeit, um sich voll zu entwickeln. Allerdings ist die faszinierende, schwefelgelbe Laubfarbe schon von Anfang an ein Blickfang. Der elegante, ausladende Wuchs wirkt sehr exotisch. Die Blätter sind handförmig, tief gesägt und verfärben sich im Herbst orangerot. Als Strauch für den geschützten Halbschatten verträgt dieser Ahorn keinen Zug, und das Laub verbrennt in der Sonne. Er passt zu Funkien *(Hosta)*, Gräsern, Bodendeckern und in Kiesflächen klarer Pflanzschemata, eignet sich jedoch nicht für die Kombination mit Blütenpflanzen.

Das in letzter Zeit offenkundige Desinteresse an Berberitzen *(Berberis)* betrifft auch die Sorte 'Aurea' der Thunbergs Berberitze *(B. thunbergii)*. Dessen ungeachtet bleibt diese mit ihren leuchtend gelben jungen Trieben faszinierend, eine Farbe, die gut zu den kleinen, rundlichen Blättern an den steifen Zweigen passt. Im Lauf der Saison geht sie in Blassgrün über. Das Laub kann in der Sonne verbrennen, ein Problem, das die Neuzüchtung 'Bogozam' mit orangeroten, sich gelbgrün verfärbenden Trieben nicht kennt.

Die hübschen Bartblumen *(Caryopteris)* sind Sonnenpflanzen für gut durchlüftete Böden und gedeihen prächtig auf Kalk. Ihr aromatisches Laub ist von sanftem Graugrün, das mit dem duftigen Blau spätsommerlicher Blüten harmoniert. Die Clandon-

Bartblume *(C. × clandonensis)* 'Worcester Gold' ♀ hat goldgelb überhauchtes Laub und blaue Blüten. Eine reizvolle Kombination, die sich jedoch nicht mit einigen Herbststauden wie Fetthenne *(Sedum)* und Scheinsonnenhut *(Echinacea)* verträgt.

Der Tatarische Hartriegel *(Cornus alba)* 'Aurea' ♀ ist das ganze Jahr hindurch attraktiv, und es gibt kaum eine gelblaubige Pflanze von seiner Anmut. Die großen, locker angeordneten Blätter sind von einem beinahe durchscheinenden Gelb, eine schöne Ergänzung zu panaschierten oder reingrünen Sträuchern. Im Herbst wird das Laub zudem zauberhaft lachsrot, bevor es abfällt und die rote Farbe der Triebe zur Geltung kommt. Ein jährlicher bodennaher Rückschnitt der Hälfte der Triebe garantiert einen schön gefärbten Neuaustrieb und eine lichte, offene Wuchsform. Der Hartriegel gedeiht in Sonne oder Schatten und auf vielen, auch nassen Böden. Mehr zu den Vorzügen seiner roten Zweige siehe Seite 192–194.

Der Europäische Perückenstrauch *(Cotinus coggygria)* 'Ancot' ist eine relativ neue, sich zunehmend bewährende Züchtung. Er ist so wüchsig wie die bekannteren purpurlaubigen Perückensträucher (siehe Seite 49) und hat schön geformte Blätter. Der Strauch erreicht eine Höhe und Breite von 2 m. Er ist schnittverträglich, und der längliche, gerade

Spätsommerliches Blau

Alle goldlaubigen Sträucher wirken besonders in Kombination mit blauen Blüten. Dabei sollte man einige spätsommerliche Blautöne in Betracht ziehen: Bartblume *(Caryopteris)*, Hornnarbe *(Ceratostigma)*, Perowskie *(Perovskia)* und die im Herbst blühende Säckelblume *(Ceanothus)*. Sie alle blühen, wenn zahlreiche goldfarbene Sträucher ihr schönstes Laub zeigen.

Blattaustrieb nach dem Schnitt stellt einen seiner Reize dar. Wird er jedes Frühjahr kräftig geschnitten, gedeiht er gut als Kübelpflanze. Nach einem heißen Sommer zeigt er sogar im Schatten seine sensationelle orange-lachsfarbene Herbstfärbung.

Der Gewöhnliche Pfeifenstrauch *(Philadelphus coronarius)* 'Aureus' ♀ ist einer der bekannteren sommergrünen, gelbblättrigen Sträucher. Das junge Laub ist leuchtend schwefelgelb, später grünlich gelb. Im Halbschatten erscheint es eher limonengelb und kontrastiert mit purpurblättrigen Sträu-

---

8 | Breitfingriger Shirasawa-Ahorn *(Acer shirasawanum)* 'Aureum'

chern wie dem Schwarzen Holunder *(Sambucus nigra)* 'Eva' ♀ (siehe Seite 50). Das junge Laub ist am schönsten, wenn die späten Tulpen *(Tulipa)* blühen (siehe Gute Pflanzpartner Seite 43).

Der robuste **'Aureus'** toleriert sogar kargen, trockenen Boden. Allerdings zeigt sein Laub in sengender Sonne gelegentlich Verbrennungsschäden. Er wird mittelgroß und zeigt, wenn auch nicht überreichliche, so jedoch angenehm duftende, cremefarbene Blüten mit gelben Staubblättern. Ein Schnitt erfolgt unmittelbar nach der Blüte, wobei man altes, abgeblühtes Holz entnimmt und die kräftigen, jungen Triebe stehen lässt.

Die Virginische Blasenspiere *(Physocarpus opulifolius)* **'Dart's Gold'** ♀ ist ein kompakter, anspruchsloser Strauch mit im Frühsommer weißen, rosa überhauchten Blüten. Das Laub ähnelt dem der Blut-Johannisbeere *(Ribes sanguineum)*, behält lange seine hellgelbe Farbe und leidet weniger unter Verbrennungsschäden (siehe Gute Pflanzpartner Seite 90). Die dunkellaubige **'Diabolo'** findet sich allerdings häufiger in unseren Gärten (siehe Seite 50).

Die Blut-Johannisbeere *(Ribes sanguineum)* **'Brocklebankii'** gehört zu den kleineren, langsamer wachsenden Sträuchern. Ihr in Form und Farbe (ein sattes Goldgelb) attraktives Laub neigt leider zu Verbrennungen und harmoniert nicht mit ihren rosa Blüten, die sich zudem dann öffnen, wenn gelbe Forsythien *(Forsythia)* und rosa Kirschblüten *(Prunus)* die Szene beherrschen.

Die raschwüchsige Tangutische Himbeere *(Rubus cockburnianus)* hat bogenförmige, purpurne, dicht

---

9 | Tatarischer Hartriegel *(Cornus alba)* 'Aurea'

10 | Thunbergs Berberitze *(Berberis thunbergii)* 'Aurea'

11 | Clandon-Bartblume *(Caryopteris × clandonensis)* 'Worcester Gold'

12 | Europäischer Perückenstrauch *(Cotinus coggygria)* 'Ancot'

13 | Blut-Johannisbeere *(Ribes sanguineum)* 'Brocklebankii'

14 | Weigelie *(Weigela)* 'Olympiade'

15 | Trauben-Holunder *(Sambucus racemosa)* 'Plumosa Aurea'

16 | Tangutische Himbeere *(Rubus cockburnianus)* 'Goldenvale'

17 | Gewöhnlicher Pfeifenstrauch *(Philadelphus coronarius)* 'Aureus'

18 | Trauben-Holunder *(Sambucus racemosa)* 'Sutherland Gold'

mit weißen Blüten geschmückte Zweige. **'Goldenvale'** ♀ zeigt ebenfalls weiße, nackte Zweige im Winter, wartet jedoch im Sommer mit leuchtend goldgelbem, farnartigem Laub auf. Sie wuchert bei Weitem nicht so stark wie die Art und kann Ende des Winters radikal zurückgeschnitten werden. Sie ist eine Pflanze für alle Jahreszeiten, die in Sonne oder Schatten gedeiht.

Die goldlaubige Sorte des heimischen Trauben-Holunders *(Sambucus racemosa)* 'Plumosa Aurea' gehört zu den anmutigsten gelbblättrigen Sträuchern mit tief gesägten Fiederblättchen. Den eher kegelförmigen Blütenrispen zur Frühlingsmitte folgen scharlachrote Beeren. Im lichten Schatten gedeiht er prächtig. In der Sonne neigt er zu Verbrennungsschäden. Die goldlaubige Sorte 'Sutherland

Pflanzenporträt

Spierstrauch *(Spiraea)*

Die winterharten, pflegeleichten Spiersträucher entwickeln sich auf vielen Böden. Ein leichter oder kräftiger Schnitt erfolgt im zeitigen Frühjahr vor dem Neuaustrieb. Mit ihrem lang anhaltenden, attraktiven Erscheinungsbild sind sie bestens als Blickpunkte im Garten geeignet, was leider zu einer wahren Spierstrauchschwemme geführt hat. Dennoch sind sie beliebte, niedrigwüchsige Sträucher mit vielen Verwendungsmöglichkeiten. Sorten wie *S. japonica* 'Goldflame' treiben jedoch immer mal wieder grün aus. Zur Erhaltung der Gelbfärbung entfernt man diese Triebe umgehend.

'Candlelight' ♀ ist ein kompakter Japanischer Spierstrauch *(S. japonica)* mit hellgelbem Laub, das allmählich nachdunkelt. Er schlägt nicht nach Grün zurück und zeigt eine schöne Herbstfärbung. Die rosa Blüten harmonieren nicht unbedingt.
S. japonica **'Firelight'**, mit anmutigem Wuchs, hat orangerotes junges Laub, das sich im Herbst flammend rot färbt.

S. japonica **'Goldflame'** ist einer der beliebtesten Zwergsträucher mit aufrechtem Wuchs und tiefrosaroten Blüten. An braunen Zweigen erscheint orangerotes Laub, das sich sattgelb und schließlich grün verfärbt (siehe Gute Pflanzpartner Seite 43).

S. japonica **'Lisp'** ♀ ist zwergwüchsig und hat bronzerotes Laub, das allmählich gelb wird und im Herbst rot erstrahlt. Die Blüten sind tiefrosa.

S. japonica **'Walbuma'** ♀ wächst in die Breite und eignet sich als Bodendecker und Kübelpflanze. Das hellrote junge Laub verfärbt sich gelb. Die kompakten Blütenbüschel sind tiefrosa.

Weitere empfehlenswerte gelb- und goldblättrige Sträucher Eschen-Ahorn *(Acer negundo)* 'Kelly's Gold' • Besenheide *(Calluna vulgaris)* 'Beoley Gold' • Willmotts Hornnarbe *(Ceratostigma willmottianum)* 'Palmgold' • Kornelkirsche *(Cornus mas)* 'Aurea' • Gewöhnliche Hasel *(Corylus avellana)* 'Aurea' • Schnee-Heide *(Erica carnea)* 'Aurea' • Gewöhnliche Stechpalme *(Ilex aquifolium)* 'Flavescens' • Kolkwitzie *(Kolkwitzia amabilis)*

Gold' ♀ ist nicht so elegant, leidet aber weniger an Verbrennungen. Beim Schnitt im Spätwinter schneidet man einige ältere Zweige bis auf gesunde Knospen an der Basis zurück. Ein Rückschnitt auf die Hälfte fördert eher einen unharmonischen Wuchs. Es empfehlen sich auch einige Weigelien (Weigela) mit goldgelbem Laub. 'Looymansii Aurea', eine alte Sorte, wurde 1873 als Sämling entdeckt. Ihr hellgelbes Laub verlangt Halbschatten. In der Vollsonne verbrennt es. Ein Nachteil dieser Pflanze ist die Disharmonie zwischen gelbem Laub und rosa Blüte. Daher findet heute die Züchtung 'Olympiade' mehr Zuspruch. Ihr Laub ist gelb oder grün mit breiter gelber Umrandung, die Blüten erscheinen in einem dunklen, passenden Karminrot.

Gute Pflanzpartner

Der Gewöhnliche Pfeifenstrauch (Philadelphus coronarius) 'Aureus' ♀ bildet eine zauberhafte Kulisse für Tulpen wie Tulipa 'Black Parrot' ♀, 'Queen of Night' oder 'Black Hero' (A).

Unter Spiersträucher mit orangerotem jungem Laub wie Spiraea japonica 'Goldflame' (B) passen Frühblüher wie Sibirischer Blaustern (Scilla siberica) oder blaue Balkan-Windröschen (Anemone blanda, C).

'Maradco' • Schöne Leycesterie (Leycesteria formosa) 'Notbruce' • Glänzender Liguster (Ligustrum lucidum) 'Golden Wax' • Dreiblättriger Lederstrauch (Ptelea trifoliata) 'Aurea' • Alpen-Johannisbeere (Ribes alpinum) 'Aureum' • Gewöhnlicher Schneeball (Viburnum opulus) 'Aureum'

Purpur und Pflaume

Leuchtende, kräftige Farben werden in Mischungen mit satten Pflaumentönen, Burgunderrot und Bronze betont und intensiviert, die in jeder Pflanzenschicht vorkommen – vom Blätterdach der Ahorne *(Acer)* bis zu den bodendeckenden Blütenteppichen aus Günsel *(Ajuga)* oder Purpurglöckchen *(Heuchera)*. Purpur bildet häufig den effektvollen Kontrast zu Gelb, hebt sich gut von Orangerot und Gold ab und mildert mit seinen Farbanteilen Rot, Blau, Braun und Rosa grellere Gelbtöne.

Immergrüne purpurfarbene Sträucher

Der purpurblättrige Echte Salbei *(Salvia officinalis)* 'Purpurascens' ♀ ist eine ideale Begleitpflanze (siehe Gute Pflanzpartner Seite 45). Seit er den Weg aus dem Kräuterbeet in die Blütenrabatten gefunden hat, gehört er zu den beliebtesten Zwergsträuchern. Das purpurne Laub nimmt im Sommer eine intensivere, im Winter eine grauere Färbung an und eignet sich damit als sanfter Begleiter für Pflasterflächen, den Vordergrund von Rabatten oder zur Kombination mit graublättrigen Pflanzen. Seine würzigen Blätter finden Verwendung in der Küche, und er passt damit zu Rosmarin und Thymian in mediterranen Pflanzszenen. Dieser Salbei liebt durchlässige und relativ trockene Böden, ist dennoch anpassungsfähig und überlebt sogar auf schweren, nicht vernässenden Lehmböden. Salbei gedeiht prächtig auf Kalk, hat jedoch auf schwereren Böden eine kurze Lebensdauer und muss ungefähr alle drei Jahre ersetzt werden.

1 | Rote Rabatte im Hidcote Manor Garden, Gloucestershire

Kombinieren und arrangieren

Sträucher mit rötlich purpurnem Laub passen gut zu vielen anderen Blatt- und Blütenfarben, doch jede Kombination erzeugt ihre eigene Wirkung.

Purpurnes Laub kontrastiert kräftig mit Gelb. Die Wirkung ist faszinierend, kann jedoch zu übermächtig werden. So sind zwei konkurrierende Farbflächen wie die des purpurblättrigen Europäischen Perückenstrauchs *(Cotinus coggygria)* 'Royal Purple' neben der gelblaubigen Mexikanischen Orangenblume *(Choisya ternata)* 'Lich' zu viel.

Pflanzenpartner in unterschiedlichen Pflanzebenen, mit abweichenden Wuchsformen oder Strukturen wie ein purpurner Perückenstrauch *(Cotinus)* unter einer goldenen Gleditsie *(Gleditsia)*, Tulpen *(Tulipa)* 'Black Parrot' vor gelbem Pfeifenstrauch *(Philadelphus)* oder Purpurglöckchen *(Heuchera)* unter goldenem Spierstrauch *(Spiraea)* wirken dagegen oft verblüffend.

Purpurnes Laub erzeugt Gewicht und Tiefe in Kompositionen aus silbern, blau und rosa belaubten Pflanzen und ergänzt sie auf attraktive und augenfällige Weise. Purpurlaubige, sommergrüne Sträucher wie Holunder *(Sambucus)* und Hasel *(Corylus)* passen zu beliebten Bauerngartenpflanzen wie Storchschnabel *(Geranium)*, Rittersporn *(Delphinium)* und Lavendel *(Lavandula)*. Sie sind spektakuläre Kletterhilfe, z.B. für die Texas-Waldrebe *(Clematis texensis)* oder die Italienische Waldrebe *(C. viticella)*, und der perfekte, samtige Hintergrund für die *Clematis*-Blüten.

Weinrotes Laub ergänzt die leuchtend warmen Farben exotischer Sommerblüher wie Blumenrohr *(Canna)*, Dahlien *(Dahlia)* und Begonien *(Begonia)*. Rotlaubige Berberitzen *(Berberis)* und Perückensträucher *(Cotinus)* wirken faszinierend mit der Dahlie *(Dahlia)* 'Bishop of Llandaff' – und alle sind eine gute Kulisse für Montbretien *(Crocosmia)* und Sonnenbraut *(Helenium)*.

Gute Pflanzpartner

Ein harmonisches Bild in Purpur und Silber ergeben Echter Salbei *(Salvia officinalis)* 'Purpurascens' ♀ (A), Lavandula pedunculata ♀ (B) und Graues Heiligenkraut *(Santolina chamaecyparissus)* ♀ (C).

Pflanzenporträt

Fächer-Ahorn *(Acer palmatum)*

Fächer-Ahorne sind die Creme unter den sommergrünen, rotlaubigen Gehölzen. Im Frühjahr schmücken die jungen scharlachroten, gelappten Blätter die Äste, zeigen den Sommer über zart und schimmernd Präsenz, bis schließlich ihre Herbstfärbung die Pflanzen in Flammen setzt und zurückhaltendere Partner in die zweite Reihe verweist.

Fächer-Ahorne gedeihen in geschützten Lagen prächtig in Kübeln. Ihre architektonische Aststruktur fügt sich attraktiv in minimalistische Entwürfe, wo die Schönheit der Einzelpflanze zur Geltung kommt. Das weltweite Interesse an Fächer-Ahornen führte zu einer Vielzahl von Züchtungen. Die Vertreter der *Palmatum*-Gruppe wachsen in der Regel aufrecht, und ihre Zweige mit den handförmigen Blättern sind etagenförmig angeordnet. Die Sorten der *Dissectum*-Gruppe mit tief geschlitzten Blättern bleiben meist niedrig und kuppelförmig. Die Mehrzahl der baumförmigen, rotlaubigen Sorten stammt von *A. palmatum* 'Atropurpureum'.

Diese etwas empfindlichen Ahorne sind windbruchgefährdet. An exponierten Plätzen empfiehlt sich ein Schutz durch robustere Pflanzenpartner. Sie mögen den Streuschatten unter hohen Bäumen. Bei schlechteren Lichtverhältnissen verfärbt sich das sattburgunderrote Laub jedoch schmutzig grün. Sie gedeihen am besten auf schwach sauren bis schwach alkalischen, frischen bis feuchten, durchlässigen, lockeren sandighumosen Lehmböden. Während der Vegetationszeit reichlich wässern.

Diese Ahorne werden nur geschnitten, um bei Bedarf Schäden zu beseitigen oder totes und krankes Holz zu entnehmen und ihre natürliche Wuchsform und Schönheit zu erhalten. Nicht im Winter schneiden. Mehr Informationen siehe Seiten 61, 179-181.

'Bloodgood' ♀ (A) ist mit seinem tiefpurpurroten, im Herbst leuchtend roten Laub eine beliebte Sorte. Seine Flügelnüsschen sind besonders auffällig und attraktiv. 'Fireglow' ist ähnlich, jedoch kräftiger.

Die ausgesprochen robuste Sorte 'Trompenburg' ♀ (B) hat dunkelpurpurnes junges Laub, das später ins Grüne tendiert und sich im Herbst hellrot färbt. Die Blätter sind tief eingeschnitten, die schmalen Blattlappen eingerollt.

'Burgundy Lace' ♀ (C) wächst eher breit ausladend als hoch und bildet eine Kuppel aus tief gelapptem Laub.

'Corallinum' (D) wächst langsam und trägt kleine, tief gelappte, lachsrote junge Blätter.

'Crimson Queen' ♀ (E) hat sattpurpurrotes, farbbeständiges, geschlitztes Laub. Die bogenförmigen Zweige und die tief geteilten Blätter erinnern an das Gefieder exotischer Vögel.

'Beni-maiko' (F) trägt zierliche Blätter an schmalen, biegsamen Zweigen, die sich zauberhaft im Wind bewegen. Das junge Laub ist feuerrot, später rosa, dann grünlich rot gefärbt. Diese Schattierungen finden sich alle zur selben Zeit an der Pflanze, die wie ein impressionistisches Gemälde wirkt.

'Inaba-shidare' hat große, purpurne Blätter mit roten Stielen. Diese Züchtung ist wüchsig, behält ihre Farbe über die ganze Saison, bis sich das Laub im Herbst rot färbt.

Fächer-Ahorn *(Acer palmatum)* 'Fireglow' mit der Tulpe *(Tulipa)* 'Queen of Night' (rechte Seite)

Laubabwerfende purpurfarbene Sträucher

Fächer-Ahorne *(Acer palmatum)* siehe Pflanzenporträt Seiten 46/47.

Zäh und dornenbewehrt sind Berberitzen *(Berberis)* ein wirksamer Schutz gegen Eindringlinge, was nicht ihr einziger Vorzug ist. Die kleinbuschige Thunbergs Berberitze *(B. thunbergii)* 'Rose Glow' ♀ bietet ein weites Standortspektrum an. Sie hat runde, rötlich purpurne, rosa gesprenkelte Blätter, die im leichten Schatten einen satten Kupferton annehmen, der vor dem Winter intensiver wird. Bei Morgensonne ein Flammenmeer (siehe Gute Pflanzpartner Seite 99.) Die Sorte 'Harlequin' mit kleinerem, deutlicher geflecktem Laub ist ähnlich.

Eine kompakte Zwergsorte für jeden Garten ist 'Atropurpurea Nana' ♀. Sie passt auch in Steingärten und eignet sich, was wohl wenig bekannt ist, als niedrige Hecke (siehe Gute Pflanzpartner Seite 50). 'Bagatelle' ♀ wächst sogar noch kompakter.

Die höherwüchsigen rotlaubigen Thunbergs Berberitzen verdienen mehr Aufmerksamkeit, denn sie setzen mit ihren weicheren, lichteren Laubmassen beachtliche Akzente. 'Helmond Pillar' wird bis zu 2 m hoch mit dichtem Purpurlaub, das sich im Herbst herrlich rotorange verfärbt. 'Red Chief' ist ein kleinerer, aufrechter Strauch mit leuchtend roten Zweigen und schmalen, purpurroten Blättern und im Alter bogenförmig überhängenden Zweigen.

Wird bei gutem Platzangebot ein großer, auffälliger, purpurblättriger Strauch benötigt, ist die große *B.* × *ottawensis* 'Superba' vor allem als Heckengehölz eine exzellente Wahl. Sie besitzt kräftige, aufrecht bogenförmige Zweige und schönes, dunkelweinrotes Laub. Die gelben Blüten im Frühjahr sind unscheinbar. Sie dient als Sichtschutz und Kontrast zu den kompakten Silhouetten größerer, gelbnadeliger Koniferen.

Gewöhnlich gelten Judasbäume *(Cercis)* als kleine Bäume, dennoch entwickeln sich die meisten strauchförmig. Der Kanadische Judasbaum *(C. canadensis)* 'Forest Pansy' ♀ ist jedoch nicht sonderlich wüchsig. Seine pink getönten Blüten erscheinen direkt auf den Ästen noch vor dem Blattaustrieb. Das schöne, herzförmige Laub ist kräftig purpurrot, im Herbst purpurgolden gefärbt. Die ausladenden Äste formen eine breite, trichterförmige Krone. Die attraktive Gestalt und seine vielfältigen Kombinationsmöglichkeiten führten in den letzten Jahren zu einer wachsenden Popularität dieser Sorte. Sie liebt Sonne und fordert eine gute Drainage.

Die Große Hasel *(Corylus maxima)* 'Purpurea' ♀ mit herzförmigen, intensiv purpurroten Blättern wächst hoch ausladend und trägt im zeitigen Frühjahr rötlich braune Kätzchen. Ihnen folgen purpurrote, von Hüllkelchen umgebene Nussfrüchte. Kräftige Rückschnitte fördern einen kräftigen, aufrechten Neuaustrieb.

Die waagerecht abstehenden Blätter wirken besonders in der Jugend im Gegenlicht attraktiv. Die Große Hasel ist pflegeleicht und fügt sich gut in frei gestaltete Pflanzungen z. B. mit Schmetterlingssträuchern *(Buddleja)*, Pfeifenstrauch *(Philadelphus)*, Deutzie *(Deutzia)* und Strauchrosen *(Rosa)* ein.

Die purpurblättrigen Perückensträucher *(Cotinus)* sind am dunkelsten gefärbt und damit die wohl schönsten Sträucher. Das kräftig purpurrote Laub des Europäischen Perückenstrauchs *(C. coggygria)* 'Velvet Cloak' behält seine Farbe, bis es im Herbst rot wird. *C. coggygria* 'Royal Purple' ♀ zeigt tiefweinrote Blätter, deren Rot sich im Herbst aufhellt (siehe Gute Pflanzpartner Seite 146).

Perückensträucher treiben erst spät aus. Ist es so weit, stellen sie alles andere in den Schatten. Das dichte Blätterkleid verlangt nach einem farblich ergänzenden Schmuck z. B. durch braunorange Taglilien *(Hemerocallis*, siehe Abbildung Seiten 32/33).

Berberitzen *(Berberis)* – nichts für halbe Sachen

Schnittmaßnahmen an dornenbewehrten Berberitzen erfordern guten Arbeitsschutz. Halbherzige Schnitte verunstalten die Form, denn das Einkürzen der Zweige um 60 cm fördert lediglich peitschenartig in die Höhe wachsende Triebe. Richtig ist ein gezielter bodennaher Rückschnitt einiger älterer Äste.

---

2 | Thunbergs Berberitze *(Berberis thunbergii)* 'Helmond Pillar'

3 | Thunbergs Berberitze *(Berberis thunbergii)* 'Rose Glow'

4 | Große Hasel *(Corylus maxima)* 'Purpurea'

5 | Europäischer Perückenstrauch *(Cotinus coggygria)* 'Royal Purple'

6 | Schwarzer Holunder *(Sambucus nigra)* 'Gerda'

7 | Liebliche Weigelie *(Weigelia florida)* 'Foliis Purpureis'

Schnitttipps für Perückensträucher (Cotinus)

Die aus der Ferne wie Perücken wirkenden, grau überhauchten, purpurnen Blütenstände entwickeln sich am zwei- bis dreijährigen Holz. Sind Blüten erwünscht, den Schnitt auf ein Minimum beschränken. Ein kräftiger Schnitt im Spätwinter der ersten beiden Jahre fördert die Triebentwicklung und großes Laub. Schneiden Sie die Triebe dabei auf zwei bis drei Knospen zurück.

Die Virginische Blasenspiere *(Physocarpus opulifolius)* 'Diabolo' ♀ lässt sich vielseitig mit Stauden, Immergrünen und Rosen kombinieren und eignet sich ideal für offene, sonnige Plätze. In der Vollsonne erscheint das Laub gelegentlich fast schwarz. Die Blasenspiere bildet schöne Kulissen für Strauchrosen und ein prachtvolles Gerüst für gemischte Staudenpflanzungen, (siehe Gute Pflanzpartner Seiten 51, 117). Kräftige Schnitte fördern ihre Vitalität und schönes Laub. Der Schnitt erfolgt früh im Jahr während der Ruhephase oder nach der Blüte. Dabei entnimmt man lediglich das abgeblühte Holz und lässt die neuen, kräftigen Triebe wachsen.

Holunder *(Sambucus)* verträgt dieselbe Behandlung. Purpurlaubige Holundersorten sind verdientermaßen sehr populär geworden. Die Sorte 'Eva' des Schwarzen Holunders *(S. nigra)* ♀, 2003 gezüchtet, ist weniger wüchsig, zeigt jedoch zauberhaftes, gefiedertes Laub. Sie verleiht Staudenpflanzungen Tiefe und brilliert in Kombinationen mit silberblättrigen Pflanzen, Storchschnabel *(Geranium)* und Duft-Wicken *(Lathyrus odoratus)* (siehe Gute Pflanzpartner Seite 51). 'Gerda' ♀ setzt spektakuläre Akzente in jeder Rabatte und wächst nach einem kräftigen Schnitt im ersten Jahr sehr schnell. In den Folgejahren kann man sie gegen Winterende kräftig einkürzen.

Sargents Schneeball *(Viburnum sargentii)* 'Onondaga' ♀ ist ein großer, kräftiger Strauch, ähnlich dem Gewöhnlichen Schneeball *(V. opulus)*, mit tiefweinrotem jungem Laub. An einem sonnigen Standort verfärbt sich die gesamte Pflanze im Herbst herrlich rötlich purpurn. Die flach schirmförmigen Blüten erinnern an Garten-Hortensien *(Hydrangea macrophylla)*. Die fertilen inneren Blüten mit ihren purpurroten Staubgefäßen öffnen sich aus roten Knospen; die sterilen äußeren Blüten bleiben weiß. Eine zauberhafte Kombination (siehe Seiten 152 / 153).

Gute Pflanzpartner

Die niedrigwüchsige Thunbergs Berberitze *(Berberis thunbergii)* 'Atropurpurea Nana' ♀ (A) bildet in einer formalen Gestaltung wirkungsvolle Kontraste zum Echten Lavendel *(Lavandula angustifolia)* 'Hidcote' ♀ (B).

Der Kanadische Judasbaum *(Cercis canadensis)* 'Forest Pansy' ♀ (D) fasziniert besonders in Begleitung der Großen Wachsblume *(Cerinthe major)* 'Purpurascens' (C).

Gute Pflanzpartner

Die schwarzrote Virginische Blasenspiere *(Physo-carpus opulifolius)* 'Diabolo' ♀ (A) unterpflanzt mit der Strohblume *(Helichrysum italicum)* 'Korma' vor der Ölweide *(Elaeagnus)* 'Quicksilver' ♀ (C) oder den rostroten Blüten von *Lilium henryi* ♀ (B). Die grellrosa Breitblättrige Platterbse *(Lathyrus latifolius,* D) schlingt sich durch Schwarzen Holunder *(Sambucus nigra)* 'Eva' ♀ (E).

'Onondaga' verträgt unsachgemäße Schnitte schlecht, die seine eindrucksvolle Gestalt schnell beeinträchtigen. Bei Bedarf sollte man einige Zweige bodennah entnehmen. Dieser Schneeball gedeiht auf den meisten Böden, einschließlich auf Kalk, benötigt jedoch einen offenen, sonnigen Platz, um prächtiges Laub zu entwickeln. Er passt in ländliche Gärten und Kombinationen mit heimischen Pflanzen.

Die Laubfarbe der Lieblichen Weigelie *(Weigela florida)* 'Foliis Purpureis' ♀, ein bräunliches Purpur, nimmt sich unter den rotlaubigen Sträuchern eher gedämpft aus. Dennoch lässt sich diese Pflanze im Garten gut einsetzen, was nicht zuletzt an den rosa Glockenblüten im späten Frühjahr und Frühsommer liegt. Zudem ist diese Sorte besonders kompakt und langsamwüchsig. Am besten entwickelt sie sich auf sonnigen Standorten.

'Alexandra' ist eine neue Sorte mit dunkelpurpurrotem Laub, das im Laufe der Saison eine bronzegrüne Tönung mit purpurnem Rand annimmt und sich im Herbst tiefpurpurn färbt. Sie wächst dicht und ausladend mit im späten Frühjahr erscheinenden rötlich pinkfarbenen Blüten. Noch eine Neuzüchtung ist *W.* 'Bokrashine' mit schokoladenbraunem Laub und hellroten Blüten im späten Frühjahr und Frühsommer – faszinierend in Kombination mit blauen Säckelblumen *(Ceanothus).* Weigelien sind pflegeleicht und gedeihen auf Kalk und Lehm. Blütentriebe werden unmittelbar nach dem Verblühen entfernt, um einen kräftigen Neuaustrieb zu fördern.

Weitere empfehlenswerte purpurne und pflaumenfarbene Sträucher Fächer-Ahorn *(Acer palmatum)* 'Red Pygmy' • Fächer-Ahorn *(Acer palmatum)* 'Hessei' • Thunbergs Berberitze *(Berberis thunbergii)* 'Dart's Red Lady' • Thunbergs Berberitze *(Berberis thunbergii)* 'Red Pillar' • Chinesische Scheinhasel *(Corylopsis sinensis)* 'Spring Purple' • Kirschpflaume *(Prunus cerasifera)* 'Nigra' • Schwarzer Holunder *(Sambucus nigra)* 'Thundercloud'

Gold und Silber

Pflanzen mit panaschiertem Laub finden sich zumeist nur in Gärten, weniger in der Natur. Wann immer ein neuer panaschierter Klon im Handel auftaucht, stammt er mit Sicherheit von einem Züchter, der ihn entdeckt und als Ziergehölz vermehrt hat.

Im Garten spielen Sträucher mit gemustertem Laub eine ähnliche Rolle wie Blütensträucher: Sie bringen Abwechslung in die übrige überwiegend reingrüne Laubszene. Während Blütensträucher ihre Pracht nur für einen begrenzten Zeitraum zeigen, ist die Mehrzahl der panaschierten Sträucher immergrün und leistet somit einen ganzjährigen Beitrag. Sie eignen sich besonders, um schattige Bereiche aufzuhellen, und gedeihen häufig dort, wo sich Blütensträucher nicht durchsetzen.

Immergrüne panaschierte Sträucher

Die Vorzüge der Aukuben (*Aucuba*) werden auf den Seiten 28/29 und 83 näher dargestellt. Sie vertragen Schatten und zahlreiche Böden und gehören damit zu den beliebtesten panaschierten Immergrünen. Der Gelbanteil ist gelegentlich so vorherrschend, dass sie wie reingoldene Immergrüne verwendet werden können.

Wie es zu Panaschierungen kommt

Fehlt der grüne Farbstoff Chlorophyll in bestimmten Blattbereichen, entstehen dort Blattmuster. Sind keinerlei Pigmente vorhanden, sind die Flecken weiß, sind Xanthophylle bzw. Carotinoide vorhanden, sind sie gelb. Panaschierungen entstehen infolge von Zellmutationen, die lokal auftreten, oder sind die Folge von Viruserkrankungen. Da Chlorophyll für die Photosynthese und damit die Energiegewinnung der Pflanzen notwendig ist, verfügen panaschierte Pflanzen über weniger Energie und zeigen somit ein reduziertes Wachstum. Einige Panaschierungen sind stabil, d. h., jeder Neuaustrieb weist diese Blattmuster auf. In anderen Fällen findet eine Farbumkehr statt und das ursprüngliche reine Grün gewinnt wieder die Oberhand (siehe Kasten Seite 58).

Die Japanische Aukube (*A. japonica*) 'Crotonifolia' ♀ mit großen, goldfarben gesprenkelten und gefleckten Blättern gilt als die beste golden panaschier-

te Aukube. Die weibliche Sorte trägt beerenartige Steinfrüchte, die gegenüber dem Laub von nachrangiger Bedeutung sind. 'Marmorata' ist eine verbesserte 'Crotonifolia' und weniger empfindlich für Verbrennungen durch Sonneneinstrahlung. 'Golden King' ♛ ist männlich, weist eine überaus spektakuläre Panaschierung auf, braucht jedoch Halbschatten.

Kombinieren und arrangieren

Eine ausgeprägte Panaschierung bringt Farbe in die Szene. Gelbe Panaschierungen sind besondere Blickpunkte und geeignete Mittel, die Wirkung rein goldlaubiger Pflanzen abzumildern sowie Übergänge zu grünblättrigen Partnern zu schaffen. Beachten Sie dabei immer, ob das gelbe Blattmuster mit Blütenpflanzen harmoniert.

Eine weiße Panaschierung wirkt oft dezent und kühl. Sie verträgt sich im Allgemeinen nicht mit gelb panaschiertem Laub, dafür jedoch gut mit reingrünen Blättern, die durch sie sanfter und heller wirken. Einige silberne Panaschierungen eignen sich für das Zusammenspiel mit graublättrigen Pflanzen.

Gelb und Weiß wirken in Kombination mit purpurnem Laub. Panaschierte Immergrüne sorgen über einen langen Zeitraum für attraktive Gartenszenen.

Panaschierter Buchsbaum (Buxus) ist eine hervorragende Gerüstpflanze mit kleinen, gemusterten Blättern, die seine kompakte Wuchsform weniger streng erscheinen lassen. Der Europäische Buchsbaum (B. sempervirens) 'Elegantissima' ♛ ist eine langsamwüchsige Sorte mit dichter, kompakter, rundlicher Form. Das kleine Laub ist unregelmäßig cremefarben gerandet. Er gilt als der beste „Silberbuchs", der überraschende Akzente setzt. Die größeren Blätter von 'Latifolia Maculata' ♛ sind unregelmäßig mattgelb gefleckt. Diese Sorte wächst dicht, breit rundlich bis kegelförmig und eignet sich hervorragend für Hecken (siehe Seite 126).

Gute Pflanzpartner

Mit ihrer lebhaften Gelbmusterung eignen sich Aukuben (Aucuba) als Partner eher ruhig golden panaschierter Sträucher wie der Dornigen Ölweide (Elaeagnus pungens) 'Maculata' und dem Japanischen Spindelstrauch (Euonymus japonicus) 'Aureus'. Sie sind auch ein schöner Hintergrund für goldene Sträucher mit derselben Vorliebe für Halbschatten wie der Gewöhnliche Pfeifenstrauch (Philadelphus coronarius) 'Aureus' ♛ sowie der Tatarische Hartriegel (Cornus alba) 'Aurea' ♛.

---

1 | Sträucher mit einer hellen Panaschierung wie der Wechselblättrige Hartriegel (Cornus alternifolia) 'Argentea' bringen Licht in eine Pflanzung.

2 | Europäischer Buchsbaum (Buxus sempervirens) 'Latifolia Maculata'

3 | Japanische Aukube (Aucuba japonica) 'Marmorata'

4 | Japanische Aukube (Aucuba japonica) 'Crotonifolia'

5 | Europäischer Buchsbaum (Buxus sempervirens) 'Elegantissima'

A B

Pflanzenporträt

Spindelstrauch und Pfaffenhütchen (*Euonymus*)

Diese Gattung ist vor allem durch die Beliebtheit der Kletternden Spindelsträucher *(E. fortunei)* 'Emerald 'n' Gold' und 'Emerald Gaiety' ein Begriff. Diese niederliegenden Immergrünen setzen Laubakzente in Dauerpflanzungen, Kübeln und in öffentlichen Anlagen. Von ihnen gibt es derartig viele verschiedene panaschierte Klone, dass sich in Gärten kaum reingrüne Sorten finden. Sie sind pflegeleicht und tolerieren allen Böden – auch Kalk.

E. fortunei ist ein winterharter, immergrüner Bodendecker für Sonne wie Schatten. Er wächst ähnlich wie Gewöhnlicher Efeu *(Hedera helix)*, bildet Adventivwurzeln und zeigt sowohl eine Jugend- wie Altersform. Die Sorten, fast immer panaschiert, weisen die Eigenschaften der reinen Art in unterschiedlicher Ausprägung auf. Einige klettern von alleine, andere nur mit Unterstützung. Die meisten werden als niedrige Sträucher und immergrüne Bodendecker kultiviert. Die beliebtesten Sorten 'Emerald Gaiety' ♀ und 'Emerald 'n' Gold' ♀ wachsen niedrig, kompakt und buschig. 'Emerald Gaiety' ist winterhart, vielseitig verwendbar und fügt sich harmonisch in viele Gestaltungen. Besonders im Winter wirkt die Kombination mit Funkien *(Hosta)* sehr schön. 'Emerald 'n' Gold' ist etwas wüchsiger und klettert mit Unterstützung. Die Färbung ist lebhaft, aber nicht grell und muss wohlüberlegt eingesetzt werden.

Aus dem Japanischen Spindelstrauch *(E. japonicus)* aus Japan und China sind zahlreiche große wie kleine, winterharte, panaschierte Immergrüne gezüchtet worden. Jungpflanzen werden zur Verwendung im Freiland wie in Innenräumen häufig in Containern gezogen. Sie gedeihen an vielen Standorten und tolerieren Luftverschmutzung, Schatten und Küstensituationen (siehe Gute Pflanzpartner Seite 53). Abkömmlinge von *E. japonicus* 'Microphyllus' sind niedere, dichte, kompakte Sträucher mit kleinerem Laub und eine Alternative zu Buchsbaum.

Einige panaschierte Spindelsträucher neigen zur Farbumkehr (siehe Seite 58), z. B. *E. fortunei* 'Interbolwi' mit gelblichen Zweigen und Blättern mit gelbem, mittigen Fleck. *E. japonicus* 'Aureus', dessen ledrige Blätter eine goldgelbe Mitte aufweisen, treibt gelegentlich grüne und reingelbe Triebe. 'Bravo' ist eine farbbeständigere neue Züchtung. Grüne Triebe bei Erscheinen sofort entnehmen.

E. fortunei 'Harlequin' ist ein Bestseller mit ungewöhnlicher Panaschierung (kleine, schmale, dunkelgrüne Blätter mit zahlreichen weißen Einsprenkelungen), gut in Töpfen, für Beete ungeeignet. Ihr Laub verbrennt in der Vollsonne.

Laubabwerfende Spindelsträucher mit herrlicher Herbstfärbung siehe Seite 182.

Der Kletternde Spindelstrauch *(E. fortunei)* 'Emerald Gaiety' ♀ (A) hat kleines, dunkel- und hellgrün geflecktes, unregelmäßig weiß gerandetes Laub. Vor allem auf kargen Böden und in der Vollsonne färbt es sich im Winter rosa. Versuchen Sie Kombinationen mit Funkien *(Hosta)*, z. B. der blaugrüne 'Blue Wedgwood'.

E. fortunei 'Emerald 'n' Gold' ♀ (B, F) verfügt über sämtliche Vorzüge von 'Emerald Gaiety', hat jedoch golden gerandete Blätter, die im Winter eine hellere, rosa überhauchte Färbung annehmen.

E. japonicus 'Ovatus Aureus' ♀ (C), die populärste großblättrige Sorte, wächst langsamer und kompakter als viele andere seiner Art. Er wächst aufrecht, und das Laub ist gelb gerandet und gesprenkelt. Für eine schöne Blattfärbung benötigt er einen sonnigen, offenen Platz. Im Schatten neigt er zur Grünfärbung.

E. fortunei 'Tustin' ♀ ist ein ausgezeichneter Bodendecker, vor allem für schattige Böschungen. Die länglichen, dunkelgrünen Blätter sind blassgelbgrün geädert, was ihn für die Unterpflanzung von Mahonien wie *Mahonia* × *media* 'Winter Sun' empfiehlt.

E. fortunei 'Silver Queen' (D) ist eher klein und kompakt, kann jedoch an einer Mauer bis zu 2 m hoch werden. Das Laub ist prachtvoll: Die jungen Blätter entfalten sich hellgelb und werden dann dunkelgrün mit breitem, cremefarbenem Rand.

E. japonicus 'Chollipo' ♀ (E) ist ein hochwertiger großer, dichter Strauch mit aufrechtem Wuchs. Die Blätter sind ledrig, dunkelgrün mit breitem, gelbem Rand.

E. japonicus 'Latifolius Albomarginatus' trägt großes, grünes, breit weiß gerandetes Laub.

C D E

F

Für eine panaschierte Pflanze ist die Wintergrüne Ölweide *(Elaeagnus × ebbingei)* 'Limelight' überraschend schnellwüchsig. Die neuen Triebe erscheinen in silbrigem Braun. Das Laub treibt grün mit silbernem Flaum aus. Später zeigt sich ein breiter, sattgelber und blassgrüner Strich in der Blattmitte. Die Blattunterseiten bleiben silbern. Die Pflanze gehört in Wuchsform und Färbung zu den dezenteren gelbbunten Immergrünen. Sie entwickelt sich zu einem großen, attraktiven Strauch und kann in ihrer Wüchsigkeit mit Kirschlorbeer *(Prunus laurocerasus)* ♀, Frasers Glanzmispel *(Photinia × fraseri)* sowie anderen kräftigen, wertvollen Sichtschutzsträuchern mithalten.

'Costal Gold' hat breites Laub mit gewelltem Rand, das silbern, später blassgelb sowie grün gerandet und gesprenkelt ist. **'Gilt Edge'** ♀ ist weniger vital und wächst gemächlicher als **'Costal Gold'**. Sie besticht durch goldgelb gerandetes Laub, ist empfindlicher auf exponierten Plätzen und gedeiht am besten im Halbschatten. Unter starker Sonneneinwirkung und an kalten, zugigen Plätzen können die Blattränder verbrennen.

Die Dornige Ölweide *(E. pungens)* **'Maculata'** ist einer der beliebtesten buntlaubigen Sträucher. Sie wächst ausladender als *E. × ebbingei* mit steif

Einige Tipps zu panaschierten Ölweiden *(Elaeagnus)*

Entfernen Sie reingrüne Triebe sofort nach dem Erscheinen, da sie vitaler als die panaschierten sind und sonst die Oberhand gewinnen. Panaschierte Ölweiden bringen Licht in dunklere Pflanzungen. Alle tragen im Herbst duftende, kleine, cremefarbene Blüten. Vorsicht: Die kräftige Musterung passt nicht zu rosa oder rot blühenden Sträuchern.

horizontal ausgerichteten Zweigen, die bei älteren Pflanzen Dornen tragen. Die dunkelgrünen Blätter sind spektakulär leuchtend golden gefleckt (siehe Gute Pflanzpartner Seite 58.)

Eine große, trotz ihrer attraktiven Erscheinung seltene Sorte der Dornigen Ölweide ist **'Goldrim'** ♀. Es handelt sich um eine Spielart von **'Maculata'** mit glänzenden, kräftig grünen Blättern und schmalem hellgelbem Rand. Für kleinere Flächen empfiehlt sich die kompaktere **'Frederici'**. Ihre schmalen, cremefarbenen Blätter haben einen unregelmäßigen grünen Saum – eine hübsche pastellfarbene Kombination.

---

6 | Wintergrüne Ölweide *(Elaeagnus × ebbingei)* 'Limelight'

7 | Wintergrüne Ölweide *(Elaeagnus × ebbingei)* 'Gilt Edge'

Pflanzenporträt

Stechpalme *(Ilex)*

Egal ob silber- oder goldlaubig, Stechpalmen warten mit besonders schönen panaschierten Sorten auf. Allerdings fordern ihr langsamer Wuchs und die unattraktive Gestalt in früher Jugend etwas Nachsicht. Sie sind jedoch langlebige Gartenpflanzen, die mit dem Alter gewinnen.

Das panaschierte Laub der Stechpalmen ist ein so bestechendes, ganzjähriges Gartenelement, dass selbst die hübschen Früchte kaum ins Gewicht fallen. Bei der Wahl einer Stechpalme gilt: Klingt der Name maskulin, ist sie wahrscheinlich weiblich und trägt Früchte. Eine Ausnahme von der Regel ist die alte weibliche, cremefarben panaschierte Sorte *I. aquifolium* 'Silver Milkmaid'.

Stechpalmen sind pflegeleicht und anspruchslos. Gut vorbereitete Böden und regelmäßiges Gießen fördern die Eingewöhnung während der langsamen Anwuchsphase.

Sämtliche buntlaubige *Ilex*-Sorten neigen besonders in der Jugend zur Farbumkehr (siehe Kasten Seite 58). Reingrüne Triebe sofort abschneiden, bevor sie überhandnehmen.

Stechpalmen passen in städtische wie ländliche Gärten, in formale wie freie Gestaltungen. Es empfiehlt sich, sie neben einen schnellwüchsigen Partner zu pflanzen, der ihre Rolle in den Anfangsjahren übernimmt und später entfernt werden kann, z.B. immergrüne Säckelblumen *(Ceanothus)* oder Kreuzdorne *(Rhamnus)*.

Die kräftige Großblättrige Stechpalme *(I. × altaclerensis)* 'Golden King' ♀ (B) wird groß und wächst breit konisch. Ihre breiten, fast dornenlosen Blätter sind breit goldgelb gerandet. Sie ist weiblich, entwickelt in der Nähe eines männlichen Bestäubers rotbraune Früchte und gilt als beste golden panaschierte Sorte. 'Lawsoniana' ♀ hat breite, grüne, in der Mitte goldgelb gesprenkelte Blätter und trägt zahlreiche rotbraune Früchte.

Der stattliche *I. aquifolium* 'Handsworth New Silver' ♀ wächst aufrecht mit purpurnen Zweigen und zauberhaft silbern panaschiertem Laub. Die schmalen, dunkelgrünen Blätter sind grau gesprenkelt und cremefarben gerandet, die Früchte hellrot. 'Silver Queen' ♀ fruchtet nicht und zeigt eine ähnliche Panaschierung auf breiteren Blättern. Der Neuaustrieb ist schwarzpurpurn, das junge Laub rosa.

I. aquifolium 'Ferox Argentea' ♀ (A) begeistert durch ausladende, purpurne Zweige und dunkelgrünes, cremefarben panaschiertes Laub. Ränder und Oberflächen der Blätter sind dornenbewehrt. Der lockere Wuchs und die helle Färbung empfehlen diese Sorte als immergrünes, ganzjährig attraktives Element in Mischpflanzungen.

I. aquifolium 'Madame Briot' ♀ (C) ist eine ausgezeichnete weibliche Sorte mit purpurnen Zweigen, regelmäßig angeordnetem, bedorntem, gelb marmoriertem, dunkelgrünem Laub und zahlreichen scharlachroten Früchten.

Farbumkehr

Die meisten panaschierten Pflanzen tendieren dazu, reingrüne Triebe zu bilden. Diese besitzen einen höheren Chlorophyllgehalt, verfügen damit über mehr Energie und wachsen kräftiger. Belässt man sie an der Pflanze, nehmen sie letztendlich überhand und verdrängen die panaschierten. Reingrüne Triebe sollten daher entfernt werden. Je früher dies geschieht, desto besser. Bei einigen panaschierten Pflanzen, z.B. *Elaeagnus pungens* 'Maculata' (rechts), muss man dies während der gesamten Lebenszeit der Pflanze regelmäßig tun.

Die panaschierte Sorte 'Excelsum Superbum' ♀ des Glänzenden Ligusters *(Ligustrum lucidum)* ist ein Großstrauch oder kleiner Baum mit leuchtend grünen, blassgrün gemusterten und grünlich gelb gerandeten, großen Blättern. Sie entwickelt eine besonders schöne, breit konische Wuchsform. Im Herbst erscheinen duftende Blütenrispen. Dieser Liguster wirkt elegant, ist ein Gewinn als Solitär und ideal zur Aufhellung von grünen Mauern aus dunklen Laubsträuchern oder Koniferen.

Die panaschierten Duftblüten *(Osmanthus)* sind in kleinen Gärten immergrüne Alternativen zu Stechpalmen *(Ilex)*. Die Stachelblättrige Duftblüte *(O. heterophyllus)* 'Variegatus' ♀ ist dabei die beste Sorte. Sie hat kleine, dunkelgrüne, ilexähnliche, leuchtend cremefarben gerandete Blätter. Die kompakte Pflanze gedeiht in Sonne oder Schatten auf fast allen Böden (siehe Gute Pflanzpartner Seite 60.) 'Aureomarginatus' ist ähnlich mit sattgelber Blattrandung. Was die Wuchsform angeht, gibt es schönere panaschierte Immergrüne. Da 'Goshiki', die bekannteste Duftblüte, wie ein dezent goldlaubiger Strauch wirkt, wird sie auf den Seiten 37/38 behandelt.

Die Lorbeer-Glanzmispel *(Photinia davidiana)* 'Palette', auch als *Stranvaesia davidiana* 'Palette' bekannt, ist ein langsamwüchsiger, staksiger Strauch mit eigentümlich panaschiertem Laub. Dieses ist in der Jugend stark weiß und orangerosa gestreift und gefleckt. Die Neuzüchtung kann als Kübelpflanze

ein Blickfang sein, als Gartenpflanze lohnt sie sich nicht. Ihre einzige Attraktion ist die Laubfärbung. Buntlaubige Lavendelheiden *(Pieris)* sind sehr schöne panaschierte Sträucher, benötigen jedoch saure Böden. Sie eignen sich gut als Kübelpflanzen in einem kalkfreien Substrat auf Lehmbasis. Sie vertragen keine direkte Sonne und sind deshalb ideal für schattige Plätze. Sie werden ausführlich auf Seite 111 behandelt. Die besten panaschierten Sorten sind 'White Rim', auch als 'Variegata' bekannt, und 'Little Heath' ♀, beides ausgezeichnete silbern panaschierte Japanische Lavendelheiden *(P. japonica)*, wobei Letztere mit ihrem kleineren Laub sowie den rosa überhauchten Blättern und Blütenknospen ungewöhnlicher ist.

Der Kirschlorbeer *(Prunus laurocerasus)* 'Castlewellan', ursprünglich als 'Variegata' gezüchtet und oft als 'Marbled White' angeboten, ist eine attraktive immergrüne Pflanze mit graugrünem, kräftig weiß marmoriertem Laub. Er wächst langsam, entwickelt sich zu einem großen, dichten Busch und bleibt im Schatten lockerer. Er harmoniert gut mit anderen deutlich weiß panaschierten Sträuchern wie dem Tatarischen Hartriegel *(Cornus alba)* 'Elegantissima' und ist auch eine interessante Alternative zu diesen.

Die panaschierte Portugiesische Lorbeerkirsche *(P. lusitanica)* 'Variegata' ist zwar nicht sehr kräftig, wirkt jedoch als Abwechslung in einer immergrü-

Gute Pflanzpartner

Die Dornige Ölweide *(Elaeagnus pungens)* 'Maculata' (A) unterpflanzt man am besten mit einem Teppich aus goldlaubigem, kriechendem Pfennig-Gilbweiderich *(Lysimachia nummularia)* 'Aurea' ♀ (B).

8 | Japanische Lavendelheide *(Pieris japonica)* 'Little Heath'

9 | Immergrüner Kreuzdorn *(Rhamnus alaternus)* 'Argenteovariegata'

10| Pontischer Rhododendron *(Rhododendron ponticum)*

11 | Immergrüner Schneeball *(Viburnum tinus)* 'Variegatum'

Gute Pflanzpartner

Die Stachelblättrige Duftblüte *(Osmanthus hetero-phyllus)* 'Variegatus' ♀ (A) und der silbergrau und cremeweiß panaschierte Gewöhnliche Efeu *(Hedera helix)* 'Glacier' (B) stellen eine gute Kombination für Kübel dar.

Das im Winter rosa getönte Laub der Portugiesischen Lorbeerkirsche *(Prunus lusitanica)* 'Variegata' (C) passt gut zum dunklen Blattkleid und den rosa Knospen des Immergrünen Schneeballs *(Viburnum tinus,* D).

nen Schattenpflanzung unter lichten Bäumen. Sie besitzt die roten Blattstiele der Art und horizontal ausgebreitete Zweige mit elegant hängenden, weiß gerandeten Blättern. Sie gedeiht auf den meisten Böden, auch auf Kalk (siehe Gute Pflanzpartner oben).

Ebenso mit fast jedem Boden zufrieden und für Sonne wie Schatten geeignet ist der Immergrüne Kreuzdorn *(Rhamnus alaternus)* 'Argenteovarie-gata' ♀. Er wächst schnell und ist eine gute Wahl, wo ein Großstrauch mit lockerem Wuchs benötigt wird. Aufgrund seiner Kälteempfindlichkeit pflanzt man ihn gewöhnlich vor eine Mauer. Für exponierte Standorte kommt er nicht infrage. Bei Frost und kalten Winden wirft er die Blätter ab, erholt sich allerdings meistens wieder. Kreuzdorne sollte man stets stützen. Im Alter besteht die Gefahr, dass sie kronenlastig und damit das Opfer von Winterstürmen werden.

Er wächst aufrecht und ausladend und schmückt sich mit cremefarben gerandeten, graugrün marmorierten Blättern, was eine insgesamt silbergrüne Wirkung erzeugt. Gelegentlich erscheinende reingrüne Triebe sollten entfernt werden. Ältere

Exemplare verkahlen an der Basis. Es empfiehlt sich daher, sie mit einem Partner wie der Mexikanischen Orangenblume *(Choisya ternata)* zu unterpflanzen.

Rhododendren *(Rhododendron)* sind Pflanzen für saure Böden (siehe Seiten 101–108). Einige Sorten tragen panaschiertes Laub und verdienen es, hier erwähnt zu werden. Gewöhnlich benötigen sie saure Böden, doch wenn sie in kalkfreien Substraten auf Lehmbasis kultiviert werden, eignen sie sich auch als Kübelpflanzen.

'Goldflimmer' ist eine sehr gute panaschierte Sorte des Pontischen Rhododendrons *(R. ponticum)*. Der kompakte, langsam wachsende Strauch trägt an den Rändern unregelmäßig gelb gestreiftes, dunkelgrünes Laub. Die späten Blüten sind fliederfarben mit braunen Flecken.

Der gelegentlich unter dem Sortennamen 'Silver Edge' angebotene *R. ponticum* 'Variegatum' zeigt cremefarben gerandete Blätter.

Der Immergrüne Schneeball *(Viburnum tinus)* 'Variegatum' ist weniger wüchsig und widerstandsfähig als die reingrünen Sorten. Sein Laub ist kräftig cremefarben panaschiert und in Kombination mit den rosa getönten Knospen und weißen Blüten besonders attraktiv. Er zieht einen geschützten Standort im Halbschatten vor. In der Sonne können die Blattränder braun werden. Kalte, exponierte Standorte mag er nicht.

Panaschierte halbimmergrüne und sommergrüne Sträucher

Die Sorten der Großblütigen Abelie *(Abelia × grandiflora)* sind halbimmergrüne, wegen ihrer spätsommerlichen und herbstlichen Blüten beliebte Sträucher. Einige haben auch panaschiertes Laub. 'Francis Mason' zeigt kleine, glänzende, dunkelgrüne Blätter mit gelbem Rand, eine Musterung, die allerdings erst in der Vollsonne und auf trockenen Böden ausgeprägt in Erscheinung tritt. Die neue Sorte 'Hopleys' ist kräftiger panaschiert. Zudem ist das Laub im Herbst rosa überhaucht und nimmt damit den Farbton der Blüten auf. Die bekannteste Sorte ist die kleinere und empfindlichere 'Conti' mit lockerem Wuchs, bogenförmig überhängenden Zweigen und weiß gerandeten Blättern.

Das empfindliche junge Laub der Fächer-Ahorne *(Acer palmatum)* leidet unter starken Winden und hellem Sonnenlicht. Und die buntlaubigen Fächer-Ahorne sind besonders gefährdet. Einige von ihnen sind wertvolle Gartengehölze, andere nur etwas für Liebhaber. 'Kagiri-nishiki' ist recht pflegeleicht und zeichnet sich durch gute Vitalität und eine lockere Wuchsform mit bogenförmigen Zweigen aus. Die gelappten Blätter sind häufig leicht verdreht, blassgrün und unregelmäßig weiß und korallenrosa panaschiert. Leider tendiert diese Sorte zur Farbumkehr. Reingrüne Triebe müssen entfernt werden.

'Asahi-zuru' ist für einen Fächer-Ahorn ebenfalls recht wüchsig. Er wächst als ausladender Strauch mit weiß geflecktem, in der Jugend manchmal reinweißem oder rosa Laub. Seine Panaschierung gilt als stabil.

Die buntlaubigen Sorten des Eschen-Ahorns *(A. negundo)* wurden lange als Sträucher sowie als kleine Bäume gezogen. 'Variegatum' mit hellem, panaschiertem Laub wurde als Kübelpflanze geschätzt und oft zur Dekoration von Innenräumen verwendet. 'Flamingo' hat hübsche, blassgrüne Blätter mit zartrosa Rand, der sich weiß verfärbt. Im Verkaufsstadium eine zauberhafte Pflanze, enttäuscht er jedoch im Garten mit einem zu sparrigen Wuchs und fahler Laubtönung. Abhilfe schafft nur ein kräftiger Schnitt im zeitigen Frühjahr auf einen oder mehrere kurze Stammansätze. Dieses jährliche Auf-Kopf-Setzen fördert einen kräftigen Austrieb und eine gute Laubfärbung.

Der panaschierte Sommerflieder *(Buddleja davidii)*

'Harlequin' ist schon als junge Kübelpflanze spektakulär. Die Blätter sind kräftig cremefarben gemustert und bilden einen schönen Kontrast zu den purpurnen Blütenrispen. Sein Wuchs ist niedrig und

12 | Fächer-Ahorn *(Acer palmatum)* 'Kagiri-nishiki'

13 | Tatarischer Hartriegel *(Cornus alba)* 'Elegantissima'

14 | Eschen-Ahorn *(Acer negundo)* 'Flamingo'

Gute Pflanzpartner

Das Rosa im Laub des Tatarischen Hartriegels *(Cornus alba)* **'Sibirica Variegata'** (A) ergänzt die purpurne Färbung von Thunbergs Berberitze *(Berberis thunbergii)* **'Rose Glow'** ♀ (B) perfekt.

Die kleinen, lachsroten Blüten der Kaffernlilie *(Schizostylis coccinea)* ♀ (C) harmonieren mit den Früchten der Fächer-Zwergmispel *(Cotoneaster horizontalis)* **'Variegatus'** (D)

Verlängern Sie die Blütezeit der Weigelie *(Weigela)* **'Florida Variegata'** ♀ (E), indem Sie die Waldrebe *(Clematis)* **'Purpurea Plena Elegans'** ♀ (F) hindurchranken lassen.

überhängend, allerdings weniger kräftig als bei den meisten Sommerfliedern. **'Santana'** ist ähnlich mit gelb panaschiertem Laub und weinroten Blüten. Beide sind Spielarten von **'Royal Red'** und tendieren zur Farbumkehr. Alle Sommerflieder sind wertvolle Sommerblüher, die Schmetterlinge anziehen (siehe auch Seiten 70 / 71, 154-156, 172).

Die buntlaubigen Sorten des Tatarischen Hartriegels *(Cornus alba)* sind ganzjährig attraktive Sträucher mit farbigen Trieben im Winter und schönem Laub im Sommer (siehe Seiten 192-194).

'Elegantissima' ♀ ist ein sehr heller, fast weiß wirkender, immergrüner Strauch. Die kräftige Pflanze wächst ausladend kuppelförmig und wird bis zu 3 m groß. Die hellgrünen Blätter zeigen weiße Sprenkel und einen weißen Rand. Als eine der besten panaschierten Pflanzen für feuchte Böden gedeiht **'Elegantissima'** in Sonne oder Schatten. Für kleine Gärten empfiehlt sich die weniger wüchsige Sorte **'Sibirica Variegata'**. Ihr ähnliches Laub ist, besonders im Herbst, häufig rosa getönt (siehe Gute Pflanzpartner oben). **'Spaethii'** ♀ bietet eine

goldgelbe Panaschierung. 'Gouchaultii' ist ähnlich mit orangeroter Tönung. Der Weiße Hartriegel *(C. sericea)* 'White Gold' ♀ gleicht in der Laubfärbung *C. alba* 'Elegantissima', hat jedoch gelbe Zweige – eine ausgesprochen erfrischende Kombination.

Die Kornelkirsche *(C. mas)* ist ein dicht verzweigter Großstrauch und in ländlichen Hecken zu finden. Vor allem im zeitigen Frühjahr bietet sie mit ihren gelben Blütenständen an den nackten Zweigen ein zauberhaftes Bild. Allerdings ist sie wegen ihrer Größe und kurzen Blütezeit für die viele Gärten ungeeignet. Nicht so die panaschierte Sorte 'Variegata' ♀, die weniger stark wächst und für die meisten Gärten infrage kommt. Sie weist eine offene, lichte Aststruktur auf, trägt breite, spitze, weiß gerandete Blätter und bietet im Herbst neben einer schönen Laubfärbung auch noch scharlachrote, kirschähnliche Früchte.

Der Pagoden-Hartriegel *(C. controversa)* 'Variegata' ist eigentlich ein kleiner Baum und sicher eine Pflanze für den Einzelstand. Gut gewachsen, gehört er mit seinen horizontal in Etagen angeordneten Zweigen und dem hängenden silberweiß panaschierten Laub zu den schönsten winterharten, buntlaubigen Pflanzen. Es lohnt sich, ihn in jungen Jahren zu stützen und den Leittrieb zu erziehen, um das Höhenwachstum anzuregen. Gestatten Sie ihm ansonsten, sich natürlich zu entfalten.

Der Wechselblättrige Hartriegel *(C. alternifolia)* 'Argentea' ♀ ist ein wunderschönes, silbern panaschiertes Gehölz. Kleine, cremefarben gerandete Blätter überziehen wie Zuckerguss feine, anmutig horizontal ausgebreitete Zweige mit dunkler Rinde. Aus der Ferne wirkt ein erwachsenes Exemplar wie eine weiße Wolke. Als Baum fasziniert er in fernöstlichen Gartenszenen. Als Strauch glänzt er als Solitär oder in Mischpflanzungen. Die bis zu 3 m hohe, winterharte, erstaunlich robuste und pflegeleichte Pflanze stammt aus Nordamerika.

15 | Gewöhnlicher Pfeifenstrauch *(Philadelphus coronarius)* 'Variegatus'

16 | Pagoden-Hartriegel *(Cornus controversa)* 'Variegata'

Bei der buntlaubigen Fächer-Zwergmispel (*Cotoneaster horizontalis*) 'Variegatus' ♔ ist die fischgrätenartige Verzweigung der Triebe weniger stark ausgeprägt als bei der wüchsigeren reinen Art. Die winzigen, dunkelgrünen Blätter haben einen cremefarbenen Rand und verfärben sich im Herbst rot, was gut zu den roten Früchten passt (siehe Gute Pflanzpartner Seite 62).

Als Beetpflanzen sind Fuchsien (*Fuchsia*) beliebt. In milden Regionen gedeihen sie sogar in Sonne wie Schatten als Gartensträucher und blühen vom Frühsommer bis Ende Herbst. Mit anmutigem Wuchs, hellem Laub und hängenden Blüten sind sie vielseitig verwendbar und lassen sich gut mit anderen Sträuchern und krautigen Pflanzen kombinieren (siehe Seite 158).

Die bekannteste Fuchsie ist die Scharlach-Fuchsie (*F. magellanica*) mit schlanker, bogenförmiger Gestalt und zarten, rot-purpurnen, herabhängenden Blüten. *F. magellanica* var. *gracilis* 'Variegata' ♔, die beste buntlaubige Fuchsie, hat grüne Blätter mit cremefarbenem, rosa überhauchtem Rand, was zusammen mit den Blüten ein zauberhaftes Farbenspiel ergibt. Frostempfindlicher als die reingrünen Vertreter, ist sie dennoch ein empfehlenswerter Strauch für geschützte Standorte. *F. magellanica* var. *gracilis* 'Tricolor' wächst niedriger und eher in die Breite. Das graugrüne Jugendlaub ist rosa getönt und später weiß gerandet. Die Triebspitzen behalten ihre Rosatönung. Die Blüten sind rot und purpurn und etwas zierlicher als die der Art. Die empfindlichste ist *F. magellanica* var. *molinae* 'Sharpitor', eine hübsche, empfehlenswerte Pflanze für milde Lagen mit weißen Blüten und graugrünen, weiß gerandeten Blättern.

Unter den panaschierten Hortensien ist die Garten-Hortensie (*Hydrangea macrophylla*) 'Tricolor' vermutlich die beste. Ihre tellerförmigen Blüten sind zuerst blassrosa und dann weiß gefärbt. Das grüne Laub zeigt mit seinen grauen und blassgelben Flecken ein reizvolles Farbspiel.

Das Bastard-Johanniskraut (*Hypericum* × *moserianum*) 'Tricolor' verlockt in den Gärtnereien und eignet sich als Kübelpflanze, enttäuscht jedoch oft im Garten. Der Zwergstrauch mit bogenförmig überhängenden Zweigen zeigt die klassischen goldgelben Blüten der Art und rosa, weiß und blassgrün marmoriertes Laub. Die Pflanze braucht einen geschützten Platz und neigt in feuchten Perioden zu Rost. Ein radikaler Rückschnitt im Frühjahr fördert einen kräftigen Neuaustrieb.

Der panaschierte Gewöhnliche Pfeifenstrauch (*Philadelphus coronarius*) 'Variegatus' ♔ trägt cremefarben gemustertes Laub und die betörend duftenden, weißen, einfachen, bestechend schönen Blüten der Art. Obwohl die reine Art gut auf trockenen Böden gedeiht, neigt 'Variegatus' dort in der Vollsonne zu Verbrennungen an den Blatträndern. Er steht daher besser im lichten Schatten, wo sich sein Laub vor dunklem Hintergrund wohltuend abhebt und der Duft den Garten durchdringen kann. *P.* 'Innocence' ist eine weitere üppig blühende, ungefüllte Sorte mit elegant bogenförmigem, lockerem Wuchs und cremefarben panaschierten Blättern.

Die beliebte buntlaubige Weigelie (*Weigela*) 'Florida Variegata' ♔ wächst kompakt und trägt zartgrüne, cremefarben gerandete Blätter sowie rosa Blüten (siehe Gute Pflanzpartner Seite 62). Die pflegeleichte Pflanze wirkt besonders schön in Verbindung mit Rosen und Stauden wie Storchschnabel (*Geranium*). 'Kosteriana Variegata' ist ähnlich, wächst jedoch aufrechter. Im Herbst färbt sich das Laub in sämtlichen Rosa- und Rottönen und wirkt damit auch während dieser Jahreszeit anziehend. Entnimmt man bei beiden Sorten nach der Blüte einige abgeblühte Triebe, wird ein kräftiger Neuaustrieb von der Basis her gefördert. Ein formgebender Schnitt ist nicht empfehlenswert, da man dabei nur die Luftigkeit und Anmut des Wuchses zerstört.

Weitere empfehlenswerte golden und silbern panaschierte Sträucher Fächer-Ahorn (*Acer palmatum*) 'Butterfly' • Feld-Ahorn (*Acer campestre*) 'Carnival' • Säckelblume (*Ceanothus*) 'Zansibar' • Dornige Ölweide (*Elaeagnus pungens*) 'Dicksonii' • Kletternder Spindelstrauch (*Euonymus fortunei*) 'Silver Pillar' • Gebogene Traubenheide (*Leucothoe fontanesiana*) 'Rainbow' • Echter Salbei (*Salvia officinalis*) 'Icterina' • Schwarzer Holunder (*Sambucus nigra*) 'Madonna'

Silber und Grau

Gartenfreunde, die sandige oder geringmächtige, kalkhaltige Böden haben, wissen grau- und silberlaubige Pflanzen wie Heiligenkraut *(Santolina)* und Lavendel *(Lavandula)* sehr zu schätzen. Diese Pflanzen aus dem Mittelmeerraum sind von Natur aus trockenheitsresistent und ertragen sonnige Standorte auch dort erstaunlich gut, wo viele Pflanzen einfach welken und eingehen. Schwere Lehmböden, die im Winter vernässen, mögen sie hingegen nicht.

Die Vorzüge grau- oder silberlaubiger Sträucher sind unbestritten: Sie bieten eine ideale Kulisse für fast alle anderen Farben im Garten. Sie harmonieren mit Pflanzen aus ähnlich heißen, trockenen, sonnigen Klimazonen wie Sonnenröschen *(Helianthemum)*, Rosmarin, Salbei, Thymian und anderen (siehe Seiten 78-82). Diese sind anspruchslos und gedeihen auf kargen, gut durchlüfteten Böden in der Vollsonne.

Silbernes Laub ist eine Anpassungsform an Umweltbedingungen und ein Mittel, Wasserverluste zu reduzieren. Der Blattüberzug aus hellen Härchen erzeugt ein erträgliches Mikroklima, mindert Luftbewegungen und bremst die Verdunstung.

---

1 | Silberlaubige Pflanzen passen gut zu allen Farbkompositionen.

A

Kombinieren und arrangieren

Silberlaubige Pflanzen behalten selbst in großen Gruppen ihre zarten Silhouetten. Sie erwecken die Vorstellung von sonnigen Tagen und warmen Ländern, aber wirken auch in kälteren Regionen attraktiv. Sie dämpfen harte Konturen von Belägen, Mauern und anderem Material und wirken in Töpfen und Kübeln. Silbergraues Laub bringt Farbe und Textur in den Garten und ergänzt oder dominiert andersfarbiges Laub. Silber reflektiert das Licht in offenen Situationen und mildert kompakte Strukturen. Graulaubige Sträucher wirken besonders gut in Pflanzungen mit sonnenliebenden Stauden.

Etliche graue Pflanzen eignen sich ideal für Küstenstandorte und trotzen salzhaltigen Winden. Bei der hohen Lichtintensität dort passt der Blauschimmer des Graus zum leuchtenden Orange des Kappenmohns *(Eschscholzia)* und den Neonfarben des Eiskrauts *(Mesembryanthemum)*.

Silbergrau ist der ideale Begleiter für Blau, wirkt sanft neben Rosa, glitzert mit Lila und harmoniert herrlich mit Purpur. Außerdem verbindet es sich glänzend mit dunkelroten Blüten, besonders mit großen wie die der Pfingstrosen *(Paeonia)*. Und es ist die Kulisse für Raritäten wie amethystfarbenen Zier-Lauch *(Allium)* und saphirblaue Brodieen *(Brodiaea)*.

Vorsicht bei der Mischung von silbernem mit anderem Laub. Großblättrige silbergraue Sträucher harmonieren mit dichten Immergrünen, während zarteres Laub lichtere und lockerere Partner benötigt.

Silber harmoniert besser mit weißen als mit gelben Panaschierungen. Während Grau nicht automatisch zu goldenem Laub passt, kontrastiert es wirkungsvoll mit pflaumenfarbenen Tönen. Die Ölweide *(Elaeagnus)* 'Quicksilver' ♀ z. B. bildet zusammen mit der Virginischen Blasenspiere *(Physocarpus opulifolius)* 'Diabolo' ein wunderbares Gartenbild (siehe Gute Pflanzpartner Seite 51).

A | Silberpflanzung in Derek Jarmans Küstengarten, Dungeness, Kent

Gelegentlich verschwindet der filzige Überzug auf älterem Laub und die grüne Farbe der unteren Schicht tritt zutage. Dadurch wird mehr Licht aufgenommen und die Photosynthese erhöht sich. Die Blattunterseite bleibt geschützt und behält ihr silbernes Aussehen. Ein zusätzliches Mittel zur Reduzierung des Wasserverlustes sind kleinere Blätter: Ein schmales, fein gezähntes oder gesägtes Blatt verdunstet weniger Wasser. Blattspitzen, die sich nach unten einrollen, schützen die Unterseite des Blattes vor Feuchtigkeitsverlust.

Silberlaubige Pflanzen enthalten häufig ätherische Öle. Diese verhindern die Austrocknung durch starke Sonneneinstrahlung und Winde. Sie schützen vor Pflanzenfressern und Insekten und scheinen mit ihrem Geruch in Verbindung mit dem filzigen Blattüberzug Rehe und Kaninchen abzuwehren.

Die Eberraute *(Artemisia abrotanum)* ♛ ist aufgrund ihrer aromatischen Blätter seit dem Mittelalter in unseren Gärten zu finden. Sie ist pflegeleicht und wächst schnell zu einem aufrechten, kleinen Halbstrauch mit graugrünem, tief fiederschnittigem, feinem Laub heran. Im Sommer erscheinen graue, dann gelbe Blütenköpfe. Diese werden am besten entfernt, um die Anmut der Blätter zu erhalten und zu verhindern, dass der Strauch bei Nässe auseinanderfällt. In Gärtnereien findet man Eberrauten am ehesten bei den Kräutern.

Der populäre Beifuß *(Artemisia)* 'Powis Castle' ♛ präsentiert feines silbernes Laub. Er wächst zunächst kompakt, wird später aber ausladender und ergibt damit einen guten Bodendecker. Pflanzt man ihn oben auf eine Mauer, bildet er attraktive, herabhängende Kaskaden. Er liebt gut drainierte Böden in der Vollsonne und toleriert nasse, kalte Standorte mit schweren Böden schlecht. Bei Lehmböden reichlich Kies untermischen.

'Powis Castle' verträgt keine radikalen Schnitte. Schneiden Sie die Triebe daher nur bis zu deutlich sichtbaren neuen Knospen zurück. Gelegentlich treibt die Pflanze von der Basis her aus, aber selten aus dem nackten Holz. Blattläuse fallen gern über den Neuaustrieb her. Insektizide mit Vorsicht einsetzen, da graulaubige Pflanzen diese oft nicht vertragen.

Pflege und Kultur silberlaubiger Pflanzen

Zur Verbesserung der Drainage schwerer Böden vor der Pflanzung reichlich Kies untermischen. Eine Lage Kies oder scharfer Sand verhindert bei Regen, dass Erde auf das Laub spritzt.

Vor dem Winter die Blätter laubabwerfender Nachbarn entfernen. Sie bleiben häufig am filzigen Laub der silbernen Pflanzen hängen und halten die Feuchtigkeit, sodass diese während der nassen Jahreszeit Schaden nehmen.

Die meisten silberlaubigen Pflanzen leben nur relativ kurz. Bei Überalterung werden sie unansehnlich und sollten ersetzt werden. Zum Glück wachsen sie schnell ein.

2 | Beifuß *(Artemisia)* 'Powis Castle'

Pflanzenporträt

Lavendel *(Lavandula)*

Lavendel gehört zu unseren beliebtesten Gartenpflanzen. Er ist immergrün, vielseitig und passt zu Rosen und Stauden wie zu Pflasterflächen und Strukturen aus Stein. Dabei ist das aromatische Laub ein ebenso wichtiges Argument wie die Blüten, die je nach Sorte in Rosa, Weiß und Blau sowie zahllosen Schattierungen erscheinen. Es gibt hohe und niedrige Lavendel, manche mit kompaktem, andere, größere mit lockerem Wuchs. Die meisten Sorten bilden entzückende niedrige Hecken und sind für Küstenstandorte geeignet. Lavendel gedeiht prächtig auf offenen, sonnigen Standorten mit durchlässiger Erde, toleriert etwas Schatten und überlebt auch auf schwereren Böden. Er hat eine kurze Lebensdauer, wobei Pflanzen auf Sand oder kalkhaltigen Böden länger durchhalten.

Der Echte Lavendel *(L. angustifolia)* mit stark aromatischem, silbernem Laub und blassgraublauen, ährigen Blütenständen an hohen, grauen Stängeln bildet hübsche Hecken und wächst meist höher als erwartet. Sind Blüten gewünscht, sollte der Pflanze ausreichend Platz eingeräumt werden. Anderenfalls knipst man sie während der Saison regelmäßig aus, um einen silbernen Neuaustrieb sowie einen kompakten Wuchs zu fördern. Von *L. angustifolia* sind zahlreiche Sorten im Handel. **'Hidcote'** ♀ ist vermutlich die bekannteste. Sie entstand 1920, ist noch immer sehr beliebt und eignet sich besonders für die Umrandung von Rosenbeeten oder in lockeren Gestaltungen für den Vordergrund von Strauchrosen.

Der Englische Lavendel *(L. × intermedia)* ist eine Hybride aus *L. angustifolia* und Speick-Lavendel *(L. latifolia)*. Auch von ihm gibt es zahlreiche Sorten, die meist größer und kräftiger sind und später blühend als die von *L. angustifolia*. Speick-Lavendel fällt durch seine verzweigten, großen Blütenstände auf, ein Merkmal, das häufig auch die Nachkommen zeigen. Schopf-Lavendel *(L. stoechas)* ♀ ist ein kompakter, aromatischer Zwergstrauch mit aufrechtem Wuchs und dichten, gedrungenen, purpurnen Blütenständen. Die Blüten entfalten sich sukzessive über den gesamten Sommer. Schopf-Lavendel ist anspruchsvoller als andere Lavendelarten und benötigt gut durchlässige Böden sowie einen warmen, sonnigen Platz. In den letzten Jahren kamen zahlreiche Sorten in den Handel. Einige sind attraktiv, meistens jedoch nicht besonders winterhart. Sie gedeihen am besten in Töpfen in Hausnähe, wo sie durch den Dachüberstand

---

Echter Lavendel *(Lavandula angustifolia)* in Barrington Court, Somerset

vor winterlichen Niederschlägen geschützt bleiben. Wegen der Blüte kultivierter Lavendel sollte unmittelbar nach der Blüte zurückgeschnitten werden, um einen Neuaustrieb silbernen Laubes anzuregen. Auf diese Weise sieht die Pflanze auch während der Wintermonate vernünftig aus. Schopf-Lavendel wächst in der Regel aufrechter und muss zur Erhaltung der buschigen Form zur Frühjahrsmitte, kurz vor Erscheinen der Blütenknospen, leicht geschnitten werden. Nicht ins nackte Holz, sondern nur auf deutlich sichtbaren Austrieb zurückschneiden. Regelmäßiges Schneiden und das Ausputzen während der Blüte erhält das Wuchsbild.

Die Sorte 'Hidcote' ♀ des Echten Lavendels *(L. angustifolia,* A) ist mit ihrem kompakten Wuchs, dem zarten, graugrünen Laub und den dichten, violettblauen Blüten eine schöne Heckenpflanze. Sie blüht im

Hochsommer am üppigsten und sollte im Spätsommer geschnitten werden, um den Neuaustrieb zu fördern. Die Blüte fällt mit der Rosenblüte zusammen.

L. angustifolia 'Imperial Gem' ♀ (B) ähnelt 'Hidcote', hat jedoch purpurne Blüten, kräftig silbernes Laub und eignet sich für niedrige, kompakte Hecken. Nach einem Rückschnitt nach der Blüte hält die silberne Färbung im Winter an.

L. angustifolia 'Miss Katherine' ♀ duftet sehr stark, wächst kompakt und trägt rosa Blüten und graugrünes Laub.

L. angustifolia 'Loddon Blue' ♀ (C) ist kompakt, kleinwüchsig mit purpurblauen Blüten und eignet sich für Töpfe und niedrige Rabatten.

L. angustifolia 'Loddon Pink' ♀ (D) erreicht Höhen wie 'Hidcote', hat jedoch grüner getöntes Laub und rosarote Blütenstände.

E

F

L. angustifolia 'Munstead' ähnelt ebenfalls 'Hidcote', zeigt jedoch blasslavendelblaue Blüten.

L. angustifolia 'Wendy Carlisle' (E) erweist sich als eine zauberhafte Sorte mit straff aufrechtem Wuchs, aromatischem, grauem Laub und silbernen und weißen Blüten.

L. × intermedia 'Arabian Night' ♀ bringt lange Blütenstände aus purpurblauen Blüten hervor.

L. × intermedia 'Dutch', eine kräftige Pflanze mit breiten, grauen Blättern und lavendelblauen Blüten, erreicht mühelos eine Höhe von 1 m.

L. × intermedia 'Grosso', niedriger als 'Dutch', zeigt im Hochsommer mittelblaue Blüten und hat kräftig aromatisches Laub.

L. 'Sawyers' ♀ ist eine exquisite, kompakte, buschige Pflanze mit silbergrauem Laub und langen, spitzen Blütenständen in tiefem Purpurblau.

L. pedunculata ♀ (F) zeigt an langen Stängeln walzenartige Blütenstände mit ausgeprägtem Hochblattschopf. Die Blütezeit reicht gelegentlich vom späten Frühjahr bis zur Herbstmitte.

L. stoechas 'Willow Vale' ♀ ist eine zauberhafte Pflanze mit kräftigem, graugrünem Laub und langen, purpurnen, anmutig zerknitterten Hochblättern.

Jakobskraut *(Brachyglottis)* siehe Seiten 74/75. Obwohl vielleicht nicht naheliegend, gibt es dennoch einige lohnenswerte silberlaubige Schmetterlingsstrauchsorten. *Buddleja fallowiana* ist ein mittelhoher bis großer, laubabwerfender Strauch mit filzig weißen Trieben und Blättern und duftenden, großen, blasslila Blütenständen. Er ist nicht sehr winterhart und benötigt einen geschützten Platz vor einer warmen Mauer.

'Lochinch' ♀, eine Hybride aus *B. fallowiana* und *B. davidii*, ist winterhärter und gehört zu den besten Schmetterlingssträuchern. Er ist mittelgroß mit buschigem, kompaktem Wuchs. Die jungen Blätter und Triebe sind von einem grauen Flaum überzogen. Während die Unterseite der Blätter filzig grau bleibt, nimmt die Oberseite eine salbeigrüne Färbung an. Die süßlich duftenden Blüten sind blassviolettblau mit oranger Mitte und ziehen Schmetterlinge an. Der hübsche Strauch ist pflegeleicht und harmoniert mit Stauden, Rosen und Bauerngartenpflanzen. Im Winter schneidet man sämtliche Triebe auf 1 m zurück.

'Argentea' ist die silberlaubige Sorte des anmutigen Schmalblättrigen Sommerflieders *(B. alterni-*

3

3 | Schmetterlingsstrauch *(Buddleja)* 'Lochinch'

4 | Schmalblättriger Sommerflieder *(Buddleja alternifolia)* 'Argentea'

folia). Der große Strauch mit den schmalen, bogenförmig ausladenden Zweigen wirkt zauberhaft an
einer Böschung oder über einer Mauer hängend.
Das schmale, weidenähnliche Laub schmückt biegsame Zweige, die im Sommer duftende, lila Blüten
überziehen.

Die Schmalblättrige Ölweide (Elaeagnus angustifolia) ist in Südeuropa ausgewildert und wird wie
das Heiligenkraut (Santolina) bei uns seit dem
Mittelalter kultiviert. Sie ist ein großer, lichter, laubabwerfender Strauch mit silbergrauen, weidenähnlichen Blättern. Den kleinen, duftenden Blüten des
Frühsommers folgen ovale, bernsteingelbe Früchte.
Die schönste Sorte ist 'Quicksilver' ♀, ein exquisiter, großer, schnellwüchsiger, kräftiger Strauch mit
anmutig bogenförmig überhängenden Zweigen.
Das silberne Laub reflektiert das Licht. Im Gegensatz zu anderen Ölweiden ist diese Sorte sommergrün. Das junge Laub, das im Frühjahr erscheint,
bietet mit blauen Säckelblumen (Ceanothus) ein
zauberhaftes Bild.

Silberlaubige Sträucher, die Höhe einbringen, sind
selten. Schon deshalb ist die Ölweide ein wertvolles Gestaltungselement. Ihr Wuchspotenzial soll-

Kontrast gesucht

Da graulaubige Pflanzen meist feines, schmales
Laub besitzen, fehlt es silbernen Pflanzungen
häufig an kontrastierenden kräftigen Formen.
Pflanzen, die sowohl auffällig als auch silber-
farben sind, finden sich am ehesten unter den
Stauden.

Wenige Pflanzen haben ein ähnlich eindrucksvol-
les, ornamental strukturiertes Laub wie die Wilde
Artischocke (Cynara cardunculus) ♀ (rechts). Im
zeitigen Frühjahr schießen die silberblaugrünen
Blätter dieser stattlichen Rabattenpflanze aus der
Erde und behaupten sich fast das ganze Jahr. Die
distelähnlichen Blütenstände sind ebenso eine Zugabe wie die Blüten der Königskerze (Verbascum),
die sich über den silbernen, filzigen Blattrosetten
erheben. Sie samt sich im Garten auf kargem
Sand- oder Kalkboden überall aus. Soll sie sich
nicht unkontrolliert ausbreiten, entfernt man die
meisten Blütenkerzen nach der Blüte.

Stauden wie Gräser, Lilien und Iris geben den
weichen, rundlichen Kuppelformen der meisten
silberlaubigen Sträucher eine kontrastreiche
Kontur.

Gute Pflanzpartner

Für eine attraktive Frühlingsszene sorgt die mit Großblättrigem Kaukasusvergissmeinnicht (*Brunnera macrophylla*) ♀ unterpflanzte Ölweide (*Elaeagnus*) 'Quicksilver' ♀.

5

4

Der Kauf von Sanddorn (Hippophae rhamnoides)

Sanddorn wird im Winter als wurzelnackte Pflanze erworben. Er ist preiswert und etabliert sich schnell und gut. Pflanzen Sie ihn in einer Gruppe zu dritt oder fünft in einem Abstand von 1 m, damit er einen stattlicheren Anblick bietet. Schneiden Sie ihn schon in der Jugend stark zurück, um eine dicht verzweigte Wuchsform zu fördern.

te nicht unterschätzt werden. Sie erreicht in fünf Jahren problemlos 3 m. Da sie in Töpfen nur mäßig gedeiht, wirken Containerpflanzen häufig schwächlich und erholen sich erst im Garten. 'Quicksilver' kann Ausläufer bilden, die man weiterkultivieren sollte, da die Pflanze nicht sehr langlebig ist und häufig nach acht bis zehn Jahren ersetzt werden muss. Sie gedeiht auf vielen Böden, verträgt jedoch flachgründige, kalkhaltige Böden schlecht.

Sanddorn (Hippophae rhamnoides) ♀ ist ein hoher, schlanker, sparriger Strauch mit dornigen Kurztrieben, silbergrauen Zweigen und schmalen, silbrigen Blättern. Er gedeiht fast überall, ist wind- und salztolerant und eignet sich ausgezeichnet, um auf engem Raum und unter widrigen Bedingungen Höhe einzubringen. Im Winter tragen weibliche Pflanzen, sind männliche vorhanden, orangegelbe, vitaminreiche Früchte, die die Vögel verschmähen. Diese wirken am kahlen Geäst in der Wintersonne vor blauem Himmel sehr reizvoll.

Lavendel (Lavandula) siehe Pflanzenporträt Seiten 68-70.

Die Wein-Raute (Ruta graveolens) 'Jackman's Blue' wird schon seit langer Zeit als Heilpflanze kultiviert. Der immergrüne Halbstrauch besitzt hübsches, gefiedertes Laub mit leuchtend blaugrauem Schimmer. Die sommerlichen Blüten sind klein und senfgelb, nicht unattraktiv, doch sowohl Wuchsform als auch Blattfarbe gewinnen, wenn diese entfernt werden. Die Wein-Raute ist auf gut durchlässigen Böden pflegeleicht und hat nur den Nachteil, dass ihr Pflanzensaft insbesondere bei Lichteinwirkung die Haut stark reizen kann.

Die Kojoten-Weide (Salix exigua) ist ein aufrechter, großer Strauch mit graubraunen, binsenartigen Zweigen und langen, seidigen, silbrigen Blättern. Zarte Kätzchen erscheinen beim Laubaustrieb. Sie

---

5 | Ölweide (Elaeagnus) 'Quicksilver'

6 | Lavendel-Weide (Salix elaeagnos) 'Angustifolia'

7 | Graues Heiligenkraut (Santolina chamaecyparissus)

8

ist zierlicher als die meisten Weiden und etabliert sich daher möglicherweise auf einigen Böden nur schwer.

Auf nassen Standorten und an Gewässern ist die kräftigere und dichter wachsende Lavendel-Weide *(S. elaeagnos)* 'Angustifolia' die bessere Wahl. Die Blätter sind in der Jugend grau und filzig, nehmen schließlich an der Oberseite eine grüne und an der Unterseite eine silberne Färbung an, sodass sich im Wind ein zauberhaftes Bild ergibt. Die Zweige sind rötlich braun und ein willkommener winterlicher Farbakzent.

Das Heiligenkraut *(Santolina)* ist immergrün und erstaunlich frosthart. Auf alle Fälle ist es unter den silberlaubigen Pflanzen besonders wetterfest und toleriert schwere Böden besser als die meisten an-

---

8 | Jakobskraut *(Brachyglottis greyi)* 'Sunshine'

Tipps zu Rauten *(Ruta)*

Die beste Laubfarbe entwickeln Rauten in der Sonne – in Töpfen auch auf Terrassen und in Innenhöfen. Sie wirken besonders in Kombination mit zarten, grau belaubten Pflanzen. Natürliche Partner sind Purpurglöckchen *(Heuchera)* und Blau-Schwingel *(Festuca glauca).*

deren. Heiligenkraut wird überwiegend im Container angeboten. In gut durchlässigen Böden bleibt es auch über die Wintermonate hübsch und ist mit seinem hellen Laub ein wertvolles Element in winterlichen Gestaltungen. Heiligenkraut toleriert Halbschatten und ist unter Bäumen ein effektvoller immergrüner Bodendecker. Bei regelmäßigem Schnitt kann es in Kuppel- oder Kugelform oder als zauberhafte sehr niedrige Hecke erzogen werden. Es ist pflegeleichter und beständiger als Lavendel *(Lavandula)*, dafür jedoch weniger aromatisch.

Das Graue Heiligenkraut *(Santolina chamaecyparissus)* ♀ ist die häufigste Art in unseren Gärten mit filzigem, silbernem, fadenartigem Laub und leuchtend zitronengelben Blüten im Hochsommer. Es kommt ursprünglich aus den Pyrenäen, wird jedoch seit dem Mittelalter auch bei uns kultiviert und fand vor allem in Knotengärten Verwendung. 'Lambrook Silver' hat feines Laub und blasszitronengelbe Blüten. 'Lemon Queen' zeigt ebenfalls zitronengelbe Blüten. 'Nana' ♀ ist kompakter, ideal für sonnige Pflasterflächen sowie Töpfe und Kübel. 'Pretty Carol' trägt zartgraues Laub und blassgelbe Blüten (siehe Gute Pflanzpartner Seiten 45 und 75).

Heiligenkraut muss im zeitigen Frühjahr kräftig auf den Neuaustrieb an der Basis der verholzten Zweige zurückgeschnitten werden. Ein Schnitt nach oder vor der Blüte, wenn keine Blüten erwünscht sind, verhindern, dass der Strauch durch allzu starkes Wachstum instabil wird und auseinanderfällt.

Jakobskraut *(Brachyglottis)* gehört zu den besten Sträuchern im privaten wie im öffentlichen Grün. Die Pflanzen stammen aus Neuseeland und Tasmanien. *B. greyi* 'Sunshine' ♀ ist eine pflegeleichte, zuverlässige Pflanze, wo immergrünes, silbernes Laub auf schwereren Böden benötigt wird, und gedeiht prächtig in Küstengärten. Ohne Rückschnitt wächst es als breiter Busch von bis zu 1 m Höhe und

---

Weitere empfehlenswerte silberne und graue Sträucher Silberginster *(Argyrocytisus battandieri)* • Berberitze *(Berberis temolaica)* • Sommerflieder *(Buddleja)* 'Silver Anniversary' • Besenheide *(Calluna vulgaris)* 'Silver Queen' • Goldmargerite *(Euryops pectinatus)* • Sonnenröschen *(Helianthemum)* 'Rhodanthe Carneum'

Gute Pflanzpartner

Das Graue Heiligenkraut *(Santolina chamaecyparis-sus)* 'Lambrook Silver' bildet unter der Weiden-Birne *(Pyrus salicifolia)* 'Pendula' ♀ eine harmonische silberne Gartenszene (wie hier in Apple Court, Lymington, Hampshire).

2 m Durchmesser. Das zuerst silberne Laub wird an der Oberseite dunkelgrün, während die Unterseite silbern bleibt. Die Blütenknospen erscheinen silbern und öffnen sich zu grellgelben Korbblüten, die einige Gartenfreunde lieber entfernen.

Der Pflanze fällt gern von der Mitte her auseinander, sodass ein Rückschnitt auf die neu austreibenden Knospen vor oder unmittelbar nach der Blüte empfehlenswert ist. Dies fördert die Entwicklung des hellsilbernen jungen Laubes. 'Sunshine' ist eine gefällige Pflanze, die sich auch noch nach einem Jahr ohne Schnitt verjüngen lässt. Obwohl der Strauch einen offenen, sonnigen, ja sogar windexponierten Standort vorzieht, toleriert er Halbschatten. Außer-

dem ist er vermutlich die winterhärteste graulaubige Immergrüne.

B. monroi ♀ von der Südinsel Neuseelands wächst niedriger und dichter, bildet eine breite Kuppelform aus und hat ovale, an den Rändern gewellte Blätter. Die Unterseite ist von einem dichten, weißen Filz überzogen, die Oberseite graugrün. Die selten verwendete Art verträgt schwere Böden sowie nasse Standorte schlecht.

Perowskie *(Perovskia)* 'Blue Spire' • Strauch-Fingerkraut *(Potentilla fruticosa)* 'Manchu' • Bereifte Rose *(Rosa glauca)* • Dünen-Weide *(Salix repens* ssp. *dunensis)*

Spezielle Gartensituationen

Die richtige Pflanze am passenden Platz ist das Geheimnis erfolgreicher Gartengestaltung. Pflanzen, die lediglich aufgrund ihrer äußeren Erscheinung ohne Rücksicht auf vorherrschende Standortbedingungen gewählt werden, entpuppen sich meist als Enttäuschung. Fühlen sich Pflanzen wohl, belohnen sie uns mit prächtigem Laub und zahlreichen Blüten. Pflanzen, die ums Überleben kämpfen, können keinen erfolgreichen Beitrag zum Gartenbild leisten. Sträucher sind Teil der Grundstruktur eines jeden Gartens. Es ist daher von entscheidender Bedeutung, welcher Strauch wo gepflanzt wird. Die Auswahl guter, schöner Pflanzenpartner, die sich gegenseitig ergänzen, steigert den Wert jeder einzelnen Pflanze.

Lake Mount, Glanmire, County Cork, Irland

Heiße, trockene, sonnige Standorte

Je nach Pflanzenwahl können heiße, trockene, sonnige Lagen Fluch oder Segen sein. Viele Pflanzen leiden in sommerlichen Trockenperioden, während andere wiederum ihre volle Pracht entfalten. Hier bietet sich eine Auswahl von Pflanzen heißer Klimazonen an, z.B. aus Südeuropa, Nordafrika, Südwestamerika, Teilen von Südafrika und Australien, die im Allgemeinen prächtig unter diesen Bedingungen gedeihen.

Viele mediterrane Pflanzen sind erstaunlich winterhart, widerstehen Kälte und Dürre. Nässe allerdings, vor allem feuchte Winter, ist alles andere als ideal. Trockene, magere Standorte und die Aussicht auf Sonne machen sie schon zufrieden. Die meisten graulaubigen Pflanzen (siehe Seiten 65-75) lieben diese Bedingungen. So u.a. Strohblumen *(Helichrysum)*, Heiligenkraut *(Santolina)* und Lavendel *(Lavandula)*. Bei trockenem Wurzelbereich und trockenen Blättern behalten sie ihre Laubfarbe im Winter. Auch Immergrüne wie Fetthenne *(Sedum)* und Hauswurz *(Sempervivum)* sind empfehlenswerte Ergänzungen sonniger Pflanzungen. Säckelblumen *(Ceanothus)* sind die besten Blütensträucher für den späten Frühling und Sommer (siehe Pflanzenporträt Seite 144). Sie lieben Vollsonne sowie eine gute Drainage und gedeihen auf den meisten Böden, tolerieren allerdings sehr flach-

Starthilfe

Beete vor sonnigen Mauern sind besonders unter Regen abweisenden Dachüberständen problematisch. Neue Pflanzen, auch die trockenheitstolerantesten, brauchen hier besondere Pflege. Vor allem Topfpflanzen in torfhaltigen Substraten müssen gegossen werden, bis ihre Wurzeln eingewachsen sind. Ohne regelmäßiges Gießen im Anfangsstadium breiten sich die Wurzeln nicht weiter aus, und die Pflanzen vertrocknen rasch.

gründige kalkhaltige Böden nur, wenn sie mit Kompost verbessert wurden. Säckelblumen wachsen schnell, sowohl freistehend als auch vor Mauern. Immergrüne Säckelblumen sind kälteempfindlicher als sommergrüne und ideal für warme Plätze. Dabei zeigen sich die kleinblättrigen frostanfälliger als

Gute Pflanzpartner

Goldlack *(Erysimum)* 'Bowles' Mauve' ♀ (A) harmoniert bestens mit Salbei *(Salvia)* und Thymian *(Thymus)*. Lockere, zwergstrauchige Sorten des Echten

Thymians *(T. vulgaris)* wie 'Silver Posie' (B) lieben dieselben Bedingungen wie Goldlack.

die großblättrigen Sträucher wie *C. arboreus* 'Trewithen Blue' ♀. Auf günstigem Standort ist diese sehr wüchsig und schmückt sich im Frühjahr mit prächtigen, tiefblauen Blütenständen. Für sonnige Böschungen ist die Kriechende Säckelblume *(C. thyrsiflorus* var. *repens)* ♀ die beste. Sie bildet einen niedrigen rundlichen Busch aus hellgrünem Laub und im späten Frühjahr Wolken aus mittelblauen Blüten. *C.* 'Centennial' ist ebenfalls niederliegend, wenn auch dichter, mit hübschem, dunklem, feinstieligem Laub und violettblauen Blüten im Spätfrühjahr bis Frühsommer. Die besonders trockenheitsverträgliche Säckelblume gedeiht in Töpfen entlang von Pflasterflächen und ist für kleinere Gärten geeignet.

Ginster *(Genista)* ist mit Besenginster *(Cytisus)* verwandt und benötigt ähnliche Bedingungen (siehe Seite 142). Allerdings ist er meist robuster und eignet sich für heiße, trockene und sonnige Plätze. Der Spanische Ginster *(G. hispanica)* ist einer der verlässlichsten Sträucher auf heißen, trockenen, unwirtlichen Standorten wie trockenen Böschungen. Er wächst praktisch auf jedem Boden, ist kalktolerant und bildet dichte, stachelige Büsche, die Kaninchen und Rehe abweisen und im späten Frühjahr Unmengen von gelben Blüten tragen. Er ist nicht

unbedingt die schönste, dafür aber zusammen mit Heiligenkraut *(Santolina)* und Rosmarin eine sehr dankbare Pflanze für trockene Böschungen. Die feinen Zweige des Lydischen Ginsters *(G. lydia)* ♀ biegen sich mit ihrem zartgrünen Laub und den narzissengelben Blüten anmutig über flache Treppen, niedrige Mauern und Pflasterränder. Der Ätna-Ginster *(G. aetnensis)* ♀ erweist sich dort als nützlich, wo ein sehr hoher, lichter Strauch für sonnige, trockene Standorte benötigt wird. Er wächst elegant, anmutig und offen, und die binsenartigen,

2

---

1 | Der Trockengarten, Savill Garden, Windsor Great Park

2 | Säckelblume *(Ceanothus arboreus)* 'Trewithen Blue'

blattlosen Triebe tragen im Hochsommer gelbe Blütenmassen, deren Duft oft den ganzen Garten durchzieht. Auf exponierten Standorten benötigt dieser Ginster Stützen, da er zum Auseinanderfallen neigt.

Sonnenröschen *(Helianthemum)* lieben ähnliche Bedingungen. Wir finden sie in Gärtnereien häufig bei den alpinen Pflanzen. Die immergrünen Zwergsträucher eignen sich für Pflasterflächen, Steingärten, Wegränder und Mauern. Die leuchtenden Blüten erscheinen über den ganzen Sommer.

Von Sonnenröschen existieren zahllose Sorten mit Blüten in vielen Farbschattierungen von Weiß über Gelb, Orange, Rosa, Dunkelrot bis Helllila. Besonders schön sind **'The Bride'** ♥ mit cremefarbenen Blüten mit gelber Mitte und silbergrauem Laub, **'Henfield Brilliant'** mit orangen Blüten und graugrünem Laub (siehe Gute Pflanzpartner Seite 81), **'Fire Dragon'** ♥ mit hellorangeroten Blüten und graugrünen Blättern, **'Mrs C. W. Earle'** ♥ mit gefüllten, scharlachroten Blüten und dunkelgrünem Laub, **'Rhodanthe Carneum'** ♥ mit blassrosa Blüten mit oranger Mitte und grauem Laub sowie **'Wisley Primrose'** ♥ mit primelgelben Blüten mit dunklerer Mitte und hellgraugrünem Laub (siehe Gute Pflanzpartner Seite 81).

Das Strauchige Brandkraut *(Phlomis fruticosa)* ♥

---

3 | Lydischer Ginster *(Genista lydia)*

4 | Sonnenröschen *(Helianthemum)* 'The Bride'

5 | Ätna-Ginster *(Genista aetnensis)*

A B
C D

Gute Pflanzpartner

Das Sonnenröschen *(Helianthemum)* 'Henfield Brilliant' (B) bildet mit dem bläulichen Laub des Blau-Schwingels *(Festuca glauca,* A) zauberhafte Kombinationen.

Die angenehm gedämpfte Färbung des Strauchigen Brandkrautes *(Phlomis fruticosa,* D) harmoniert mit dem gelben Sonnenröschen *(Helianthemum)* 'Wisley Primrose' (C)

ist ein winterharter, kleiner, graugrün belaubter Strauch und ideal für sonnige Böschungen oder Rabatten. Im Sommer erscheinen üppige ockergelbe Blütenquirle und erinnern an große Taubnesseln (siehe Gute Pflanzpartner oben).

Rosmarin *(Rosmarinus officinalis)* erfreut sich seit jeher großer Beliebtheit. Er wird seit Jahrhunderten in Gärten kultiviert und aufgrund seiner stark aromatischen Blätter und der vielseitigen Verwendbarkeit in der Küche hoch geschätzt. Als Gartenstrauch ist er wegen seines sanft dunkelgrünen und silbernen Laubes und des hübschen Wuchses interessant. Im Frühjahr sind die blassblauen Blüten eine Augenweide. Die Art besitzt graugrünes Laub mit weißer Unterseite und wächst locker, aufrecht bis zu 1 m hoch. 'Miss Jessop's Upright' ♀ ist vermutlich die schönste Sorte, robust und aufrecht wachsend. 'Severn Sea' ♀, eine Zwergsorte, wächst leicht bogenförmig und zeigt leuchtend blaue Blü-

ten. Vertreter der **Prostratus**-Gruppe sind weniger frosthart, dafür beinahe kriechend und damit wertvoll als Bewuchs von Mauern und Böschungen. Sie blühen blau und ausgesprochen üppig. Neben den blauen Sorten existieren noch Züchtungen mit weißen und rosa Blüten.

Der Schnitt von Sonnenröschen *(Helianthemum)*

Sonnenröschen müssen nach der Blüte regelmäßig geschnitten werden, um alte Blütenstiele zu entfernen und eine kompakte Form zu fördern. Sehen Sie jedoch genau hin, bevor Sie schneiden, denn einige Sorten bilden fortlaufend Blüten an alten Stielen. In diesem Fall muss man entscheiden, ob man kompakte Pflanzen mit schönem Laub oder sparrige Pflanzen mit Blüten möchte. Der Gärtner hat die Qual der Wahl.

Anbau und Verwendung von Rosmarin (*Rosmarinus*)

Ungeachtet der Kochkünste des Gartenbesitzers gehört Rosmarin eigentlich in jeden Garten. Die jungen, verholzten Zweige der aufrechten Sorten eignen sich als aromatische Spieße für Grillgut. Außerdem eignet sich Rosmarin besonders in der Blüte als Grün für Sträuße. Je besser die Drainage und je karger der Boden ist, desto intensiver ist das Aroma des Rosmarins. Schneidet man ihn regelmäßig für den Gebrauch, genügt das meist, um seine Form zu erhalten.

Rosmarinus officinalis 'Miss Jessopp's Upright'

Stachelige Sonnenanbeter

Heiße Sommer und eine rege Reisetätigkeit haben unsere Fantasie beflügelt und das Interesse an Palmen und anderen mediterranen Pflanzen geweckt. Palmen z. B. passen mit ihren exotischen Formen und Blüten in moderne Gestaltungen. Und Palmlilien *(Yucca)* sind uns schon seit etlichen Jahren in gemischten Pflanzungen vertraut.

Palmlilien bilden Rosetten aus spitzen, starren Blättern. Die weißen Glockenblüten stehen an spektakulären, hohen, rispigen Blütenständen. Palmlilien besitzen eine dekorative Laubarchitektur, womit sie sich ausgezeichnet zur Bepflanzung von Töpfen und Kiesflächen abseits der Wege eignen. Die stammlose Fädige Palmlilie *(Y. filamentosa)* 'Bright Edge' ♔ hat biegsame, sich an der Spitze bogenförmig neigende Blätter, an deren Ränder weiße Fäden herabhängen. Die Silhouette ist halbkugelförmig, da sich die schmalen, leuchtend golden gerandeten, in der Mitte aufrechten Blätter auffä-

chern. Die Blätter von *Y. filamentosa* 'Variegata' ♔ sind cremefarben gerandet. Die Schlaffe Palmlilie *(Y. flaccida)* 'Golden Sword' ♔ ähnelt *Y. filamentosa* 'Variegata', hat jedoch breiteres Laub mit mittigem cremefarbenem Band und grünen Rändern. Die grünlaubige *Y. flaccida* 'Ivory' ♔ blüht üppiger als die meisten, mit großen Blütenständen aus weißen, grün gefleckten Blüten. Die Kerzen-Palmlilie *(Y. gloriosa)* ist klein und baumähnlich, mit solidem Stamm und geraden, starren, am Ende sehr spitzen Blättern in dichtem, endständigem Schopf. Die cremefarbenen, oft rot überhauchten Blütenstände erreichen bis zu 2 m Höhe. Das gelblich gestreifte Laub von *Y. gloriosa* 'Variegata' ♔ verblasst an älteren Blättern zu Cremeweiß.

6 | Kerzen-Palmlilie *Yucca gloriosa*

7 | Kerzen-Palmlilie *Yucca gloriosa* 'Variegata'

Weitere empfehlenswerte Sträucher für heiße, trockene, sonnige Standorte Jakobskraut *(Brachyglottis)* • Schmetterlingsstrauch *(Buddleja)* • Bartblume *(Caryopteris)* • Hornnarbe *(Ceratostigma)* • Besenginster *(Cytisus)* • Indigostrauch *(Indigofera)* • Lavendel *(Lavandula)* • Perowskie *(Perovskia)* • Fingerkraut *(Potentilla)* • Salbei *(Salvia)* • Heiligenkraut *(Santolina)*

Schattige Standorte

Schattige Gartenbereiche sind durchaus eine Bereicherung. Eine üppige Blütenpracht wird dort zwar kaum entstehen, doch interessante Laubakzente machen dies wieder wett. Zudem erscheinen Pflanzen im gedämpften Licht plastischer, und das nicht von der Sonne ausgebleichte Laub ist üppig in Form und Farbe. Unsere heimischen Waldpflanzen benötigen lichten Schatten. Etliche Pflanzen gedeihen im Schatten prächtig, während ihn andere nur tolerieren.

Unter den großen immergrünen Sträuchern für Schatten erweisen sich Aukuben *(Aucuba)* und Immergrüner Schneeball *(Viburnum tinus)* nach wie vor als sehr vielseitig. Aukuben (siehe Seiten 28/29, 34, 92, 96) zeigen gute Laubfarben und gedeihen im Schatten bis Halbschatten auf fast jedem Boden. Sie vertragen trockene Bedingungen, reagieren jedoch bei extremer Trockenheit im Frühjahr mit schwarzen Triebspitzen. Der Immergrüne Schneeball (siehe Seiten 202/203) ist einer der wenigen Sträucher, die auf jedem Substrat und sogar unter Eichen *(Quercus)* bestehen. Im tiefen Schatten ist ihr Wuchs licht und die Blüte dürftig. Auf sauren Böden sind Rhododendren *(Rhododendron)* die naheliegendste Wahl für den Streuschatten

Schattenabstufungen

Die meisten Pflanzen erdulden etwas Schatten bei guten Lichtverhältnissen und ein paar Sonnenstunden pro Tag.
Tiefer Schatten herrscht im Bereich von Gehölzgruppen oder bei Beschattung von mehreren Seiten.
Bei Halbschatten liegt der Ort einen Teil des Tages im Schatten. Direkte Sonne ist am Morgen oder Abend möglich. Der Schattengrad variiert mit der Jahreszeit. Hier wachsen die meisten Pflanzen, aber diejenigen, die direktes Sonnenlicht benötigen, kümmern.
Im Streuschatten filtern lichte Baumkronen das direkte Sonnenlicht.
Lichter Schatten herrscht in der Nachbarschaft von Laubgehölzen mit hoch ansetzender Krone und dünnen Blättern bzw. heller Rinde.

1 | Japanische Aukube *(Aucuba japonica)* 'Variegata'

Farbe im Schattenbeet

Gelbes Laub wird im Schatten oft limonengrün, gelbe Panaschierungen sind hingegen farbecht, leuchtend und damit Blickfänge: Somit sind die Dornige Ölweide *(Elaeagnus pungens)* 'Maculata', die Großblättrige Stechpalme *(Ilex × altaclerensis)* 'Golden King' und der Kletternde Spindelstrauch *(Euonymus fortunei)* 'Emerald 'n' Gold' ♀ die erste Wahl.

Weiß panaschiertes Laub wirkt edel und hellt dunklere Zonen auf. Silberbunter Europäischer Buchsbaum wie *Buxus sempervirens* 'Elegantissima' ♀ strahlt im Schatten und fügt sich harmonisch zu großblättrigen Sträuchern wie der Portugiesischen Lorbeerkirsche *(Prunus lusitanica)* 'Variegata' ♀. Zwiebel- und Knollenpflanzen wie Narzissen *(Narcissus)*, Balkan-Windröschen *(Anemone blanda)*, Herbst-Alpenveilchen *(Cyclamen hederifolium,* oben), Blaustern *(Scilla)*, Schneestolz *(Chionodoxa)*, Schneeglöckchen *(Galanthus)* und Winterling *(Eranthis)* sorgen für zusätzliche Frühlingsfarben.

(siehe Seite 101-108). Als natürliche Waldpflanzen gedeihen sie optimal unter der Krone von Bäumen. Sie alle mögen weder Trockenheit noch hohe Temperaturen, und bei Wassermangel im Sommer nehmen sie Schaden. Zwerg-Rhododendren und die größeren, winterharten Hybriden gedeihen gut im Halbschatten. Im gedämpften Licht halten ihre Blüten länger und sind farbenprächtiger.

Der Pontische Seidelbast *(Daphne pontica)* ♀ ist ein wahrer Schatz für den Schatten. Der kleine, in die Breite wachsende, immergrüne Strauch mit hellgrünen, glänzenden Blättern schmückt sich von der Mitte bis Ende Frühjahr mit spinnenartigen, gelbgrünen Blüten. Diese sind allerdings im Gegensatz zu ihrem betörenden Duft sehr unauffällig. Er gedeiht auch ausgezeichnet auf schweren Böden und sogar auf basischen Substraten.

Die saure Böden liebende Kahle Steife Scheinbeere *(Gaultheria mucronata)* aus Südamerika verfehlt mit ihren dichten Büscheln aus pflaumenförmigen Früchten an biegsamen Stängeln ihre Wirkung nie. Die Früchte erscheinen in einem weiten Spektrum von Weiß über sämtliche Rosatöne bis hin zu kräftigem Burgunderrot. Besonders wirkungsvoll sind sie in Gruppenpflanzungen zusammen mit männlichen Bestäubern. 'Bell's Seedling' ♀ mit grünem Laub, rötlichen Zweigen, weißen Blüten und dunkelroten Früchten ist zweigeschlechtig.

Die strauchwüchsige Sorte 'Dendroides' des Kolchischen Efeus *(Hedera colchica)* entstand aus einem Steckling der Altersform. Der ausgezeichnete rundliche Strauch entfaltet seine Attraktivität besonders im Winter durch seine Früchte. Hat er sich einmal etabliert, gedeiht er gut im feuchten Schatten, kann jedoch in der Anfangsphase wuchern.

Die Japanische Mahonie *(Mahonia japonica)* ♀ liebt wie so viele Mahonien (siehe Seiten 196/197) den Streuschatten. Eine bewährte Sorte ist die kräftige, niedrige, ausladende Gewöhnliche Mahonie *(M. aquifolium)* 'Apollo' ♀. Ihr tiefgrünes, im Winter purpurn überlaufenes Laub steht an roten Stielen. Die dichten, gelben Blütenbüschel erscheinen im zeitigen Frühjahr. 'Apollo' gehört zu den besten Blütensträuchern für den Schatten und passt zum golden panaschierten immergrünen Kletternden Spindelstrauch *(Euonymus fortunei)* 'Emerald 'n' Gold' ♀ und zur Japanischen Aukube *(Aucuba japonica)* 'Marmorata'.

In schattigen Gärten sollte die Fleischbeere *(Sarcococca confusa)* ♀ mit glänzendem, immergrünem Laub sowie winzigen, köstlich duftenden Blüten im Winter nicht fehlen. Es gibt etliche Fleischbeeren,

2 | Pontischer Seidelbast *(Daphne pontica)*

Gute Pflanzpartner

Versuchen Sie es mit dem großblättrigen Kolchischen Efeu *(Hedera colchica)* 'Sulphur Heart' ♀ (A) unter einer aufrechten, goldgelb panaschierten Großblättrigen Stechpalme *(Ilex × altaclerensis)* 'Golden King' ♀ (B).

Dunkelrosa Blüten und gemusterte Blätter des Großgefleckten Lungenkrauts *(Pulmonaria saccharata)* 'Leopard' (C) beleben nach der Blüte der Fleischbeere *(Sarcococca confusa)* ♀ (D) die bodendeckende Schicht.

Das weiß blühende Kleine Immergrün *(Vinca minor)* 'Gertrude Jekyll' ♀ (E) bezaubert unter dem dunklen Laub von Davids Schneeball *(Viburnum davidii)* ♀ (F).

alle immergrün und schattenliebend, doch *S. confusa* ist mit ihrem bogenförmig überhängenden Wuchs die schönste (siehe Seite 199 und Gute Pflanzpartner Seite 85).

Immergrüne Skimmien *(Skimmia)* sind ideal für den Schatten. In der Vollsonne vergilbt ihr Laub. Sie passen in schattige Stadtgärten, gedeihen auf kalkhaltigen sowie sauren Böden und bestechen durch Laub, Blüten und Früchte. Besonders schön ist die weibliche Japanische Skimmie *(S. japonica)* 'Rubella' ♀ mit roten Knospen. Dennoch sind auch die weiß blühenden männlichen Vertreter nicht zu verachten. *S. × confusa* 'Kew Green' ♀ besitzt Büschel aus weißen, duftenden Blüten vor apfelgrünem Laub. Die ebenfalls weiß blühende *S. × confusa* 'Fragrans' ♀ verströmt einen intensiven Maiglöckchenduft. Skimmien eignen sich für kleine Gärten sowie immergrüne Topfbepflanzungen (siehe Seiten 198/199, 201).

Die ausläuferbildende Gewöhnliche Schneebeere *(Symphoricarpos albus)* aus Nordamerika wuchert gern, ist winterhart und wächst auf kargen Böden sowie im Schatten. Sie bildet lichte Dickichte aus feinen, bogenförmigen Trieben mit kleinem, hellgrünem Laub. Nach dem Blattfall bleiben ein schönes Astgerüst und weiße, beerenartige Früchte zurück. Die Dickichtbildende Schneebeere *(S. albus* var. *laevigatus)* wird bis zu 2 m hoch und produziert stets viele Früchte. Die Bastard-Korallenbeere *(S. × chenaultii)* 'Hancock' ist als ausbreitungsfreudiger Zwergstrauch ein guter Bodendecker unter Bäumen und hat kräftig rosa überhauchte Früchte. Hybriden der Garten-Schneebeere *(S. × doorenbosii)* sind u. a. die bekannte 'Magic Berry' und 'Mother of Pearl' (Abbildung Seite 89).

Schneebeeren sind bewährte Elemente für ländliche Gärten mit älteren Eichen *(Quercus)*, unter denen sie gedeihen. Ihre lichte, anmutige Wuchsform fügt sich harmonisch in die ländliche Umgebung. Davids Schneeball *(Viburnum davidii)* ♀ ist ein ausgesprochen toleranter Strauch, der sehr groß werden kann, jedoch in der Jugend als kompakter,

Kletterpflanzen und Bodendecker

Für Schattenbereiche vor Mauern und Zäunen sind Kletterpflanzen und Sträucher unerlässlich, die auch bei wenig Licht gut gedeihen. Efeu *(Hedera)* ist eine dekorative und bewährte Kletterpflanze, die dennoch oft als Plage gilt. Dabei sind kleinblättrige Sorten wie die weiß panaschierte *H. helix* 'Glacier' ♀ die besten Kulissen für Immergrüne wie Aukuben *(Aucuba)*, den großblättrigen, gelbbunten *H. colchica* 'Sulphur Heart' ♀ und panaschierte Immergrüne wie Duftblüten *(Osmanthus)*. Immer wieder wird vergessen, dass Efeu auch ein ausgezeichneter Bodendecker ist, der Lücken füllt und Attraktivität und Wirkung immergrüner Laubsträucher betont.

Im feuchten Schatten ist der Japanische Ysander *(Pachysandra terminalis*, A)ein hervorragender Bodendecker. Der wie eine immergrüne Staude wirkende Halbstrauch gehört zur Familie der Buchsbaumgewächse. Er gedeiht auf Kalk schlecht, wächst unter den meisten Bäumen und breitet sich durch Ausläufer aus. Blattquirle am Ende kurzer Stängel erzeugen eine reizvolle Wirkung. Besonders

dekorativ ist die panaschierte Sorte 'Variegata' ♀. Von allen schattenliebenden Bodendeckern ist die Dreifarbige Himbeere *(Rubus tricolor)* vielleicht die eleganteste Pflanze. Sie bleibt in Gärtnereien oft unbeachtet, da sie in Töpfen kaum auffällt. Sie ist immergrün und trägt dunkelgrüne, glänzende Blätter an langen, kriechenden, kastanienbraun bestachelten Trieben. Weißen Blüten folgen gelegentlich essbare, rote, wenn auch im Vergleich zum Laub zweitrangige Früchte im Juli. Sie bildet selbst auf trockenem Grund unter Buchen *(Fagus)* schnell dichte Teppiche.

5 | 6

rundlicher Busch aus tiefschwarzgrünem, geripptem Laub am schönsten aussieht. In der Nähe eines männlichen Bestäubers tragen weibliche Pflanzen im Winter blauschwarze Früchte (siehe Gute Pflanzpartner Seite 85 sowie Seiten 31, 126).

3 | Kahle Steife Scheinbeere *(Gaultheria mucronata)* 'Bell's Seedling'

4 | Kolchischer Efeu *(Hedera colchica)* 'Dendroides'

5 | Gewöhnliche Mahonie *(Mahonia aquifolium)* 'Apollo'

6 | Gewöhnliche Schneebeere *(Symphoricarpos albus)*

Pflanzen unter Bäumen

Häufig wird Schatten durch das Blätterdach von Bäumen verursacht. Neue Pflanzen haben es dann schwer, denn sie sehen sich einer starken Konkurrenz um Licht, Wasser und Nährstoffe ausgesetzt. Um das Anwachsen zu erleichtern, sollte der Boden besonders sorgfältig vorbereitet und nach der Pflanzung gut gewässert werden. In trockenen Bereichen gießt man, solange die Bäume und Sträucher der Umgebung ihr Laub tragen. Bei schlechten Bodenverhältnissen und nahe am Stamm eines Baumes sollten Sie sich in einer Schlüsselposition des Gartens für schattenliebende Pflanzen im Kübel entscheiden. Wählen Sie große Gefäße und ein Substrat auf Lehmbasis, und vergessen Sie das regelmäßige Gießen nicht.

Weitere empfehlenswerte Sträucher für den Schatten Berberitze *(Berberis)* · Zierquitte *(Chaenomeles)* · Mexikanische Orangenblume *(Choisya ternata)* · Tatarischer Hartriegel *(Cornus alba)* · Zwergmispel *(Cotoneaster)* · Hortensie *(Hydrangea)* · Kerrie *(Kerria)* · Liguster *(Ligustrum)* · Geißblatt *(Lonicera)* · Kirschlorbeer *(Prunus laurocerasus)* · Feuerdorn *(Pyracantha)*

Immergrün *(Vinca)* ist ein wertvoller Bodendecker im Schatten und an Böschungen. Die kleinblättrigen Sorten des Kleinen Immergrüns *(V. minor)* wachsen flacher und lockerer als die großblättrigen des Gewöhnlichen Großen Immergrüns *(V. major)*. 'Argenteovariegata' ♀ hat cremefarben panaschiertes Laub und blaue Blüten, während 'Gertrude Jekyll' ♀ weiße Blüten präsentiert. Es wirkt besonders unter der Stachelblättrigen Duftblüte *(Osmanthus heterophyllus)* 'Variegatus' (siehe auch Gute Pflanzpartner Seite 85). Buntlaubige Pflanzen sind oft weniger kräftig, was

für *V. major* 'Variegata' ♀ nicht gilt. Ihre cremefarben gerandeten Blätter und blauen Blüten strahlen unter dunkellaubigen immergrünen Sträuchern und überdecken Böschungen und rauen Grund auf feuchten oder trockenen Standorten

A | Japanischer Ysander *(Pachysandra terminalis)*

B | Gewöhnliches Großes Immergrün *(Vinca major)* 'Variegata'

C | Dreifarbige Himbeere *(Rubus tricolor)*

B | C

Feuchte Standorte

Feuchte, fruchtbare Böden mit guter Drainage, die nicht austrocknen, bieten ideale Bedingungen für Pflanzen. Einige Böden sind jedoch ständig übermäßig feucht und schwer. Hier kann mangelnder Sauerstoff im Wurzelbereich den Pflanzen schaden. Lehmböden wiederum sind zwar fruchtbar, jedoch meist ungenügend durchlässig, d. h. staunass. Eine schlechte Drainage kann auch aus einer Verdichtung des Bodens resultieren. Befindet sich Ihr Garten an einem feuchten Standort, sollten Sie Pflanzen wählen, die diese Bedingungen dulden.

Felsenbirnen (*Amelanchier*) sind widerstandsfähige Sträucher mit hübschen Blütenbüscheln, gefälligem Frühlings- und Herbstlaub sowie Früchten. Die Kanadische Felsenbirne (*A. canadensis*) ist ein winterharter, sommergrüner, ausläuferbildender Strauch aus Nordamerika. Er wächst hoch und aufrecht, trägt im Frühling weiße, büschelige Blütenstände und zauberhafte kupferfarbene junge Triebe. Unbeschattet zeigt das Laub eine attraktive Färbung. Die Kupfer-Felsenbirne (*A. lamarckii*) ♔ ist mit ihren großen Blütenständen, dem leuchtenden Neuaustrieb und noch kräftigerer Herbstfärbung spektakulärer.

Sämtliche Sorten des Tatarischen Hartriegels (*Cornus alba*) entfalten auf allen feuchten Böden ebenfalls ihr volles Potenzial (siehe Seiten 62, 182, 192-194).

Sanddorn (*Hippophae rhamnoides*) ♔ ist pflegeleicht, ideal für sandigen Boden und Küstengärten und unempfindlich für schlechte Drainage und Luftverschmutzung. Häufig trägt er seine zahlreichen gelben Früchte noch lange nach dem Blattfall. Er kommt dort zur Geltung, wo Höhe gefragt ist.

Die nordamerikanische Virginische Blasenspiere (*Physocarpus opulifolius*) gedeiht auf offenen, feuchten Standorten. 'Dart's Gold' ♔ hat leuchtend gelbe Blätter (siehe Gute Pflanzpartner Seite 90). Das Laub von 'Diabolo' ♔ ist dunkelpurpurn und die perfekte Ergänzung fast jeder Pflanzung.

Die meisten Weiden (*Salix*) gedeihen prächtig auf feuchten Standorten. Mehrere Sorten, die frei wachsend hohe Bäume werden, zeigen im Winter Zweige mit attraktiv gefärbter Rinde. Ein radikaler Rückschnitt wie beim Tatarischen Hartriegel (*Cornus alba*, siehe Seite 192) intensiviert diese Färbung und hält die Strauchmaße. Die Zweige der Dotter-Weide (*S. alba* ssp. *vitellina*) 'Britzensis' ♔ sind leuchtend orange- bis scharlachrot. Die Reif-Weide (*S. daphnoides*) hat purpurviolette Triebe mit einem weißen Belag und im Frühjahr filzige graue und schließlich gelbe Kätzchen. Die Lavendel-Weide (*S. elaeagnos*) wird auf Seite 74 beschrieben.

Holundersträucher (*Sambucus*) sind anpassungsfähig, sommergrün und wachsen auf trockenen wie feuchten Böden. Für den Schatten ist der goldlaubige Trauben-Holunder (*S. racemosa*) 'Sutherland Gold' ♔ (siehe Seiten 42/43) die beste Wahl, für die Sonne der purpurblättrige Schwarze Holunder (*S. nigra*) 'Gerda' ♔. Der geschlitztblättrige Sorte *S. nigra* 'Laciniata' ♔ trägt weiße Blütenstände (siehe Gute Pflanzpartner Seite 90).

Fiederspieren (*Sorbaria*), häufig mit Spiersträuchern (*Spiraea*) verwechselt, sind große, kräftige, laubabwerfende Sträucher mit fülligen, cremefarbenen Blütenrispen im Sommer. Die Afghanische Fiederspiere (*S. tomentosa* var. *angustifolia*) ♔ hat rötliche Zweige und farnartiges Laub.

Während die meisten Spiersträucher feuchte Bedingungen nur dulden, liebt der Belgische Spierstrauch (*Spiraea* × *vanhouttei*) sehr feuchte Böden. Der wüchsige, halbimmergrüne Strauch öffnet im späten Frühjahr zahlreiche weißdornähnliche Blüten (siehe Gute Pflanzpartner Seite 90).

Verbesserung feuchter Böden

Eine Bodenverbesserung ist bei nassen Bedingungen besonders wichtig, und gelegentlich kann man die Wuchsbedingungen auf schweren Böden durch Untermischen von grobem, gewaschenem Sand optimieren. Senken und Tallagen neigen zur Staunässe. In solchen Fällen ist es ratsam, mit und nicht gegen die Gegebenheiten zu arbeiten. Wählen Sie standortangepasste Pflanzen oder legen Sie Hochbeete an.

1 | Kupfer-Felsenbirne *(Amelanchier lamarckii)*

2 | Sanddorn *(Hippophae rhamnoides)*

3 | Dotter-Weide *(Salix alba* ssp. *vitellina)* 'Britzensis'

4 | Reif-Weide *(Salix daphnoides)*

5 | Schwarzer Holunder *(Sambucus nigra)* 'Gerda'

6 | Afghanische Fiederspiere *(Sorbaria tomentosa* var. *angustifolia)*

7 | Garten-Schneebeere *(Symphoricarpos × doorenbosii)* 'Mother of Pearl'

Gute Pflanzpartner

Die Virginische Blasenspiere *(Physocarpus opulifolius)* 'Dart's Gold' ♀ (A) passt mit ihrem hellgelben Laub zum gelb panaschierten Tatarischen Hartriegel *(Cornus alba)* 'Spaethii' und der Stern-Ligularie *(Ligularia dentata)* 'Desdemona' (B).
Der geschlitztblättrige Schwarze Holunder *(Sambucus nigra)* 'Laciniata' ♀ (C) wird gern zwischen feuchtigkeitsliebende Stauden wie Mammutblatt *(Gunnera manicata,* D) und Handlappiger Rhabarber *(Rheum palmatum)* 'Atropurpureum' gepflanzt.

Die weißen Blüten und das frischgrüne Laub des Belgischen Spierstrauchs *(Spiraea × vanhouttei,* F) bilden schöne Kombinationen mit den weiß panaschierten Blättern des Tatarischen Hartriegels *(Cornus alba)* 'Elegantissima' ♀ (E).
Der Gewöhnliche Schneeball *(Viburnum opulus)* 'Roseum' ♀ (H) ist mit Weichem Frauenmantel *(Alchemilla mollis)* ♀ (G) unterpflanzt, dessen zarter Blütenschleier sich gleichzeitig mit den opulenten Blütenbällen des Schneeballs zeigt.

Jahreszeitliche Kontraste

Auf feuchten Standorten ergeben sich betörende Gestaltungsmöglichkeiten mit Gehölzen und Stauden. Diese feuchtigkeitsliebenden Pflanzen tragen oft dekorative Blätter, und einige wachsen erstaunlich schnell. Kontraste sind der besondere Reiz dort: im Sommer grün, dicht und üppig belaubt, im Winter wirkungsvolle Zweig- und Aststrukturen.

Die Schneebeere *(Symphoricarpos)* gedeiht auf feuchten und trockenen Standorten und wird ungefähr 1 m hoch. Mit weißen oder rosa Früchten setzt sie auch im Winter Akzente (siehe Seite 86). Der Gewöhnliche Schneeball *(Viburnum opulus)* sowie seine Sorten sind pflegeleicht und sommergrün mit schöner Herbstfärbung. 'Roseum' ♀ trägt im späten Frühjahr und Frühsommer zuerst limonengrüne, dann cremefarbene und blassrosa Blütenstände (siehe Gute Pflanzpartner Seite 90). Nasse Standorte, vor allem in Wassernähe, begünstigen naturnahe Gestaltungen, für die sich alle vorstehenden Pflanzen eignen.

Feuchte, saure Böden

Pflanzen, die feuchte, saure Böden lieben, vertragen keine Trockenheit.

Die heimische Kahle Rosmarinheide *(Andromeda polifolia)* ist ein immergrüner Zwergstrauch mit rosmarinartigem Laub, der im späten Frühjahr Büschel aus rosa Glockenblüten trägt. 'Alba' und 'Compacta' ♀, beide kompakt mit weißen bzw. rosa Blüten, eignen sich für die meisten Gärten.

Die Filzige Apfelbeere *(Aronia arbutifolia)* und ihre Hybride, die Pflaumenblättrige Apfelbeere *(A. × prunifolia)*, sind auf saure Substrate nicht angewiesen, mögen jedoch keine flachgründigen kalkhaltigen Böden. Die laubabwerfenden Sträucher blühen im Frühjahr weißdornähnlich, tragen rote oder purpurne Früchte und zeigen eine zauberhafte Herbstfärbung.

Die Erlenblättrige Zimterle *(Clethra alnifolia)* ist ein aufrechter, sommergrüner Strauch mit weißen, duftenden Blütentrauben im Spätsommer. Diese winterharte Pflanze braucht kalkfreie Böden. 'Paniculata' ♀ gilt als die beste Sorte.

Die winterharten Rhododendren-Hybriden *(Rhododendron,* siehe Seiten 104-106) sind ideal für saure, aber nicht vernässte Böden.

8 | Wasserrandbepflanzung in Le Clos du Coudray in der Normandie, Frankreich

9 | Filzige Apfelbeere *(Aronia arbutifolia)*

10| Erlenblättrige Zimterle *(Clethra alnifolia)* 'Paniculata'

Weitere empfehlenswerte Sträucher für feuchte Standorte Echter Gewürzstrauch *(Calycanthus floridus)* • Weißer Hartriegel *(Cornus sericea)* • Hohe Rebhuhnbeere *(Gaultheria shallon)* • Gagelstrauch *(Myrica gale)* • Tibetische Traubenspiere *(Neillia thibetica)* • Warzen-Glanzmispel *(Photinia villosa)* • Gewöhnliche Schlehe *(Prunus spinosa)* • Kriech-Weide *(Salix repens)* • Amerikanische Heidelbeere *(Vaccinium corymbosum)* • Sargents Schneeball *(Viburnum sargentii)* 'Onondaga'

Lehmböden

Von einem bekannten Gärtner stammt der Spruch: „Bei durchlässigen, sauren, sandigen Böden pflanzen Sie Rhododendren. Bei Kalk pflanzen Sie Waldreben. Bei Lehmböden ziehen Sie am besten um!" Richtig wäre gewesen: „Bei Lehmböden machen Sie einfach das Beste daraus, indem Sie die geeigneten Pflanzen wählen." Natürlich sind Lehmböden für den Gärtner oft schwierig, doch ihr Vorteil ist, dass sie sehr fruchtbar sind und ihre Struktur verbessert werden kann.

Wählt man standortgemäße Sträucher, erspart man sich bis auf das Unkrautjäten meist eine mühsame Bodenbearbeitung nach der Pflanzung. Gelegentliches Mulchen mit Rindenmulch, Gartenkompost oder gut verrottetem Mist fördert die Pflanzen und verbessert die Bodenstruktur. Der nährstoffreiche Lehmboden erfordert kaum zusätzliche Düngergaben, damit die Sträucher gut wachsen und blühen.

Es gibt viele Pflanzen, die auf Lehmböden gut gedeihen, besonders sommergrüne Blütensträucher wie Deutzien (*Deutzia*), Forsythien (*Forsythia*), Johannis- und Stachelbeeren (*Ribes*), Pfeifensträucher (*Philadelphus*) und Weigelien (*Weigela*).

Für wirkungsvolle, dekorative Akzente ist die Japanische Aralie (*Aralia elata*) ♥ unschlagbar. Sie ist ein großer, ausläuferbildender, laubabwerfender Strauch, dessen aufrechte Zweige bis zu 3 m und höher werden. Sie treibt ausschließlich an den Zweigenden gewaltiges, grünes Fiederlaub aus, welches ihr eine palmenähnliche Erscheinung verleiht. Im Herbst zeigen sich gleichzeitig mit der

1 | Tulpen-Magnolie (*Magnolia × soulangeana*)

2 | Rose (*Rosa*) 'Rosy Cushion'

3 | Japanische Aralie (*Aralia elata*) 'Variegata'

Immergrüne Sträucher

Immergrüne Sträucher für Lehmböden finden sich vor allem unter den winterharten Favoriten wie Aukuben (*Aucuba*), Orangenblumen (*Choisya*) und Immergrünem Schneeball (*Viburnum tinus*). Sie alle vertragen

Sonne wie Schatten und sorgen für das so wichtige Gerüst auf den schweren Böden. Mahonien (*Mahonia*) gedeihen ebenfalls gut auf Lehm und liefern im Winter und zeitigen Frühjahr leuchtende Farbtupfer (siehe Gute Pflanzpartner Seite 94).
Die Immergrüne Magnolie (*Magnolia grandiflora*) wächst ebenfalls auf Lehm, mag jedoch weder feuchte Bedingungen noch zu tiefes Einpflanzen. Auf leicht sauren Lehmböden gedeihen die winterharten Rhododendron-Hybriden erstaunlich gut. Der größere, spätblühende Catawba-Rhododendron (*Rhododendron catawbiense*), Stammform vieler Hybriden, ist die ideale Kulissen- und Sichtschutzpflanze. Die alte Sorte 'Cunningham's White' besitzt dunkelgrünes Laub und hübsch gemusterte, weiß verblassende malvenfarbene Blüten. Sie ist unglaublich frosthart und übersteht sogar leicht basische Verhältnisse. Sind dunkelrote Blüten gewünscht, ist 'Nova Zembla' (links) nicht zu schlagen. Die winterharte Pflanze mit aufrechtem Wuchs hat tiefrote, wetterbeständige Blüten.

Gute Pflanzpartner

Die Kombination aus Schöner Leycesterie *(Leycesteria formosa)* ♀ (A), Korallenbeere *(Symphoricarpos orbiculatus)* 'Foliis Variegatis' (B) und Tatarischem Hartriegel *(Cornus alba)* 'Gouchaultii' (C) eignet sich gut als lockere Bepflanzung auf schwerem Lehm, z.B. an einer Böschung.

Die gelben Blüten der Japanischen Mahonie *(Mahonia japonica)* ♀ (D) harmonieren mit der Goldpanaschierung der Japanischen Aukube *(Aucuba japonica)* 'Marmorata' (F).

Bodendecker auf Lehm: Mandarin-Rose *(Rosa moyesii)* 'Nevada' (E) kombiniert mit Franchets Zwergmispel *(Cotoneaster franchetii*, G) und Feuerdorn *(Pyracantha)* 'Golden Charmer' ♀ (H).

schönen Laubfärbung große, verzweigte Blütenstände. 'Variegata' ♀ hat weiß gerandete und unregelmäßig cremefarben gemusterte Blätter. Ihre Blütenstände erscheinen früher und sind weniger spektakulär als die der reingrünen Art. Sie ist eine erlesene, sehr gefragte Pflanze.

Hartriegel *(Cornus)* gedeihen gut auf Lehm und sind auch für nasse, schwere Böden wertvolle Gestaltungsmittel. Größere Sorten wie der Tatarische Hartriegel *(C. alba)* 'Elegantissima' ♀ (siehe Seite 193) sind ideal für die Bepflanzung von Lücken und schwierigen Bereichen.

Die kräftige, sommergrüne Schöne Leycesterie *(Leycesteria formosa)* ♀ wächst einfach überall, so auch auf feuchtem Lehm. Die hohen, sich bogenförmig neigenden Triebe sind meergrün. Vom Frühsommer bis zum Herbst erscheinen weiße Trichterblüten zwischen scharlachroten Hochblättern, die an schmalen Blütenständen hängen. Diesen folgen glänzende, purpurne, von Fasanen geschätzte Früchte. Während des Blattfalls entnimmt man totes sowie krankes Holz und schneidet einige alte Triebe bodennah heraus. Damit bleiben die grünen Triebe als abwechslungsreiche Winterstruktur sichtbar (siehe Gute Pflanzpartner Seite 94).

Sommergrüne Magnolien gedeihen auf Lehmböden (siehe Seiten 138 / 139). Für kleinere Gärten ist die Stern-Magnolie *(Magnolia stellata)* ♀ geeignet, die sich jedes Frühjahr zuverlässig mit sternförmigen, weißen Blüten schmückt. Ihre pelzigen, grausilbernen Knospen sind im Winter attraktiv. Ist das Platzangebot groß, wählen Sie eine Sorte der Tulpen-Magnolie *(M. × soulangeana)*.

Die winterharten Roseneibische *(Hibiscus)* treiben zwar erst spät zu Beginn der neuen Saison aus, blühen dafür aber zuverlässig im Spätsommer zusammen mit dem ebenfalls auf Lehmböden gedeihenden Johanniskraut *(Hypericum)* und Fingerkraut *(Potentilla)*.

Pflanzung auf Lehmböden

Das Pflanzen auf Lehmboden kann problematisch sein. Wichtig ist, ein möglichst großes Pflanzloch auszuheben und reichlich Gartenkompost unter die Erde zu mischen, damit sich die Wurzeln gut entwickeln können. Lehm kann im Sommer austrocknen und fest werden. Die geeignete Pflanzzeit ist also der Frühherbst, damit der Strauch Zeit zur Eingewöhnung hat. Pflanzt man im Frühjahr bei meist nassem, schwerem Boden, ist das beschwerlich.

Ist der Strauch gut eingewachsen, erweist er sich auf Lehmboden als sehr stabil, denn die schwere Erde hält die Wurzeln fest im Boden, sodass die Pflanzen selten windanfällig sind. Ist die Pflanze gut angewachsen und der Boden gut gemulcht bzw. bewachsen, sollte kaum noch Pflege nötig sein.

Rosen *(Rosa*, siehe Seiten 115–121), wie viele andere Rosengewächse auch, lieben Lehmböden. Zwergmispeln *(Cotoneaster)* und Feuerdorn *(Pyracantha)* z.B. erfordern kaum Pflege und überdecken Bereiche, auf denen andere Pflanzungen praktisch unmöglich sind (siehe Gute Pflanzpartner Seite 94).

Purpurne und gelbe Laubeffekte sind auf Lehmböden mit Berberitzen *(Berberis)*, Perückenstrauch *(Cotinus)*, Gewöhnlichem Pfeifenstrauch *(Philadelphus coronarius)* 'Aureus' ♀, Spiersträuchern *(Spiraea)* und der Lieblichen Weigelie *(Weigela florida)* 'Foliis Purpureis' ♀ einfach zu erzielen.

Lehmböden sind im Winter häufig zu nass und damit für silberlaubige Pflanzen nicht ideal. Das Jakobskraut *(Brachyglottis greyi)* 'Sunshine' ♀ erträgt jedoch auch diese Bedingungen und behält bei einem beherzten Rückschnitt vor der Blüte sein silbernes Laub im Winter (siehe Seiten 74 / 75).

Weitere empfehlenswerte Sträucher für Lehmböden Abelie *(Abelia)* · Scheinquitte *(Chaenomeles)* · Hasel *(Corylus)* · Besenginster *(Cytisus)* · Deutzie *(Deutzia)* · Ginster *(Genista)* · Zaubernuss *(Hamamelis)* · Leycesterie *(Leycesteria)* · Geißblatt *(Lonicera)* · Pfeifenstrauch *(Philadelphus)* · Fingerkraut *(Potentilla)* · Holunder *(Sambucus)* · Skimmie *(Skimmia)* · Flieder *(Syringa)*

Kalkhaltige Böden

Die Mächtigkeit von Böden über Kalkgestein variiert stark. Sind sie tiefgründig, können sie für die meisten Pflanzen ausreichend fruchtbar sein und genügend Feuchtigkeit halten. Lediglich Kalkmeider sind tabu. Flachgründige Böden über Kalkgestein erweisen sich als problematischer. Sie sind zu durchlässig, oft nährstoffarm und trocknen im Sommer leicht aus, sodass Pflanzen gewählt werden müssen, die diese Bedingungen vertragen.

Der pH-Wert des Bodens wirkt sich direkt auf die Pflanzenverfügbarkeit bestimmter Nährstoffe aus. Eisen, das für das Gedeihen der Pflanzen wesentlich ist, kann auf kalkreichen Böden mit hohem pH-Wert nur eingeschränkt aufgenommen werden. In der Folge vergilbt das Laub und die Pflanze kümmert. Pflanzen, die dennoch auf solchen Böden wachsen, sind an diese Bedingungen angepasst. Der Großteil der Pflanzen gedeiht eher auf basischen als auf sauren Böden.

Für kalkhaltige Böden eignen sich winterharte, sommergrüne Frühjahrsblüher wie Deutzien (*Deutzia*, siehe Seite 159), Forsythien (*Forsythia*, siehe Seiten 135/136), Pfeifenstrauch (*Philadelphus*, siehe Seiten 167/168), Flieder (*Syringa*, siehe Seiten 149/150) und Weigelien (*Weigela*, siehe Seiten 170/171). Für sommerliche Akzente sorgen Schmetterlingssträucher (*Buddleja*) oder Roseneibisch (*Hibiscus*). Winterharte Fuchsien wie *Fuchsia* 'Mrs Popple' ♀ (siehe Gute Pflanzpartner Seite 98) wachsen in der Sonne und im Schatten und sind vom Sommer an attraktiv. Nahe verwandt mit der Weigelie ist das Doppelschild (*Dipelta floribunda*) ♀, ein ausgezeichneter, wenn auch wenig bekannter sommergrüner Strauch. Er wächst lockerer und anmutiger als viele Weigelien, mit schmalerem, häufig kupferfarben getöntem Laub. Die duftenden, im Frühjahr üppig erscheinenden Blüten sind rosa mit gelblichem Schlund.

Ein Wort der Ermutigung

Kalkhaltiger Boden muss im Garten kein Nachteil sein. Sind Heidekrautgewächse erwünscht, zieht man sie am einfachsten in Töpfen. Zudem ist es möglich, den Humusgehalt des Bodens durch Zugabe organischen Materials zu erhöhen. Damit werden sowohl Struktur als auch Nährstoffgehalt sowie die Fähigkeit, Feuchtigkeit zu halten, verbessert.

Spiersträucher (*Spiraea*) gedeihen ebenfalls gut auf basischen Böden. Die goldlaubigen Sorten des Japanischen Spierstrauchs (*S. japonica*, siehe Seite 42) sind aufgrund ihres farbenprächtigen Sommerlaubes sehr dekorativ. 'Anthony Waterer' mit hellkarmesinroten, flachen Blütenschirmen und häufig rosa und grün panaschiertem Laub eignet sich für den Vordergrund von Rabatten. Bienen und Schmetterlinge lieben die Blüten. Die neuere Sorte 'Dart's Red' hat reingrüne Blätter (siehe Gute Pflanzpartner Seite 99).

Immergrüne Sträucher

Immergrüne Sträucher für kalkhaltige Böden gibt es reichlich. Die toleranten Aukuben (*Aucuba*) empfehlen sich ebenso wie die vielseitig verwendbaren Zwergmispeln (*Cotoneaster*). Diese ziehen mit ihren weißen Blüten im Frühjahr bestäubende Insekten und Schmetterlinge an. Vögel schätzen ihre Früchte im Herbst, und es gibt sie vom flachen Bodendecker bis zum Großstrauch. Die Teppich-Zwergmispel (*C. dammeri*) ♀ bildet lange, kriechende Triebe mit dunkelgrünem Laub und leuchtend roten Früchten (siehe Gute Pflanzpartner Seite 98). Die halbimmergrüne Himalaya-Zwergmispel (*C. simonsii*) ♀ wächst aufrecht bis zu einer Höhe von 1,5 m und ist mit glänzend grünen Blättern und großen, scharlachroten Früchten eine lohnende Heckenpflanze (siehe auch Pflanzenporträt Seite 188).

Die Säckelblume (*Ceanothus*) gedeiht auf humusreichen, kalkhaltigen Böden an sonnigen Plätzen. Besenginster (*Cytisus*) toleriert Kalk und harmoniert hier mit dem immergrünen, frühblühenden *Ceanothus* 'Concha' (siehe Gute Pflanzpartner Seite 98 sowie Seite 144).

Spindelsträucher (*Euonymus*) fühlen sich auf Kalk sehr wohl, so die immergrünen Dauerbrenner für Sonne und Schatten wie die kriechende Sorte 'In-

1 | Hybrid-Deutzie *(Deutzia × hybrida)* 'Magicien'

2 | Flieder *(Syringa)* 'Esther Staley'

3 | Liebliche Weigelie *(Weigela florida)* 'Variegata'

4 | Doppelschild *(Dipelta floribunda)*

5 | Himalaya-Zwergmispel *(Cotoneaster simonsii)*

Gute Pflanzpartner

Die saphirblauen Blütenwolken der Säckelblume *(Ceanothus)* 'Concha' ♀ (A) sind neben dem cremefarbenen, steifen Elfenbein-Ginster *(Cytisus × praecox)* 'Warminster' (B) ein atemberaubender Anblick. Bei der Abdeckung von Kalkböschungen ist die Teppich-Zwergmispel *(Cotoneaster dammeri)* ♀ (C)

ein natürlicher Begleiter des panaschierten Kleinen Immergrüns *(Vinca minor)* 'Argenteovariegata' (D). Um die Blütensaison auszudehnen, pflanzt man winterharte Fuchsien *(Fuchsia)* wie 'Mrs Popple' (F) oder 'Riccartonii' zusammen mit frühblühenden Deutzien wie der Rosa Deutzie *(Deutzia × rosea)* 'Carminea' (E).

terbolwi' des Kletternden Spindelstrauchs *(E. fortunei)* und die aufrechten Sorten des Japanischen Spierstrauchs *(E. japonicus)* (siehe Seite 54). Für Schattensituationen eignet sich die zwergstrauchige Fleischbeere *(Sarcococca confusa)* ♀ (siehe Seiten 84-86, 199) besonders. Frasers Glanzmispel *(Photinia × fraseri)* 'Red Ro-

bin' ♀ (siehe Seite 127) ist eine prächtige, gerüst- und kulissenbildende Immergrüne für kalkhaltige Böden, die mehrere Meter hoch werden kann, jedoch auch positiv auf Schnittmaßnahmen reagiert. Kompakter sind die Sorten des Europäischen Buchsbaums *(Buxus sempervirens)* ♀ (siehe Seite 22). Der Binsenginster *(Spartium junceum)* ♀ mit gro-

Gute Pflanzpartner

Als ideale Pflanze für Küstengärten passt der Binsenginster *(Spartium junceum)* ♀ (B) gut zum silbergrünen Laub der Wintergrünen Ölweide *(Elaeagnus × ebbingei)* ♀ (A).

Auf sonnigen Standorten harmoniert der Japanische Spierstrauch *(Spiraea japonica)* 'Dart's Red' (C) gut mit silberlaubigem Heiligenkraut *(Santolina)* und den purpurrosa Zweigen von Thunbergs Berberitze *(Berberis thunbergii)* 'Rose Glow' ♀ (D).

ßen, dekorativen, duftenden, gelben Blüten gehört wie Besenginster *(Cytisus)* und Ginster *(Genista)* zu den Schmetterlingsblütengewächsen. Die im Topf dürftig wirkende Jungpflanze kann im Alter sparrig werden und verkahlen. Er wächst locker aufrecht mit grünen, binsenähnlichen, nackten Trieben. Die Blüten erscheinen im Sommer und Frühherbst im oberen Triebabschnitt. Der Strauch erreicht eine

Höhe von über 3 m, wird jedoch von Anfang an am besten im Frühjahr geschnitten, um eine kompakte Form zu erzielen. Schneidet man ihn auf das alte Holz zurück, erholt er sich nicht (siehe oben).

6 | Rosmarin *(Rosmarinus)* und Lavendel *(Lavandula)* zieren eine sonnige Terrasse im Garten von Hestercombe, Somerset.

6

Weitere empfehlenswerte Sträucher für kalkhaltige Böden Jakobskraut *(Brachyglottis)* • Orangenblume *(Choisya)* • Kornelkirsche *(Cornus mas)* • Johanniskraut *(Hypericum)* • Liguster *(Ligustrum)* • Geißblatt *(Lonicera)* • Gewöhnliche Mahonie *(Mahonia aquifolium)* • Fingerkraut *(Potentilla)* • Feuerdorn *(Pyracantha)* • Johannis- und Stachelbeere *(Ribes)* • Holunder *(Sambucus)* • Schneebeere *(Symphoricarpos)* • Tamariske *(Tamarix)* • Schneeball *(Viburnum)* • Palmlilie *(Yucca)*

Saure Böden

Zu den Pflanzen, die saure Böden lieben, gehören etliche unserer schönsten Frühlingsblütensträucher sowie einige mit der attraktivsten Herbstfärbung. Kein Wunder also, dass Gartenbesitzer mit basischen Böden oft solche Verhältnisse herbeisehnen. Heutzutage allerdings, da Kübelkulturen so populär sind, eröffnet sich auch auf kalkhaltigen Böden eine Möglichkeit, diese Pflanzen zu kultivieren.

Es besteht ein komplexes Verhältnis zwischen dem pH-Wert des Bodens und der Nährstoffverfügbarkeit. Der pH-Wert wird auf einer Skala von 1 (extrem sauer) bis 14 (extrem basisch) angegeben. Neutrale Böden haben einen pH-Wert von 7,0. Dieser sowie leicht darunter liegende Werte (bis pH 6,3) sind für die Mehrzahl der Pflanzen ideal, da hier die meisten Nährstoffe gut verfügbar sind.

Saure Böden, ob sandig oder torfig, sind oft nährstoffarm. Die meisten Pflanzen, die dort wachsen, sind an diese Verhältnisse angepasst. Sie finden darüber hinaus dort spezielle Mikronährstoffe, die sie für ihre Entwicklung benötigen und in basischen

1 | Azaleen und Rhododendren im Garten von Trewithen, Cornwall

Böden nicht aufnehmen können. Der pH-Wert eines neutralen Bodens kann manchmal durch Beimischung von Torf oder bestimmten Düngern vermindert werden. Auf lange Sicht ist jedoch das anstehende Ausgangsgestein eines Bodens für den pH-Wert maßgebend, das letztendlich die Pflanzenwahl bestimmt.

Sämtliche Pflanzen dieses Kapitels benötigen einen pH-Wert deutlich unter 7,0. Die meisten gedeihen auch in Kübeln mit Rhododendronerde.

Die Kultur säureliebender Pflanzen

Die meisten dieser sogenannten acidophilen Pflanzen sind Gewächse offener Heidelandschaften, Moore oder bestimmter Wälder, ein Umstand, der den Standort im Garten bestimmt. Viele stammen aus kühlen Regionen, vertragen weder Trockenheit noch Hitze. Als Flachwurzler haben sie ein feines, dichtes Wurzelgeflecht, das, einmal ausgetrocknet, kaum mehr Feuchtigkeit aufnimmt. Regelmäßige Wassergaben selbst im Winter sind daher entscheidend.

Säureliebende Pflanzen sind genügsam. Ein sparsam verwendeter, kalkfreier Langzeitdünger reicht

---

Kübelpflanzen

Rhododendren (*Rhododendron*, siehe Seiten 101-108) und Lavendelheide (*Pieris*, siehe Seiten 111 / 112) gedeihen ausgezeichnet in Kübeln. Wählen Sie einen Topf von mindestens 40 cm Durchmesser und 30 cm Tiefe. Geben Sie reichlich Tonscherben zur Drainage auf den Boden und füllen den Topf mit saurem Substrat auf Lehmbasis. Dieses hält Feuchtigkeit und Nährstoffe gut, verhindert ein Austrocknen und ist für den schädlichen Dickmaulrüssler wenig attraktiv (siehe Seite 105). Stellen Sie den Topf auf Füßchen oder kleine Steine, um ein Vernässen zu vermeiden.

Im Kübel wachsende Pflanzen reagieren positiv auf ein Tauchbad in einer eisenhaltigen Flüssigdüngerlösung. Diese kann man auch bei ausgepflanzten Sträuchern mit vergilbtem Laub verwenden.

---

aus. Im Frühjahr, wenn die Erde feucht ist, mulcht man mit Laubmulch oder kalkfreiem Kompost. Dabei hält man die Strauchbasis frei und mulcht großzügig entlang der Strauchaußenseite, da dort die Wurzelaktivität am höchsten ist.

Rhododendren und Azaleen

Rhododendren (*Rhododendron*) sind in mancherlei Hinsicht die idealen Gartenpflanzen: Sie sind immergrün, blühen zuverlässig und sehr dekorativ, müssen nicht geschnitten werden und werden nur von wenigen Schädlingen befallen. Der einzige Nachteil ist, dass die meisten saure Böden benötigen. Die Auswahl an Rhododendren ist riesig, und ihre traumhaften Blütenfarben im späten Frühjahr verzaubern jeden Garten.

In der großen und facettenreichen Gruppe der Rhododendren finden sich von kompakten, nur wenige Zentimeter hohen Zwergsträuchern bis hin zu Bäumen alle Varianten. Für Gartenzwecke lassen sich Rhododendren in drei Gruppen einteilen: Zwerg-Rhododendren, kompakte Hybriden und winterharte Hybriden. Die Gattung umfasst zusätzlich laubabwerfende und immergrüne Azaleen.

Zwerg-Rhododendren

In diese Gruppe gehören kleinblättrige, kompakte Arten und Hybriden, die häufig als Steingartenpflanzen und frühblühende Kübelpflanzen kultiviert werden. Sie passen gut zu Besenheiden (*Calluna*) und Koniferen sowie in kleine Gärten. In der Höhe variieren sie von 30-100 cm.

'Bengal' ist winterhart mit glänzend dunkelgrünem Laub, kompakter Form und zuverlässiger tiefroter Blüte. Die Mitglieder der Blue-Tit-Gruppe eignen sich für Kombinationen mit Besenheide (Calluna). Sie wachsen als dichte, rundliche Büsche mit maximal 1 m Höhe. Ihre kleinen Trichterblüten erscheinen zur Frühjahrsmitte in lavendelblauen Büscheln, die später nachdunkeln. 'Ginny Gee' ♀ ist ein breiter, kompakter Zwergstrauch mit attraktivem Laub. Die trichterförmigen Blüten sind zuerst zartrosa gefärbt, verblassen dann zu Weiß mit rosa Rand (siehe Gute Pflanzpartner rechts). 'Patty Bee' ♀ ist wüchsig, aber kompakt mit dekorativen, kleinen, mittelgrünen Blättern sowie braunen, filzigen Zweigen und Knospen, die sich im zeitigen Frühjahr zu zahlreichen hellgelben Blüten entfalten – Glanzpunkte in immergrünen Pflanzungen. Attraktiv wirkt der Strauch neben gelb gefleckten Aukuben (Aucuba). 'Praecox' ♀ wächst locker und offen mit kleinem, häufig bronzefarbenem, aromatischem Laub. Die hübschen Blüten in fast durchscheinendem blassem Purpurrosa erscheinen im zeitigen Frühjahr an den Triebenden. Zum Schutz vor Frost setzt man 'Praecox' am besten unter lichte Baumkronen. 'Ramapo' ♀ ist sehr winterhart, kompakt und zuverlässig mit blaugrauem jungem Laub. An sonnigen Standorten überziehen die blauvioletten Blütenbüschel im zeitigen Frühjahr die gesamte Pflanze. 'Scarlet Wonder' ♀, robust und winterhart, gedeiht auf saurem Boden überall. Diese Sorte bildet dichte Büsche aus rundlichem, dunkelgrünem Laub. Die leuchtend scharlachroten Blüten öffnen sich im späten Frühjahr über dem Laub (siehe Gute Pflanzpartner rechts). 'Shamrock' ist ein kompakter Zwergstrauch mit dunkelgrünem Laub, limonengrünen Knospen und blassgelben Blüten im zeitigen Frühjahr. Die zwergwüchsige Sorte 'Snipe' wächst ebenfalls dicht und kompakt mit blassgrünem Laub. Ihre Blüten sind eine pastellfarbene Mischung aus dunkler geflecktem Zartrosa, Violett und Purpur.

Gute Pflanzpartner

Rhododendron 'Scarlet Wonder' ♀ (A) bildet mit der Kriechenden Säckelblume *(Ceanothus thyrsiflorus var. repens,* B) schöne bodendeckende Teppiche.
Rhododendron 'Ginny Gee' ♀ (C) blüht gegen Ende der winterlichen Heideblüte und belebt Pflanzungen aus rosa und weißer Schnee-Heide *(Erica carnea,* D).

Kompakte Hybriden

Hierzu gehören die niedrigeren Vertreter der hohen, winterharten Rhododendron-Hybriden. Als solche besitzen sie im Gegensatz zu den Zwerg-

1 | *Rhododendron* 'Praecox'

2 | *Rhododendron* 'Dreamland'

3 | *Rhododendron* 'Sneezy'

4 | *Rhododendron* 'Percy Wiseman'

5 | *Rhododendron* 'Hotei'

Rhododendren eher die für die Gattung typischen Blüten und Blätter. Ihre kompakte Wuchsform ist meist das Ergebnis einer Kreuzung kräftiger Arten mit Yakushima-Rhododendron *(R. degronianum ssp. yakushimanum).* Diese winterharten Pflanzen erreichen eine Höhe von 60-150 cm.
Die Yakushima-Rhododendron-Hybriden sind exzellente Gartenpflanzen mit kompaktem Wuchs und für die Kübelkultur geeignet. Im Garten sollten sie als Solitär inmitten von locker aufgebauten Pflanzen stehen, etwa mit Besenheide *(Calluna)* in

der Sonne, mit Farnen oder Lungenkraut *(Pulmonaria)* im Schatten. In Gruppen wirken sie sehr massiv. Kompakte Hybriden mit Yakushima-Rhododendron als Elternteil sind u.a. folgende: 'Dreamland' ♔ ist ein kleiner, rundlicher Strauch mit silbrigem jungem und dunkelgrünem älterem Laub sowie blassrosa, dunkel gerandeten Blüten in lockeren Büscheln. 'Fantastica' ♔ erweist sich als sehr winterhart, niedrig und ausladend mit an der Unterseite weißfilzigen, sonst dunkelgrünen Blättern. Die Blüten in großen Blütenständen sind blassrosa bis weiß mit intensiv rosa, gewellten Rändern. 'Golden Torch' ♔ hat hübsches Laub und wächst besonders dicht. Die lachsrosa Blütenknospen öffnen sich zu glockenförmigen, zartgelben Blüten in dichten Büscheln. 'Percy Wiseman' ♔ hat dunkelgrüne Blätter und rundliche, üppige Blütenstände. Die zauberhaften Blüten öffnen sich apricotfarben und verblassen zu apricotrosa überhauchtem Cremeweiß. 'Sneezy' ist winterhart und kräftig mit dunkelgrünem, in der Jugend silbrigem Laub. Die leuchtend tiefrosa Blüten mit blasser Mitte und roten Flecken stehen im späten Frühjahr in geschlossenen, voluminösen Büscheln.

Weitere kompakte Rhododendren sind diese: 'Golden Gate' wächst rundlich mit rosaroten, in der Mitte orangegelben Blüten. 'Hotei' ♔ mit an den Rändern eingebogenen, schmalen Blätter öffnet tiefgelbe, glockenförmige Blüten. 'Kokardia' punktet mit herrlichen Blütenständen in kräftigem Purpur. 'Mrs Furnivall' ♔ ist eine der größeren, winterharten, kompakten Hybriden. Die hellrosalila, trichterförmigen Einzelblüten haben deutliche braune und scharlachrote Flecken im Schlund. 'Nancy Evans' ♔ mit rundlichen, glänzend dunkelgrünen, in der Jugend bronzefarbenen Blättern bleibt klein. Die orangeroten Knospen öffnen sich zu charmant gewellten, bernsteingelben Blüten in kugeligen Blütenständen (siehe Gute Pflanzpartner links).

Winterharte Hybriden

In dieser Gruppe finden sich große, stattliche Sträucher mit spektakulären Blütenständen. Ihre Winterhärte variiert je nach dominierendem Elternteil. Im Allgemeinen vertragen sie auch exponierte Standorte und sind pflegeleicht. Ihre Größe variiert von 1,5–3 m.

Die ersten Hybriden tauchten um 1825 auf, als die Baum-Alpenrose *(R. arboreum)* zum ersten Mal auf den Britischen Inseln blühte. In den folgenden 75 Jahren entstanden aus dieser, dem Catawba-Rhododendron *(R. catawbiense)*, dem nordamerikanischen Riesen-Rhododendron *(R. maximum)* sowie dem Pontischen Rhododendron *(R. ponticum)*

Gute Pflanzpartner

Rhododendron 'Nancy Evans' ♔ (A) ergibt zusammen mit Griffiths Wolfsmilch *(Euphorbia griffithii)* 'Fireglow' (B) eine leuchtende Farbkombination. Rosa blühende Rhododendren wie die kompakte Hybride 'Rocket' (C) harmonieren ausgezeichnet mit Atlantischen Hasenglöckchen *(Hyacinthoides non-scripta,* D).

Dickmaulrüssler

Dickmaulrüssler können für immergrüne, säureliebende Pflanzen zum Problem werden. Besonders gefährdet sind Rhododendren. Dickmaulrüssler lassen sich mit parasitierenden Nematoden bekämpfen, die man im August/September mit Wasser auf den gleichmäßig angefeuchteten Boden gießt. Die Nematoden töten die Larven des Dickmaulrüsslers, die sich von den Wurzeln ernähren.

Rhododendronpflege

Rhododendren müssen regelmäßig gewässert werden. Ist ihr feines, dichtes Wurzelsystem einmal ausgetrocknet, kann das Wasser den Wurzelballen nur schwer durchdringen. Dann ist eine Tröpfchenbewässerung besser als ein starker Guss. Das Ausputzen welkender Blüten fördert die Produktion neuer Blüten im Folgejahr.

Die Knospenbräune ist eine Pilzkrankheit, bei der die Knospen noch vor dem Öffnen absterben. Die Knospen verfärben sich im Frühjahr durch den Sporenbelag schwarzbraun. Überträger des Pilzes sind Rhododendronzikaden, die im September des Vorjahres ihre Eier in den Blütenknospen ablegen. Bei Massenbefall bekämpft man die Zikaden ab Juni mit einem entsprechenden Pflanzenschutzmittel. Befallene Knospen müssen entfernt und entsorgt werden.

zahlreiche Hybriden. Mit den aus China und dem Himalaya eingeführten Arten kamen dann neue Blüten-, Wuchs- und Laubformen sowie Farben hinzu. 'Albert Schweitzer' ♛ ist ein großer, aufrechter Strauch mit konischen Blütenständen. Die Blüten sind kräftig pinkfarben mit dunklerem Fleck. 'Gomer Waterer' ♛, eine der besten winterharten, mittelgroßen Hybriden, hat ledrige Blätter und rotbraune Knospen. Die großen, weißen, in dichten, rundlichen Büscheln stehenden Einzelblüten sind gekräuselt und violett überhaucht mit senfgelbem Fleck. 'Halfdan Lem' ist ein kräftiger, mittelhoher Strauch mit dunkelgrünem, leicht gewelltem Laub, leuchtend roten Blattstielen und hellroten Blütenständen. 'Horizon Monarch' ♛ ist eine mittelgroße, schön belaubte Hybride, die besonders früh blüht.

6 | *Rhododendron* 'Horizon Monarch'

7 | *Rhododendron* 'Mrs T.H. Lowinsky'

Die rosaorangen Knospen öffnen sich zu breiten, leicht gewellten, hellgelben Blüten mit roter Markierung, die in großen, aufrechten Blütenständen stehen. 'Lord Roberts' ♛, eine alte Hybride, zeigt noch immer die beste Färbung von allen rot blühenden Vertretern. Ihre dichten, kugeligen Blütenstände sind dunkelkarmesinrot mit schwarzen Flecken. Die vitale, hohe 'Mrs T. H. Lowinsky' ♛ hat breites, gesundes Laub und dicht orangebraun gefleckte lila Blüten mit blasser Mitte. 'Van' ist eine wüchsige, jedoch kompakte Hybride mit großen, lockeren Blütenständen in lebhaftem, dunklem Pink.

Sommergrüne Azaleen

Botanisch gesehen gehören Azaleen zur Gattung Rhododendron, unterscheiden sich jedoch vor allem aus ästhetischer und gärtnerischer Sicht von Rhododendren. Der Laubwechsel der schnellwüchsigen Azaleen bedingt ein mit den Jahreszeiten wechselndes Erscheinungsbild. So enthüllt ihr Blattfall eine graziöse und ausdrucksstarke Zweigstruktur. Anmutige Büschel aus haltbaren, exotisch wirkenden Blüten sind auch im Knospenstadium attraktiv. Schönes Laub entsteht an etagenweise angeordneten Ästen. Die elegante Gestalt sommergrüner Azaleen bildet besondere Kontraste zum kompakten, oft massiven Erscheinungsbild vieler Immergrüner. Die Herbstfärbung ist eine besondere Attraktion etlicher Hybriden. Alle blühen im späten Frühjahr.

Das Farbspektrum der Blüten erscheint mit Ausnahme von Blau- und Purpurtönen unerschöpflich. Einige Gruppen verströmen Düfte, die in der Pflanzenwelt einmalig sind. Die gelb blühende Gelbe Alpenrose *(R. calendulaceum)* ♛ besitzt einen süßen Honigduft, den viele Hybriden geerbt haben.

'Fireball' ♛ duftet und hat kupferfarbenes junges Laub sowie flammend orangerote Blüten. 'Cannon's

Die Pflege sommergrüner Azaleen

Nach der Blüte stärkt man sommergrüne Azaleen mit eisenhaltigem Flüssigdünger für die kommende Saison und fördert eine gute Herbstfärbung. Sommergrüne Azaleen müssen nicht ausgeputzt werden. Die offene Struktur der Pflanzen ist ihr charakteristisches Merkmal. Sollen sie allerdings kompakt wachsen, reagieren sie positiv auf Schnittmaßnahmen nach der Blüte.

8 | *Rhododendron* 'Fireball'

9 | Gelbe Alpenrose *(Rhododendron calendulaceum)*

10 | *Rhododendron* 'Irene Koster'

Plätze für sommergrüne Azaleen

Sommergrüne Azaleen gedeihen gut in Vollsonne oder Halbschatten und fügen sich in die meisten Pflanzgruppen. Zeitige Frühlingsblüher wie Narzissen (*Narcissus*), Krokusse (*Crocus*), Schneestolz (*Chionodoxa*), Puschkinien (*Puschkinia*) und kleine Iris (*Iris*) sind hervorragende Partner, um die Blühsaison zu verlängern. Frühe Waldpflanzen wie Lungenkraut (*Pulmonaria*), Christrosen (*Helleborus*), Primeln (*Primula*), aber auch frühjahrs- und herbstblühende, winterharte Alpenveilchen (*Cyclamen*) ergänzen ihre eleganten Wuchsformen naturnah. In Waldsituationen säumen sie Wege oder bilden Blickpunkte in Senken, wo die Windstille ihren Duft verstärkt.

Sommergrüne Azaleen sind auch in Kübeln dekorative, elegante Gestaltungselemente. Sie wirken ebenfalls schön am Wasser, wo sich ihre exotischen Formen und leuchtenden Farben in stillen Wasserflächen oder langsam fließenden Wasserläufen spiegeln.

Double' ♥ zeigt apricot überhauchte rote Blütenknospen, cremefarbene Blüten und bronzepurpurnes Laub im Herbst. Die Blüten von 'Glowing Embers' sind lebhaft rötlich orange mit einem orangen Fleck. 'Homebush' ♥ hat kleine, spitze, kräftig rosa gefärbte Blüten in ungewöhnlich dichten, rundlichen Büscheln. Der zauberhafte Strauch harmoniert mit vielen anderen Pflanzen. 'Irene Koster' ♥ ist eine beliebte, duftende Hybride mit blassrosaroten Blüten mit kleinem gelben Fleck, der die Schönheit der orchideenähnlichen Blüten unterstreicht. 'Klondyke' ♥ schmückt sich die ganze Saison hindurch mit bronzefarbenem Laub. 'Mount Saint Helens' zeigt zauberhaft rosa Blüten. 'Northern Hi-Lights' blüht cremefarben und duftet. 'White Lights' ♥, ein winterharter, rundlicher Strauch, hat üppige, weiße Duftblüten mit gelber Mitte, die sich aus rosa Knospen öffnen.

Immergrüne Azaleen

Immergrüne Azaleen variieren im Wuchs von kompakten, aufrechten Zwergsträuchern mit kleinem Laub und zahlreichen kleinen Blüten bis zu ausladenden, niedrigen Sträuchern mit auffälligem Laub und großen, gerüschten Blüten. Alle blühen so reichlich, dass bei Vollblüte das Laub fast verschwindet. Zahllose Hybriden entstanden in den USA, Europa sowie Japan.

Immergrüne Azaleen für den Garten sind winterhart, benötigen Feuchtigkeit im Wurzelbereich und Schutz vor kalten Winden. Winterwinde können auf exponierten Standorten Blattfall verursachen,

11 | *Rhododendron* 'Kermesinum'

12 | *Rhododendron* 'Blue Danube'

während schwere Regenfälle und Frost die Blüten frühblühender Sorten schädigen. Halbschattige Waldsituationen sind ideale Bedingungen. Werden Azaleen in einem Waldgarten in Bändern gepflanzt, ist die Wirkung schöner Farbkombinationen während der Blüte atemberaubend. Auf falschen Böden in einem städtischen Innenhof sind diese Azaleen jedoch recht unansehnlich.

'Blue Danube' ♀ gehört mit den faszinierend blauvioletten Blüten zu den besten immergrünen Azaleen. 'Geisha Orange' ist wie alle Geisha-Sorten ein sehr winterharter, kuppelförmiger Strauch mit kleinem Laub und zartorangeroten Blüten. 'Hinomayo' ♀ wird mit 1,5 m Höhe größer, hat anmutige, rosa Blüten und stammt ursprünglich aus dem kaiserlichen Garten in Tokio. Die rot blühende 'Johanna' ♀ trägt bronzefarbenes Laub (siehe Gute Pflanzpartner unten). 'Kermesinum' ist kompakt, niedrig und produziert massenhaft kleine, lebhaft purpurrote Blüten. 'Kermesinum Rosé' mit ähnlichem Wuchs präsentiert weiß gerandete, lilarosa Blüten, während sich 'Palestrina' ♀ üppig mit hübschen, grün überhauchten weißen Blüten schmückt.

Pflege immergrüner Azaleen

Diese Azaleen benötigen keinen Schnitt. Ein buschiger Wuchs wird bei sparrigen Pflanzen durch einen Rückschnitt nach der Blüte mit anschließendem Düngen und Wässern gefördert.

Immergrüne Azaleen sind im Allgemeinen schädlingsfrei. Gelegentlich tritt die Ohrläppchenkrankheit auf, bei der Pilze anschwellende Pflanzenteile verursachen, die vage an Ohrläppchen erinnern. Befallene Teile müssen sofort entfernt werden. Alte Pflanzen sind besonders anfällig für Flechtenbewuchs. Graugrüne, moosartige Flechten können die Zweige überwuchern und sich wuchshemmend auswirken. Flechten sind nicht direkt schädlich, jedoch ein Zeichen für abnehmende Vitalität. Düngen und mulchen hilft.

'Rose Greeley' hat gefüllte, weiße, grün gefleckte Blüten und ist eine der wenigen duftenden immergrünen Azaleen. 'Vuyk's Scarlet' ♀ präsentiert große, scharlachrote, leicht gerüschte Blüten und wächst locker fließend.

Gute Pflanzpartner

Immergrüne Azaleen (A) eignen sich besonders für alpine Anlagen oder für Gärten im japanischen oder chinesischen Stil. Sie harmonieren mit Zwergkiefern und Bambus wie *Pleioblastus viridistriatus* (B).

Unter der Immergrünen Azalee *(Rhododendron)* 'Johanna' ♀ (C) wirkt die Gebogene Traubenheide *(Leucothoe fontanesiana)* 'Zeblid' (D) mit eleganten, rot getönten, im Winter bronzefarbenen Blättern gut.

Besen- und Glanzheide

Wenn auch eher kleinwüchsig, bereichern Besen- und Glanzheide unsere Gärten mit lang anhaltenden Blütenfarben und immergrünem Laub, das im Lauf der Jahreszeiten oft spielerisch Farbe und Textur verändert. Sie sind vielseitig verwendbar, ausgezeichnete Bodendecker und wirken in Kombination mit Koniferen rund ums Jahr belebend.

Besenheide *(Calluna vulgaris)* ist ein winterharter, immergrüner Zwergstrauch, der kalkfreie Böden benötigt. Sie ist pflegeleicht und toleriert feuchte, aber auch recht trockene Bedingungen sowie Schatten, auch wenn sie in der Sonne üppiger blüht und kompakter wächst. Es gibt zahlreiche Sorten mit verschiedenen Blüten- und Laubfarben sowie Wuchshöhen – von flachen Matten bis zu kleinen Büschen. Die zarte, anmutige Besenheide ist mittlerweile nicht nur für Dauerpflanzungen, sondern auch für winterliche Farbe in Töpfen populär.

Die Irische Glanzheide *(Daboecia cantabrica)* wird gern mit Besenheide verwechselt. Die immergrüne Pflanze ist zwar eng mit Heide *(Erica)* verwandt, zieht jedoch dieselben Standortbedingungen wie Besenheide *(Calluna)* vor. Ihre großen, rundlichen, purpurrosa Blütenglocken erscheinen vom Frühsommer bis zum Spätherbst. Von ihr gibt es eine Anzahl guter Sorten wie 'Bicolor' mit weißen und purpurlila, gelegentlich auch gestreiften Blüten oft an derselben Pflanze. Die Schottische Glanzheide *(D. × scotica)* hat auch einige schöne Sorten zu bieten, etwa 'Jack Drake' mit rubinroten Blüten, die weiß blühende 'Silverwells' und 'Waley's Red' mit tiefmagentaroten Blüten.

Mehr zu den kalktoleranten Sorten der Schnee-Heide *(Erica carnea)*, der Englischen Heide *(E. × darleyensis)* sowie Baum-Heiden *(E. arborea)* siehe Seiten 134 / 135.

---

1 | Heide *(Erica)* und Besenheide *(Calluna)*

2 | Irische Glanzheide (*Daboecia cantabrica*)
'Bicolor'

Pflege von Besen- und Glanzheide

Drei oder fünf kleine, im Container gezogene Pflanzen erzielen in der Gruppe mehr Wirkung als Einzelexemplare. Sie werden nach der Blüte geschnitten, um einen buschigen Wuchs zu fördern. Buntlaubige Vertreter und solche, die im Winter ihre getrockneten Blüten behalten, schneidet man erst im zeitigen Frühjahr. Danach mit Torf oder Laub mulchen. Obwohl diese Pflanzen trockene Bedingungen tolerieren, vertragen sie keine langen heißen und trockenen Wetterperioden. Wässern hält die Zwergsträucher in gutem Zustand.

Calluna-vulgaris-Sorten

Nachstehend einige der besten Sorten der Besenheide. Alle, mit Ausnahme der Knospenblüher, deren Knospen sich nicht öffnen, blühen im Sommer. Wenn nicht anders beschrieben, ist ihr Laub mittelgrün.

Attraktives Laub

'Joy Vanstone' ♀: goldenes Laub, sattorange im Winter; lilarosa Blüten
'Kerstin' ♀: aufrechter Wuchs mit rosa, rötlichem und graugrünem Laub sowie blassroten und gelben Spitzen im Frühjahr; malvenfarbene Blüten
'Robert Chapman' ♀: goldenes Laub im Frühjahr, verfärbt sich orange, dann rot; zartpurpurne Blüten
'Spring Cream' ♀: kräftig mit dunkelgrünem Laub und cremefarbenen Spitzen im Frühjahr; hohe, weiße Blütenstände
'Wickwar Flame' ♀: leuchtend oranges und gelbes Sommerlaub, das sich im Winter kupfergold verfärbt; malvenfarbene Blüten
'Winter Chocolate': grünlich gelbes Laub; lilarosa Blüten

Prächtige Blüten

'Annemarie' ♀: gefüllte Blüten öffnen sich hell purpurn, dunkeln zu rosapurpurn nach; kompakt mit dunkelgrünem Laub
'Beoley Gold' ♀: weiß blühende Sorte mit gelbem Laub; sehr wüchsig
'County Wicklow' ♀: blassrosa, gefüllte Blüten; zwergwüchsig und ausladend
'Dark Beauty' ♀: kompakt mit gefüllten, tiefrosalila Blüten, die später nachdunkeln; dunkelgrünes Laub
'Darkness' ♀: tiefpurpurrosa Blüten in kurzen, dichten Blütenständen; dichtes, hellgrünes Laub
'Gold Haze' ♀: weiße Blüten; leuchtend goldenes Laub
'H. E. Beale': sehr lange Blütenstände mit gefüllten, hellrosa Blüten; gute Schnittblume
'Mair's Variety' ♀: hoch mit weißen Blüten; gute Schnittblume

Dekorative Knospenblüher

'Alexandra' ♀: rote und weiße Blütenknospen, verfärben sich tiefkarmesinrot; kompakt und aufrecht mit dunkelgrünem Laub
'Alicia' ♀: ähnlich in der Form wie 'Alexandra' mit dicken, weißen Knospen
'Anette' ♀: reinrosa Knospen; gute Schnitt- und Trockenblume

Lavendelheide

Lavendelheiden *(Pieris)* erfreuten sich in den 1960er-Jahren großer Beliebtheit. Mittlerweile sind sie ein wenig in Vergessenheit geraten. Dabei sind sie schöne immergrüne Sträucher mit meist strukturiertem, anmutigem Wuchs und reif für einen zweiten Frühling.

Die Blütenknospen erscheinen im Herbst an perlschnurartig herabhängenden Blütenständen. Die roten Knospen sind im Frühwinter und zur Wintermitte vor dem dunkelgrünen Laub besonders reizvoll. Die weißen oder rosa Glöckchenblüten ähneln denen der Heiden und öffnen sich ab dem zeitigen Frühjahr. Viele Lavendelheiden haben bronzefarbene, lachsrosa oder rote Jungtriebe. Die Wirkung ist spektakulär, doch ihre Frostanfälligkeit groß. Lavendelheiden benötigen daher einen geschützten Platz im Streuschatten hoher Gehölze, die sie vor austrocknenden Winden bewahren.

Lavendelheiden sind ausgezeichnete Kübelpflanzen, wobei sich die kompakteren für den geschützten Halbschatten von Terrassen und Innenhöfen empfehlen.

Die Formosa-Lavendelheide *(P. formosa)* 'Wakehurst' ♀ wächst robust und kräftig mit breiten Blättern, hellroten jungen Trieben und weißen Blüten. Die Sorten der aus Japan, China und Taiwan stammenden Japanischen Lavendelheide *(P. japonica)* sind aufgrund ihrer Winterhärte und des kompakten Wuchses sehr beliebt. Der rundliche Zwergstrauch 'Debutante' ♀ wurde erst 1980 in freier Natur auf der japanischen Insel Yakushima entdeckt. Er präsentiert aufrechte, kurze, weiße Blü-

1 | Japanische Lavendelheide *(Pieris japonica)* 'Katsura'

2 | Japanische Lavendelheide *(Pieris japonica)* 'Valley Valentine'

Gute Pflanzpartner

Lavendelheide *(Pieris)* passen gut zu Besen- und Glanzheide *(Calluna* und *Daboecia)*. Das immergrüne, glänzende *Pieris*-Laub ergibt einen wunderschönen Kontrast zu den feinen, nadelartigen Blättern der Heiden.

tentrauben. 'Katsura', kompakt und für die Kübelkultur geeignet, wird hauptsächlich wegen des jungen burgunderroten, später kastanienbraunen Laubes gezogen. Die älteren Blätter sind glänzend dunkelgrün, die Blüten weiß, der Wuchs üppig und vital. Das Laub von 'Prelude' ♀ glänzt weniger und bringt die weißen Blüten vorteilhaft zur Geltung. 'Variegata' gehört zu den ältesten panaschierten Sorten. Sie hat dunkelgrünes Laub mit cremefarbe-

Neuaustrieb schützen

Lassen Sie sich nicht von Lavendelheide abbringen, nur weil das junge Laub möglicherweise von Frost geschädigt werden kann. Betroffenes Laub lässt sich leicht entfernen, und neue Blätter werden bald erscheinen. Bei sehr kühler Witterung sollte man den Neuaustrieb jedoch besser mit Vlies schützen.

nem Rand und weiße Blüten, ist klein und kompakt und daher gut für Kübel geeignet. 'Little Heath' ♀ hat zierliches, ähnlich panaschiertes Laub, blüht im Schatten kaum, bildet jedoch in der Sonne hübsche rosa Knospen und weiße Blüten.

Darüber hinaus gibt es zahlreiche rosa blühende Sorten. 'Blush' ♀, 'Flamingo' und 'Valley Valentine' ♀ tragen alle zauberhafte Knospen und Blüten. Dennoch fehlt ihnen die schlichte Eleganz der weiß blühenden Sorten. 'Forest Flame' ♀, die bekannteste Lavendelheide, ist eine Hybride aus *P. japonica* und *P. formosa* 'Wakehurst'. In ihr verbindet sich die Frosthärte von *P. japonica* mit den leuchtend roten jungen Trieben des anderen Elternteils. Ihre Zweige neigen sich unter der Last der weißen, hängenden, traubigen Blütenstände. 'Flaming Silver' ist eine Spielart von 'Forest Flame' mit dem gleichen leuchtend roten jungen Laub, das später einen silberweißen Rand zeigt.

3 | Lavendelheide *(Pieris)* 'Forest Flame'

Andere säureliebende Pflanzen

Gartenfreunden mit sauren Böden stehen neben den bekannten Ziersträuchern wie Rhododendron *(Rhododendron)*, Besen- und Glanzheide *(Calluna und Daboecia)* und Lavendelheide zahlreiche andere wunderschöne Sträucher zur Verfügung. Die meisten sind Waldpflanzen, sodass sie sich im Garten im Streuschatten von Bäumen wohlfühlen. Koniferen sind ihre natürlichen Partner, denn sie mögen dieselben Bedingungen.

Die vom Himalaya bis Japan verbreitete Prachtglocke *(Enkianthus)* z.B. bringt exotisches Flair in den Garten. Prachtglocken blühen im späten Frühjahr mit hängenden Blüten in der Form chinesischer Lampions. Ihre zweite Saison ist der Herbst, denn die Blattfärbung gehört zum Schönsten, was der Garten zu bieten hat. Die Glockige Prachtglocke *(E. campanulatus)* ♀, ein aufrechter, sommergrüner Strauch, erreicht bis zu 3 m. Ihre kupferfarbenen Zweige sind dekorativ in Etagen angeordnet und offenbaren im Winter nach dem Blattfall eine attraktive Architektur. Die Blütenglocken sind blassgelb bis sattbronzefarben und geädert. Die herbstliche Laubfärbung prunkt in Gelb, Kupfer und Rot. Die Rote Nickende Prachtglocke *(E. cernuus var. rubens)* ♀, ein kleinerer Strauch mit tiefrot gesäumten Blüten, färbt sich im Herbst rötlich purpurn. Seltener ist die langsamwüchsige und kompaktere

1 | Glockige Prachtglocke *(Enkianthus campanulatus)*

2 | Frühblühende Prachtglocke *(Enkianthus perulatus)*

3

Frühblühende Prachtglocke *(E. perulatus)* ♀ mit einer Höhe von 2 m. Ihre urnenförmigen Blüten sind weiß, das Herbstlaub scharlachrot.

Der Große Federbuschstrauch *(Fothergilla major)* ♀, eine Waldpflanze, ist mit der Zaubernuss *(Hamamelis)* verwandt (siehe Seite 195), braucht jedoch im Gegensatz zu ihr saure Böden. Er ist im Südosten der USA heimisch, sommergrün und verzweigt sich horizontal mit hamamelisähnlichem Laub. Die cremefarbenen, flaschenbürstenförmigen Blüten erscheinen vor dem Laubaustrieb im Frühjahr. Die brillante Herbstfärbung hält lange an.

4

Die Breitblättrige Lorbeerrose *(Kalmia latifolia)* ♀ ist ein rhododendronähnlicher Strauch mit glänzendem, mittelgrünem Laub und hübschen, hellrosa Blütensträußen im Frühsommer. Die Blütenknospen erinnern an Zuckergusshäubchen, und selbst die geöffneten Schalenblüten scheinen von Zuckerguss überzogen. Die Lorbeerrose gedeiht nicht gut in Töpfen und hat Anwachsschwierigkeiten. Sind diese überwunden, gedeiht sie prächtig. Es empfiehlt sich, selbst kleinen Exemplaren nach der Pflanzung eine Stütze zu geben. Die Wurzeln brauchen Zeit, um sich zu etablieren. Von zahlreichen im Handel befindlichen Sorten besitzen nur wenige den Charme der Art. 'Ostbo Red' ist pflegeleichter und häufiger, farblich jedoch weniger attraktiv.

Säureliebende Pflanzen wie der Tupelobaum *(Nyssa)* zeigen die schönsten Herbstfarben. Sämtliche Zaubernüsse *(Hamamelis)* und Fächer-Ahorne *(Acer palmatum)*, zwar auch leicht kalktolerant, färben sich am spektakulärsten auf Böden mit niedrigem pH-Wert. Immergrüne, die wegen ihrer Herbstfärbung kultiviert werden, z.B. die Traubenheide *(Leucothoe,* siehe Seite 186), sind meist säureliebend (siehe auch die Seiten 185/186 „Herbst auf sauren Böden").

---

3 | Breitblättrige Lorbeerrose *(Kalmia latifolia)*   4 | Große Federbuschstrauch *(Fothergilla major)*

Weitere empfehlenswerte Pflanzen für saure Böden Kahle Rosmarinheide *(Andromeda polifolia)* 'Compacta' (für feuchte Böden) • Gebogene Traubenheide *(Leucothoe fontanesiana)* 'Rainbow' • Wohlriechender Fieberstrauch *(Lindera bezoin)* • Gagelstrauch *(Myrica gale)* • Wald-Tupelobaum *(Nyssa sylvatica)* • Japanischer Storaxbaum *(Styrax japonicus)* • Radbaum *(Trochodendron aralioides)*

Rosen in Mischpflanzungen

Rosen *(Rosa)* eignen sich hervorragend für Mischpflanzungen. Sie bieten eine herrliche Auswahl an Blütenformen, Farben und Düften, häufig schönes Laub und Hagebutten und bilden harmonische Kombinationen mit vielen anderen Sträuchern, Stauden und kurzlebigen Pflanzen. Öfter blühende Sorten verlängern die Blühsaison: Sie eröffnen ihren Blütenreigen im Frühsommer, schmücken sich dann im Hochsommer mit einigen Blüten und beenden das Jahr mit einer weiteren Blütenflut im Spätsommer und Frühherbst.

Reine Rosenbeete waren in der Geschichte der Rosen zeitweise sehr beliebt, so zuletzt während des Rosenbooms der 1960er-Jahre. Damals kamen unzählige Sorten der Tee-Rosen und Floribunda-Rosen auf den Markt, die häufig nur in Sommerbeeten eine gute Kombination mit anderen Pflanzen eingingen. 20 Jahre später schlug der Trend zugunsten der zarteren Farbtöne Alter Rosen um, die sich besser in gemischte Rabatten fügen. Nachfolgend eine Auswahl der besten Rosen für gemischte Pflanzungen.

Alte Strauchrosen

Alte Rosen sind Gartenklassiker, beliebt wegen der Schönheit ihrer Blüten und ihres exquisiten Duftes. Allerdings blühen sie häufig nur einmal. Alte Rosen passen in der Regel gut zu Stauden und Lavendel. Gallica-Rosen sind die ältesten Gartenrosen. Die Apotheker-Rose *(R. gallica 'Officinalis')* ♛, ein aufrechter, gedrungener, etwa 1 m großer Strauch, trägt robustes Laub. Ihre halbgefüllten, hellkarmesinroten Blüten mit goldgelbem Staubblattbüschel in der Mitte duften stark. Die Blütenblätter vertrocknen zu samtigem Rubinrot, wenn sie frisch gepflückt werden, und behalten ihren Duft. Sie eignen sich wundervoll für Potpourris. Die legendäre gestreifte Rose *(Rosa mundi) R. gallica* 'Versicolor' ♛ ist eine ebenso zauberhafte Duftrose mit zartrosa, unregelmäßig karmesinrot gestreiften Blüten (siehe Gute Pflanzpartner Seite 117).
Alba-Rosen haben vermutlich ihren Ursprung im Mittelalter. Ihr ausladender, locker verzweigter Wuchs und ihr außergewöhnlich gesundes, hellblaugrünes Laub sind ebenso dekorativ wie die Blüten. Die pflegeleichten Rosen gedeihen auch auf kargen Böden. Die Weiße Rose *(R. × alba)* 'Alba Semiplena' ♛ besitzt flach schalenförmige, fast einfache, weiße Blüten mit gelben Staubblättern, denen

rote Hagebutten folgen. Ihr Duft ist köstlich, das Laub attraktiv (siehe Gute Pflanzpartner Seite 117). 'Maiden's Blush' ♛ ist vital mit schönem graugrünem Laub und flachen, lose gefüllten, blassrosa Blüten mit herrlichem Duft. Sie wirkt besonders in Begleitung von hellblauem Rittersporn *(Delphinium)*. Moos-Rosen waren vor allem in Viktorianischer Zeit beliebt. Diese Strauchrosen mit lockeren, biegsamen Zweigen tragen Knospen mit charakteristischem,

1 | Der Jardin d'Angélique, Normandie, Frankreich

2 | *Rosa* 'Felicia'

3 | Apotheker-Rose *(Rosa gallica)* 'Officinalis'

4 | *Rosa* 'Complicata'

5 | Bereifte Rose *(Rosa glauca)*

6 | Tee-Rose *(Rosa × odorata)* 'Mutabilis'

Gute Pflanzpartner

Rosa gallica 'Versicolor' ♀ (B), eine rosa, karmesinrot gestreifte Gallica-Rose wirkt zauberhaft in Begleitung des silberlaubigen Beifußes *(Artemisia)* 'Powis Castle' ♀ (A).
Die Weiße Rose *(R. × alba)* 'Alba Semiplena' ♀ (C) harmoniert mit silbern belaubten Sträuchern wie

der Ölweide *(Elaeagnus)* 'Quicksilver' ♀ (D). Die kräftige, dunkelkarmesinrote 'William Lobb' ♀ (F) bildet in Rabatten mit Sträuchern mit silbernem oder pflaumenfarbenem Laub wie der Virginischen Blasenspiere *(Physocarpus opulifolius)* 'Diabolo' ♀ (E) einen guten Hintergrund.

moosartigem Überzug über den Kelchblättern. 'William Lobb' ♀ ist stark duftend mit dunkelkarmesinroten Blüten, die zu einem zarten Grauviolett verblassen (siehe Gute Pflanzpartner oben).
Moschata-Hybriden waren vor Einführung der Englischen Rosen (siehe Seiten 120/121) sehr populär. Ähnlich den Floribunda-Rosen, allerdings mit anmutigerem Wuchs, blühen sie mehrfach, haben eine lockere, offene Gestalt und sind in gemischten Pflanzungen ausgesprochen wirkungsvoll. 'Buff Beauty' ♀ entfaltet vor dunkelgrünem Laub dicht gefüllte Blüten in einem zarten, warmen Apricot mit köstlichem Teerosenduft. 'Cornelia' ♀ ist klein und starkwüchsig mit großen Büscheln aus stark duftenden, gefüllten, lachsrosa Blüten mit dunkleren Anteilen und dunkelgrünem Laub. Eine der besten Moschata-Hybriden ist die sehr aromatisch duftende 'Felicia' ♀. Diese üppig blühende Rose in

zartem Rosa, das zur Mitte hin dunkler wird, erweist sich als starkwüchsig.
Es gibt in den verschiedenen Rosengruppen etliche große Strauchrosen, die häufig aufgrund ihres gefälligen, freien, schön verzweigten Wuchses (siehe auch Seiten 147/148) in Mischpflanzungen eingesetzt werden. Dazu gehört die intensiv duftende 'Complicata' ♀, ein großer, gesunder, unverwüstlicher Strauch, den man auch in Bäume klettern lassen kann und der sich für ländliche Gärten eignet. Das hellgrüne Laub ist matt, die rosa Blüten groß, einfach, mit blasserer Mitte und dichten Büscheln goldgelber Staubblätter. Obwohl sie offiziell zu den Gallica-Rosen zählt (vermutlich ist sie eine Kreuzung aus Hunds-Rose *(R. canina)* und einer Gallica-Rose), unterscheidet sie sich von diesen durch ihre großen Blüten und den lockeren, bogig überhängenden Wuchs. Die Bereifte Rose *(R. glauca)* ♀ ist ein ausge-

7 8

9 10

11

7 | *Rosa* Bonica 82®

8 | *Rosa* 'Ballerina'

9 | *Rosa* Schneewittchen®

10| *Rosa* 'Blanc Double de Coubert'

11 | *Rosa* 'Roseraie de l'Haÿ'

Die Kultur von Rosen

Viele wagen sich nicht an Rosen, da sie den Ruf haben, pflegeaufwendig und krankheitsanfällig zu sein. Krankheiten werden schon beim Kauf robuster, widerstandsfähiger Sorten weitgehend ausgeschlossen. Die meisten reagieren positiv auf eine jährliche Düngergabe und nährstoffreichen Boden, obwohl einige auch auf kargen Böden wachsen. Alles hängt von der richtigen Wahl für den jeweiligen Standort ab.

Standort: Rosen brauchen keine Vollsonne, gedeihen jedoch nicht im Schatten. Sie sollten immer zumindest einige Sonnenstunden täglich bekommen. Rosen eignen sich gut für schwere, fruchtbare Lehmböden, kümmern auf torfigen, sauren Böden und benötigen reichlich organisches Material auf geringmächtigen Sandböden.

Schnitt: Mehrfach blühende Strauchrosen sollten im Frühjahr um ein bis zwei Drittel zurückgeschnitten werden. Je stärker man schneidet, desto kräftiger wird der Neuaustrieb und desto später erscheint die Blüte. Einmal blühende Rosen werden im Frühjahr nur ausgeputzt. Dabei entnimmt man das schwache, kranke Holz und entfernt vertrocknete Blüten. Bei älteren Strauchrosen, mehrfach oder einmal blühend, kann es nötig werden, regelmäßig tote bzw. alte Triebe bodennah zu entfernen. Beim Schnitt von Englischen Rosen belässt man für eine reiche Blüte alle dünnen Seitentrieben.

Düngung: Rosen brauchen reichlich Nährstoffe und Feuchtigkeit. Versorgen Sie die Pflanzen im zeitigen Frühjahr und erneut im Hochsommer nach der ersten Blüte mit einem ausgewogenen Rosendünger, der Magnesium und Eisen enthält. Im Frühjahr mit Kompost oder reifem Mist versorgen.

Schädlinge und Krankheiten: Gesunde Rosen sind robust und widerstandsfähig, daher ist das Düngen der erste wichtige Schritt. Wo Krankheiten wie Sternrußtau, Mehltau und Rosenrost grassieren, kann man bei Bedarf ein entsprechendes Fungizid verwenden, das nach Herstellerangaben ausgebracht werden muss. Sind Schadinsekten kein Problem, greifen Sie nicht zu Kombinationspräparaten aus Insektizid und Fungizid, die dann sinnlos sind und zu Resistenzen führen können. Das Laub von *R. rugosa* reagiert auf einige Mittel empfindlich. Achten Sie daher darauf, dieses bei der Behandlung benachbarter Rosen nicht zu benetzen. Bei Wildverbiss sollten nur Kletter- und Ramblerrosen gepflanzt werden.

zeichneter Zierstrauch mit feinen, bogig überhängenden, dunkelpurpurnen Trieben und blaugrauem Laub. Die einfachen Blüten sind purpurrosa mit weißer Mitte, die Hagebutten rot. Die Tee-Rose *(R. × odorata)* 'Mutabilis' ♀ ist ein starkwüchsiger, schlanker Strauch mit zartem, dunklem, in der Jugend kupferfarbenem Laub und lange haltenden Blüten mit Teerosenduft. Die schmalen Blütenknospen öffnen sich hellgelb, verfärben sich zuerst kupferfarben, dann rosarot und werden schließlich karmesinrot. Alle Farbtöne erscheinen am Strauch zur selben Zeit. Kalte, exponierte Plätze meiden.

Moderne Strauchrosen

Als Moderne Strauchrosen werden in diesem Buch eine Vielzahl unterschiedlicher Sträucher verstanden, darunter Hybriden zwischen Buschrosen und wüchsigeren Rosenarten bzw. Kletterrosen, die aufgrund ihrer anhaltenden Blüte und robusten Konstitution wertvoll sind.

Die Polyantha-Rose 'Ballerina' ♀ mit gefälligem Wuchs trägt zierliche, kleine, rosa Blüten. Sie eignet sich mit ihrer anhaltenden Blüte und dem leichtem Duft gut für Mischpflanzungen. Eine weitere Polyantha-Rose, 'The Fairy' ♀, ist ein kleiner, robuster, breiter Strauch mit Büscheln winziger, rosa Pomponblüten. 'White Pet' ♀ bildet ausladende, wüchsige Büsche mit kleinen, weißen Pomponblüten. Mit ihrem zarten Duft ist sie zu Recht eine sehr populäre Polyantha-Rose.

Bonica 82® ('Meidomonac') ♀ trägt Büschel von gefüllten, intensiv rosa, lachsfarben überhauchten Blüten und glänzend grünes Laub. Sie wächst ausbreitend, ist winterhart und robust.

Schneewittchen® ('Korbin') ♀ ist die weiße Floribunda-Rose mit aufrechtem, buschigem Wuchs, zahlreichen reinweißen Blütenbüscheln und frischgrünem Laub für viele Situationen.

Die Kartoffel-Rosen *(R. rugosa)* sind die pflegeleichtesten Rosen, sehr winterhart, starkwüchsig sowie gesund. Sie blühen durchgehend die ganze Saison, haben apfelgrünes Laub und tragen meist auffällige Hagebutten, die lange am Strauch verbleiben (siehe Seite 187). *R. rugosa* ist in Japan heimisch, wo man sie auch an sandigen Küsten findet. Sie wächst daher gut in Küstengärten, toleriert jedoch die meisten Situationen. 'Blanc Double de Coubert' ♀ hat vom Spätfrühling an große, duftende, offene, halbgefüllte, weiße Blüten. 'Roseraie de l'Haÿ' ♀ mit riesigen, weinroten bis purpurnen Blüten verströmt einen köstlichen Duft. Sie ist fast eine Alte Rose, benötigt jedoch weniger Pflege.

Bodendeckerrosen sind an sonnigen Böschungen

mit schweren Böden besonders wertvoll. Starkwüchsige wie **Immensee®** ('Korimro') ♥ und **Weiße Immensee®** ('Korweirim') erinnern mit ihren langen, niederliegenden Trieben eher an Kletterrosen. Andere wie **Gärtnerfreude®** ('Korstesgli') ♥ und **Bassino®** ('Kormixal') wachsen breit buschig, eignen sich für Gruppenpflanzungen oder in Kombination mit anderen Bodendeckern. **Schneeflocke®** ('Noaschnee') ♥ und **Heidetraum®** ('Noatraum') sind aufgrund ihrer Robustheit und Verlässlichkeit besonders wertvoll. Sie haben frischgrünes Laub und produzieren den ganzen Sommer über halbgefüllte Blüten in Weiß oder leuchtendem Rosa. Ihr häufiger Einsatz im öffentlichen Grün bestätigt ihre Pflegeleichtigkeit und Widerstandsfähigkeit.

Englische Rosen

Der Rosenzüchter David Austin paarte Schönheit, Duft und gute Eigenschaften der Alten Rosen mit den besonderen Qualitäten und dem besseren Wuchs der mehrfach blühenden Modernen Rosen. Es ist daher kein Wunder, dass seine sogenannten Englischen Rosen mittlerweile überaus beliebte Pflanzen sind.

Im Rahmen seines ehrgeizigen Züchtungsprogramms entwickelt David Austin laufend neue Englische Rosen mit verbesserten Eigenschaften. Viele der beliebten alten Sorten wurden inzwischen von neuen Sorten mit kompakterem Wuchs, besserer Gesundheit und höherer Witterungsunempfindlichkeit abgelöst, um nur einige Vorteile zu nennen.

Abraham Darby® ('Auscot'), ein buschiger Strauch mit verführerisch großen Blüten in Rosa, Apricot und Gelb, blüht den ganzen Sommer und duftet fruchtig. **Cottage Rose®** ('Ausglisten'), eine der besten Englischen Rosen, hat den Charakter einer echten Alten Rose. Ihre schalenförmigen Blüten in sanftem Rosa mit zartem Duft öffnen sich zahlreich über den ganzen Sommer.

Besonders wirkungsvoll ist **Crown Princess Margareta®** ('Auswinter') im Hintergrund von Rabatten. Der hohe, bogig überhängende Strauch hat apricotorange Blüten mit fruchtigem Duft. Eine andere hohe, starkwüchsige Rose für den Beethintergrund ist **Gertrude Jekyll®** ('Ausbord') ♥ mit anmutigen Blütenknospen und großen, flachen, duftenden,

---

12 | *Rosa* Crown Princess Margareta®

13 | *Rosa* Grace®

14 | *Rosa* Winchester Cathedral®

15 | *Rosa* Graham Thomas®

16 | *Rosa* Abraham Darby®

sattrosa Blüten (siehe Gute Pflanzpartner unten). Golden Celebration® ('Ausgold') ♀ gehört zu den spektakulärsten Englischen Rosen. Sie bildet riesige, schalenförmige, robuste Blüten in kräftigem Goldgelb, die köstlich duften. Die exquisite Grace® ('Auskeppy') hat hübsche, dicht gefüllte Blüten in reinem Apricot, das zum Rand hin leicht verblasst, frisches, apfelgrünes Laub und einen betörenden Duft. Mit ihrer schönen Wuchsform ist sie eine gute Alternative zu 'Buff Beauty'.

Eine der am häufigsten gepflanzten Englischen Rosen ist Graham Thomas® ('Ausmas') ♀ mit aufrechtem Wuchs und goldgelben Blüten. Als bessere gelbe Rose für unser Klima erweist sich allerdings Molineux® ('Ausmol') ♀. Eine andere beliebte, verlässliche Strauchrose ist Mary Rose® ('Ausmary') ♀ mit rosaroten, locker gefüllten, zart duftenden Blüten. Für kleine Gärten empfiehlt sich Noble Antony® ('Ausway') mit duftenden magentakarmesinroten Blüten (siehe Gute Pflanzpartner unten).

16

The Mayflower® ('Austilly') ist ein kleiner, kompakter, gesunder Strauch, dessen tiefrosarote Blüten stark duften und den ganzen Sommer hindurch erscheinen. Winchester Cathedral® ('Auscat') ist ein zauberhafter, verlässlicher Strauch mit leicht duftenden Blüten in Porzellanweiß.

Gute Pflanzpartner

Pflanzen Sie *Rosa* Gertrude Jekyll® ('Ausbord') ♀ (A) mit *Clematis* 'Evisix' ♀ (B); die samtigen, purpurblauen *Clematis*-Blüten ergänzen und verlängern die Blütezeit der rosaroten Rose.

Die magenta-karmesinrote *Rosa* Noble Antony® ('Ausway') ♀ (D) bildet eine faszinierende Kombination mit Blauer Katzenminze *(Nepeta × faassenii)* ♀ (C).

A B
C D

Hecken und Sichtschutzgehölze

Hecken und Sichtschutzgehölze dienen zur Abgrenzung, Einfassung und Sicherung des Grundstücks, der räumlichen Aufteilung, dem Schutz der Privatsphäre und zur Abschottung unschöner Bereiche. Leider wird ihr dekorativer Beitrag im Garten häufig ihrem Zweck untergeordnet. Vor der Planung einer Hecke oder eines grünen Hintergrunds sollten wichtige Punkte bedacht werden, denn Fehler können sich hier in den Folgejahren sehr nachteilig auswirken.

Hecken erfüllen einen praktischen Zweck und können zugleich sehr dekorativ wirken. Darüber sollte man jedoch nicht vergessen, dass sie Gartenfläche wegnehmen, denn ein Strauch, der eine gewisse Höhe erreicht, wächst auch in die Breite bzw. Tiefe. Messen Sie daher die Breite der Hecke aus, die Ihnen für Ihren Garten vorschwebt, bevor Sie sich entscheiden. Sie werden feststellen, wie leicht man sich verschätzt. Eine hohe, immergrüne Hecke aus Kirschlorbeer *(Prunus laurocerasus)* kann gut 2 m in den Garten hineinreichen. Außerdem entziehen Hecken dem Boden Wasser und Nährstoffe, sodass Beete in unmittelbarer Nähe stärker versorgt werden müssen. Davon abgesehen sollte eine Hecke frei zugänglich sein. Hecken werden mindestens einmal im Jahr geschnitten, und eine hohe, breite Hecke ist eine Herausforderung für Mensch und Gerät. Daher sollten Sie sich vor der Planung darüber klar werden, wie viel Zeit und Arbeit Sie investieren möchten.

Möchte man seine Privatsphäre in einem kleinen Garten wahren, fehlt für eine Hecke oft der Platz. Stattdessen bieten sich platzsparende Zäune und Rankgitter aus Holz oder Metall an, an denen Kletterpflanzen oder Sträucher emporwachsen und oft schneller einen Schutz als eine Hecke bieten.

Wo Platz genug ist, können immergrüne Großsträucher als Sichtschutz und Abschirmung dienen

2

(siehe Seite 127). Alternativ können Sie auch mit einem attraktiven Vordergrund den Blick von dem zu verdeckenden Objekt ablenken. Lockere sommergrüne Bäume wie Birken *(Betula)* und Ebereschen *(Sorbus)* wirken oft schöner als Sichtschutz als eine massive, immergrüne Hecke.

Heckenpflege

Beim Pflanzen einer Hecke ist wie beim Pflanzen von anderen Sträuchern eine sorgfältige Vorbereitung nötig.

Beginnen Sie mit dem Schnitt einer Hecke bereits im jungen Stadium und lange vor Erreichen der gewünschten Endhöhe. Die beste Zeit ist kurz nach dem Austrieb im Frühjahr und erneut im Spätsommer, damit sich der Neuaustrieb noch vor dem Winter entwickeln kann. Einige Hecken, z.B. aus Glänzender Heckenkirsche *(Lonicera nitida)*, müssen häufiger geschnitten werden. Andere wiederum, z.B. Rot-Buche *(Fagus sylvatica)*, werden nur einmal im Spätsommer geschnitten.

---

1 | Thunbergs Berberitze *(Berberis thunbergii)* 'Atropurpurea Nana' im The Garden House, Devon

2 | Garten-Hortensie *(Hydrangea macrophylla)*

Tipps für die Auswahl von Heckenpflanzen

▸ Jeder Strauch mit dichter Verzweigung und kurzen Internodien (Abstand zwischen den Blättern an einem Zweig) sollte für eine Hecke geeignet sein.

▸ Wählen Sie immergrüne Sträucher, alternativ sommergrüne Sträucher, wenn sich diese so reichlich verzweigen, dass sie auch nach dem Blattfall die gewünschte Form aufweisen.

▸ Ein Strauch, der nach dem Schnitt viele, gleichmäßig verteilte Seitentriebe entwickelt, ist eine gute Wahl.

▸ Wählen Sie einen Strauch, der auch über dem Boden dicht belaubt ist und mit dem Alter nicht verkahlt.

▸ Geizen Sie nicht mit Geld. Eine Hecke ist eine langfristige Investition. Kompromisse aufgrund von Kosten zahlen sich nicht aus.

▸ Pflanzen Sie nur beste Qualität. Gesunde, kräftige Pflanzen erzielen schnell die gewünschte Wirkung.

▸ Größer ist nicht immer besser. Große Pflanzen benötigen oft länger, um sich einzugewöhnen und zu wachsen.

3 4

5 6

7 8

Sommergrüne Hecken

Einige der beliebtesten Heckengehölze werfen ihre Blätter vor dem Winter ab. Rot-Buchen (*Fagus sylvatica*) ♀ und Blut-Buchen (*F. sylvatica* Atropurpurea-Gruppe) sind zwar laubabwerfend, behalten jedoch ihr trockenes, lederbraunes Laub über den Winter. Dieses fällt erst, wenn der limonengrüne Neuaustrieb im Frühjahr erscheint. Buchen ergeben schöne Schnitthecken von bis zu 5 m Höhe und sind auf kalkhaltigen Böden besonders empfehlenswert.

Die Gewöhnliche Hainbuche (*Carpinus betulus*) ♀ hat ähnliches Laub wie die Rot-Buche, besitzt jedoch weder die kupferfarbenen Triebe noch behält sie die getrockneten Blätter im Winter. Sie wächst schneller und gedeiht auf jedem Standort und Boden.

Sorten der Garten-Hortensie (*Hydrangea macrophylla*) bilden ebenfalls gute Hecken, oft sogar in Küstennähe.

Hecken für ländliche Standorte

In ländlichen Gärten sollte man für Hecken auf heimische Pflanzen zurückgreifen, die das ganze Jahr über attraktiv sind und der Tier- und Vogelwelt Nahrung und Lebensraum bieten.

Sehr beliebt ist der Gewöhnliche Eingriffelige Weißdorn (*Crataegus monogyna*). Er wächst gut an, entwickelt sich schnell und toleriert starke Schnitte. Die Gewöhnliche Schlehe (*Prunus spinosa*) hat kein sonderlich attraktives Laub, bildet jedoch undurchdringliche Barrieren und ist im Frühjahr mit ihren weißen Blüten sehr dekorativ.

Ein Gerüst aus Weißdorn und Schlehen kann durch folgende Pflanzen ergänzt werden: Feld-Ahorn (*Acer campestre*) ♀, Kornelkirsche (*Cornus mas*) ♀, Gewöhnliche Hasel (*Corylus avellana*), Gewöhnliches Pfaffenhütchen (*Euonymus europaeus*), Wald-Geißblatt (*Lonicera periclymenum*), Hunds-Rose (*Rosa canina*), Wein-Rose (*R. rubiginosa*) sowie immergrüne Gewöhnliche Stechpalme (*Ilex aquifolium*) ♀.

Hecken für Stadtgärten

Im zeitigen Frühjahr präsentieren sich Hecken aus der Garten-Forsythie (*Forsythia* × *intermedia*) im schönsten Kleid. Werden sie nach der Blüte und erneut im Spätsommer geschnitten, um das junge Holz zu kürzen, bleibt die Hecke in der gewünschten Form und blüht alljährlich im Frühjahr üppig. Ihr Laub ist gesund, und die schönen braunen Triebe sind im Winter eine Zierde (PAH 75 cm).

Die Rote Sand-Kirsche (*Prunus* × *cistena*) ♀ ergibt lockere, hübsche Hecken von bis zu 1,5 m Höhe. Mit ihrem weinroten Laub an dunklen Zweigen und den weißen Frühlingsblüten mit dunkler Mitte wirkt sie besonders vor niedrigen Lattenzäunen (PAH 60 cm).

Viele Rosen eignen sich für frei wachsende Hecken in Stadtgärten, z.B. die Apotheker-Rose (*Rosa gallica* 'Officinalis'). Die beste von allen ist jedoch die Kartoffel-Rose (*R. rugosa*). Sie bleibt gesund, hat frischgrünes Laub, duftende, wetterunempfindliche Blüten und kräftige, aufrechte, stachelige Zweige, die zugleich eine attraktive sowie wirksame Barriere bilden. Ihre Blütezeit ist verhältnismäßig lang, und die auffälligen Hagebutten bleiben bis in den Herbst reizvoll. Zudem toleriert sie auch arme, sandige Böden (PAH 75 cm).

Immergrüne Hecken

Die Japanische Aukube (*Aucuba japonica*) ist eine vielseitige Pflanze. Mit ihrem glänzenden Laub und dem dichten Wuchs stellt sie in einer bis zu 2 m

---

3 | Sorten der Rot-Buche (*Fagus sylvatica*)

4 | Apotheker-Rose (*Rosa gallica*) 'Officinalis'

5 | Japanische Aukube (*Aucuba japonica*)

6 | Japanischer Spindelstrauch (*Euonymus japonicus*) 'Aureus'

7 | Europäischer Buchsbaum (*Buxus sempervirens*)

8 | „Wolkenhecke"

> ## Pflanzabstände bei Hecken (PAH)
>
> Bei sommergrünen, städtischen Hecken sowie immergrünen Hecken werden normalerweise Containerpflanzen verwendet, die jederzeit gesetzt werden können. Die Pflanzabstände (PAH) finden sich bei den Pflanzenbeschreibungen. Sie berechnen sich jeweils von der Mitte der Pflanzen aus. Rot-Buchen (*Fagus*), Hainbuchen (*Carpinus*) und Gehölze für ländliche Hecken werden üblicherweise als wurzelnackte Pflanzen während der Vegetationsruhe in zwei parallelen Reihen gesetzt. Der Reihenabstand sollte 30–40 cm betragen, der Abstand innerhalb der Reihe 90 cm.

Empfehlenswerte Pflanzen für Hecken über 1 m Höhe Johanniskraut (*Hypericum*) 'Hidcote' · Kirschpflaume (*Prunus cerasifera*) 'Nigra' · Portugiesische Lorbeerkirsche (*Prunus lusitanica*) · Feuerdorn (*Pyracantha*) 'Teton' · Pontischer Rhododendron (*Rhododendron ponticum*) · Rose (*Rosa*) 'Felicia'

9

Die Heckenhöhe lässt sich mit Europäischem Buchsbaum *(Buxus sempervirens)* ♛ sehr unterschiedlich gestalten: angefangen mit 'Suffruticosa' ♛ für niedrige Hecken in Parterres und als Beeteinfassung (PAH 25 cm) bis hin zu hochwüchsigen Sorten, die spielend Hecken von 3 m und mehr bilden (PAH 60 cm). Dabei sind sowohl frei wachsende als auch Schnitthecken möglich. Wo es der Platz erlaubt, ist eine „Wolkenhecke" (Abbildung Seite 124), eine hohe, breite, unregelmäßig wellenförmig geschnittene Hecke, eine immer beliebtere Alternative.

Die Wintergrüne Ölweide *(Elaeagnus × ebbingei)* wird häufiger als Sichtschutzgehölz denn als Heckenstrauch genutzt. Dennoch ist sie eine ausgezeichnete Heckenpflanze sowohl für Küsten- als auch Stadtgärten. Ihr silbergrünes Laub ist rund ums Jahr attraktiv, und die bescheidenen, duftenden Blüten entzücken im Frühwinter (PAH 90 cm).

Der Wintergrüne Liguster *(Ligustrum ovalifolium)* ist äußerst anspruchslos, verträgt jedoch keine exponierten, kalten Lagen und erholt sich selbst nach starken Schnitten gut. Alte Ligusterhecken sind anfällig für einen Hallimaschbefall *(Armillaria)*, was letztendlich zu einer sinkenden Beliebtheit dieser Pflanze führte (PAH 60 cm).

Die Glänzende Heckenkirsche *(Lonicera nitida)* mit ihren geraden Zweigen und den winzigen, immergrünen Blättern ist eine traditionelle Heckenpflanze und eine schnellwüchsige Alternative zu Buchsbaum *(Buxus)*. Bei regelmäßigem Schnitt kann sie als sehr schmale, immergrüne Hecke gezogen werden - ein Vorteil in kleinen Gärten.

Der Gänseblümchenstrauch *(Olearia × haastii)* wächst als mittelgroßer Strauch mit kleinem, ledrigem, ovalem, an der Unterseite weißfilzigem Laub und weißen gänseblümchenähnlichen Blüten. Er bildet an der Küste sowie in der Stadt gute, bis zu 2 m hohe Hecken (PAH 75 cm).

hohen Hecke eine Alternative zum Kirschlorbeer *(Prunus laurocerasus,* siehe Seite 127) dar. Ihre panaschierten Sorten machen sie besonders für dunkle, schattige Ecken wertvoll. Außerdem gedeiht sie auch in Gebieten mit Luftverschmutzung (PAH 90 cm). Auf sonnigen Plätzen und in Küstennähe bleibt der Japanische Spindelstrauch *(Euonymus japonicus)* 'Aureus' die beste Wahl für eine gelb panaschierte Hecke. Obwohl er zur Farbumkehr neigt, ist der stellenweise Austrieb von reingrünem Laub nicht unattraktiv (PAH 75 cm).

Niedrige dekorative immergrüne Hecken

Hecken dienen innerhalb des Gartens oft als Gestaltungsmittel zur Betonung von Wegen, zur Abgrenzung einzelner Bereiche oder einfach als dekorative Trennlinie. Buchsbaum *(Buxus)* ist dafür traditionell die erste Wahl (siehe oben). Dennoch gibt es mit niedrigwüchsigen Immergrünen wie der Japanischen Stechpalme *(Ilex crenata)* 'Convexa' ♛ und Davids Schneeball *(Viburnum davidii)* ♛ hervorragende Alternativen.

In sonnigen, trockenen Situationen sind Duftpflanzen die erste Wahl: Lavendel *(Lavandula)*, aufrecht wachsende Rosmarinsorten *(Rosmarinus)* und Salbei *(Salvia)* bilden schöne, niedrige Hecken. Die beste Pflanze für sonnige Bereiche ist das Graue Heiligenkraut *(Santolina chamaecyparissus)* ♛. Lässt man keine Blüte zu und schneidet regelmäßig, bleibt das dichte silbrige Laub rund ums Jahr schön (PAH 50 cm).

Empfehlenswerte Pflanzen für Hecken unter 1 m Höhe Thunbergs Berberitze *(Berberis thunbergii)* 'Atropurpurea Nana' • Echter Lavendel *(Lavandula angustifolia)* 'Hidcote' • Glänzende Heckenkirsche *(Lonicera nitida)*

Frasers Glanzmispel *(Photinia × fraseri)* wirkt immer dort unschlagbar, wo eine Hecke eher gestalterisches Element als Hintergrund sein soll. Vor allem im Frühjahr, wenn die jungen, leuchtend scharlachroten Triebe flammengleich die Hecke überziehen, ist sie unübersehbar. Zudem eignet sie sich hervorragend als Sichtschutz (PAH 90 cm, siehe auch Seite 26).

Kirschlorbeer *(Prunus laurocerasus)* ♀ gehört zu den beliebtesten Heckenpflanzen und ergibt einen schönen Hintergrund für andere Sträucher. Er bildet mit den großen, glänzenden, dunklen Blättern und dem dichten Wuchs prachtvolle Hecken, vor allem da, wo ein hoher, massiver Sichtschutz gefragt ist. Der große Nachteil sind die unter dem Schnitt leidenden Blätter. Aus diesem Grund sollte man die Hecke schon früh im Jahr schneiden, damit der Neuaustrieb die verletzten Blätter schnell verdeckt. 'Anbri' besitzt kupferfarbene junge Triebe (PAH 90 cm).

Immergrüne Sichtschutzgehölze

Die meisten gerüstbildenden Sträucher, die im ersten Teil dieses Buches erwähnt wurden (Seiten 22–31), eignen sich ausgezeichnet als Sichtschutz. Eine Wand aus verschiedenen großen Immergrünen ist pflegeleicht, wenn auch platzaufwendig, und hält neben Lärm und Wind auch Schmutz und Staub ab.

Alle Sichtschutzgehölze sollten gemischt verwendet werden, z.B. mit Bambus und Koniferen. Die richtige Mischung aus unterschiedlichen Gehölzen ist oft die schönste Lösung für eine Grenzbepflanzung und die natürlichste Fortsetzung der Gestaltung im Garten selbst.

Einige der großwüchsigen Berberitzen *(Berberis)* sind hier besonders zu erwähnen. Sie sind ausgesprochen robust und tolerieren auch die ungüns-

10

tigsten Bedingungen: Darwins Berberitze *(B. darwinii)* ♀ bildet mit zartem, dunkelgrünem Laub und faszinierenden, orangen Blüten im Frühjahr schöne Hecken. Unbeschnitten ist sie eine gute Sichtschutzpflanze. Julianes Berberitze *(B. julianae)* ♀ gehört zu den besten. Dicht, mit bedornten Zweigen und grünem, in der Jugend kupferfarben getöntem Laub wächst sie als großer, rundlicher Busch von bis zu 3 m Höhe. Dichte Büschel duftender, gelber Blüten erscheinen im Frühjahr in den Blattachseln. Die elegante Schmalblättrige Berberitze *(B. × stenophylla)* ♀ mit ihren graziös bogig überhängenden Zweigen und dunklen Blättern hüllt sich im späten Frühjahr in Wolken aus orangen Blüten.

Hohe, relativ schnellwüchsige Sichtschutzgehölze
Wintergrüne Ölweide *(Elaeagnus × ebbingei,* siehe Seite 126) Frasers Glanzmispel *(Photinia × fraseri,* siehe oben) Kirschlorbeer *(Prunus laurocerasus* ♀*,* siehe oben)

9| Frasers Glanzmispel *(Photinia × fraseri)*

10| Julianes Berberitze *(Berberis julianae)*

'Baggesen's Gold' • Burkwoods Duftblüte *(Osmanthus × burwoodii)* • Stachelblättrige Duftblüte *(Osmanthus heterophyllus)* • Apotheker-Rose *(Rosa gallica)* 'Officinalis'

Jahreszeiten

So etwas wie eine tote Jahreszeit gibt es im Garten nicht. Jede hat ihren eigenen Charakter. Die frischen, kalten Farben des zeitigen Frühjahrs gehen in das bunte Kaleidoskop des späten Frühlings und dieses wiederum in die sanftere Reichhaltigkeit des Sommers über. Die warmen Töne des sich verfärbenden Laubes bringt uns dann der Herbst, überstrahlt vom Saphirblau und Bernsteingelb der späten Blüten. Die frostige, zerbrechliche Schönheit des Winters rundet das zur Neige gehende Jahr ab und kündet gleichzeitig vom Beginn des neuen. Und was die Attraktivität und die Farbigkeit winterharter Sträucher betrifft, kennt der jahreszeitliche Wandel weder Anfang noch Ende.

Hybrid-Zaubernuss (*Hamamelis* × *intermedia*) 'Pallida'

Zeitiges Frühjahr

Wenn die Tage wieder länger werden und die Temperaturen steigen, erwachen einige unserer schönsten Pflanzen zu neuem Leben, und die laubabwerfenden Sträucher entfalten ihre Blüten noch vor dem Laubaustrieb. Das zeitige Frühjahr ist zuweilen unberechenbar, da sich die Blütezeit, bedingt durch ungewöhnlich warme oder kalte Perioden, deutlich verkürzen oder verlängern kann. Dennoch sind es vermutlich diese Kapriolen, verbunden mit der Vorfreude auf die kommende Gartensaison, die den Reiz dieser Jahreszeit ausmachen.

Welcher Jahreszeit auch unsere Vorliebe gehört, niemand bleibt von den Farben und Veränderungen des Frühlings unberührt. Es ist faszinierend, wie schnell sich das Erscheinungsbild von Natur und Garten verändert, wenn sich durch eine Laune des Wetters Knospen praktisch über Nacht öffnen und Triebe wie Blüten erscheinen, während ein Kälteeinbruch alles wieder zum Stillstand bringen kann. Beginnt diese Jahreszeit erst spät, explodieren Farben und Formen der frühen und späten Frühlingsblüher gemeinsam auf der großen Bühne der Natur.

Im zeitigen Frühjahr zeigen einige im Winter blühende Sträucher noch immer ihre Blüten. Der Duftende Seidelbast *(Daphne odora)* z.B. verbreitet auch jetzt noch seinen köstlichen Blütenduft, und der Immergrüne Schneeball *(Viburnum tinus)* präsentiert weiterhin seine zartrosa, holunderblütenähnlichen Blütenbüschel über grünem Laub. Zu dieser Zeit erscheinen die weißen Kerzen des Kirschlorbeers

1

A B
C D

Gute Pflanzpartner

Die Kupfer-Felsenbirne *(Amelanchier lamarckii)* ♀ (A) sollte mit dem Lungenkraut *(Pulmonaria)* 'Roy Davidson' (B) unterpflanzt werden.

Die Kombination aus den orangen und blauen Blüten von Darwins Berberitze *(Berberis darwinii)* ♀ (C) und Armenischer Traubenhyazinthe *(Muscari armeniacum)* ♀ (D) fasziniert.

(Prunus laurocerasus), und die lachsroten Knospen der duftenden, frühjahrsblühenden immergrünen Schneebälle *(Viburnum)* warten nur darauf, sich beim ersten Strahl der warmen Spätfrühjahrssonne zu entfalten. Auch Rosmarin *(Rosmarinus)* entzückt mit himmelblauen Blüten zwischen spitzem, zartgraugrünem Laub.

Blüten und junges Laub der Lavendelheide *(Pieris,* siehe Seiten 111/112), eine der spektakulärsten Frühlingsblüher, gesellen sich zu den frühen Rhododendren *(Rhododendron,* siehe Seiten 101-108). Magnolien *(Magnolia,* siehe Pflanzenporträt Seiten 138/139) beginnen mit ihrem üppigen, aber empfindlichen Blütenreigen, der Wochen andauern oder durch Spätfröste über Nacht zunichtewerden kann. Frühjahrsblüher sind häufig Waldpflanzen, die ihre Pracht entfalten müssen, solange das Blätterdach der Bäume noch Licht und Wasser durchlässt. Die

1 | Junges Laub und zarte Blüten künden vom Frühling.

2 | Kupfer-Felsenbirne *(Amelanchier lamarckii)*

3 | Lolog-Berberitze *(Berberis × lologensis)* 'Apricot Queen'

4 | Schmalblättrige Berberitze *(Berberis × stenophylla)*

5 | Zierquitte *(Chaenomeles × superba)* 'Pink Lady'

6 | Chinesische Scheinquitte *(Chaenomeles speciosa)* 'Moerloosei'

7 | Armblütige Scheinhasel *(Corylopsis pauciflora)*

Mehrzahl sind Zwiebel- und Knollenpflanzen, und sobald ein Blütenauftritt vergangen ist, folgt ihm der nächste. Die vorherrschenden Frühlingsfarben sind frische Pastelltöne mit einigen Tupfern in lebhaftem Gelb wie bei den Forsythien (Forsythia) zusammen mit dem Rosa der frühen Zier-Kirschen (Prunus) und Zier-Johannisbeeren (Rubus).

Felsenbirnen (Amelanchier) sind wunderbare, sommergrüne Sträucher oder kleine Bäume mit im zeitigen Frühjahr zarten, flaumigen, weißen Blütenständen. Es gibt etliche schöne Arten, von denen die meisten saure Böden und feuchte Standorte bevorzugen. Sie sind anpassungsfähig, wachsen gelegentlich auch recht gut auf Kalk, sind jedoch für flachgründige kalkhaltige Böden nicht zu empfehlen.

Die Kanadische Felsenbirne (A. canadensis), ein aufrechter, ausläuferbildender Strauch mit duftig zarten Blütenbüscheln gedeiht als sehr winterharte, pflegeleichte Pflanze ideal auf nassem Grund. Die gleichermaßen unproblematische Kupfer-Felsenbirne (A. lamarckii) ♀ wächst breit und ausladend als Strauch oder kleiner Baum mit lockeren Blütenbüscheln, die zur selben Zeit wie das zarte, kupferfarbene Laub erscheinen. Auf sauren Böden nimmt das Laub im Herbst eine brillante Färbung an (siehe Gute Pflanzpartner Seite 131). A. laevis, die Kahle Felsenbirne, ist ähnlich. A. × grandiflora 'Ballerina' ♀ ist eine gute Selektion mit kräftigerem Wuchs und etwas größeren Blüten.

Berberitzen (Berberis) sind wertvolle, unverwüstliche Pflanzen. Sie tolerieren karge Böden, widerstehen Wildverbiss, Schädlingen sowie Krankheiten und fordern keinen Schnitt. Mit spitzen Dornen bewehrt, empfehlen sie sich für Schutzhecken. Es gibt sommergrüne und immergrüne Berberitzen. Die immergrünen Berberitzen sind im zeitigen Frühjahr wie verwandelt, wenn ihre Blütenbüschel vor der dichten Laubkulisse aufleuchten. Berberitzen mit eher unattraktivem Wuchsbild sind Pflanzpartner für Säckelblumen (Ceanothus), wobei Letztere für schönes Laub und eine anhaltende Blüte sorgen. Sämtliche nachfolgend beschriebenen Berberitzen sind immergrün.

Darwins Berberitze (B. darwinii) ♀ gilt im Allgemeinen als Heckenpflanze, gehört jedoch zu den schöneren, immergrünen Blütensträuchern. Zudem ist sie mit ihrem glänzenden, dunkelgrünen und stachelzähnigen Laub eine ausgezeichnete Gerüstpflanze. Von Beginn bis Mitte des Frühjahrs öffnen sich die orangeroten Knospen zu dichten, hängenden Büscheln aus orangen Blüten. Als gute Pflanze für Sichtschutz- und Schutzhecken wirkt sie faszinierend in Kombination mit dem Frühlingsblau von Lungenkraut (Pulmonaria), Blausternen (Scilla) so-

Gute Zwiebel- und Knollenpflanzen unter Bäumen

Balkan-Windröschen (Anemone blanda) ♀
Kleiner Krokus (Crocus chrysanthus) 'Snow Bunting' ♀
Dalmatiner Krokus (Crocus tommasinianus) 'Whitewell Purple'
Armenische Traubenhyazinthe (Muscari armeniacum) ♀
Nickender Milchstern (Ornithogalum nutans) ♀
Sibirischer Blaustern (Scilla siberica) ♀

wie Traubenhyazinthen (Muscari) und blüht dann weiter zusammen mit dem Atlantischen Hasenglöckchen (Hyacinthoides non-scripta, siehe Gute Pflanzpartner Seite 131).

B. 'Goldilocks' ist ein kräftiger, relativ großer, bedornter Strauch mit stachelspitzigen, dunkelgrünen Blättern und gelben, hängenden Blütenbüscheln. Besonders große Blüten und einen aufrechten Wuchs bietet die Linearblättrige Berberitze (B. linearifolia). Auch wenn sie etwas plump wirkt, besticht sie im zeitigen Frühjahr mit ihren schönen Blüten an geraden Zweigen mit schmalem, stachelspitzigem Laub. Die Sorte 'Jewel' trägt scharlachrote Knospen und leuchtend orangerote Blüten, 'Orange King' große, sattorange Blüten.

Die Lolog-Berberitze (B. × lologensis) ist eine natürliche Hybride mit variablen, stachelzähnigen Blättern. Ihre Sorte 'Apricot Queen' ♀ hat attraktive Blüten in Apricotorange.

Die Schmalblättrige Berberitze (B. × stenophylla) ♀, ein verkannter, etwa 2 m hoher Strauch, zeigt mit seinen dunkelgrün belaubten, bogigen Zweigen eine seltene Anmut. Im zeitigen Frühjahr überziehen orangegelbe Blüten die Pflanze. Von ihr existieren Sorten wie 'Corallina Compacta' ♀, die kaum über 30 cm hoch wird.

Zierquitten (Chaenomeles) gedeihen gut auf vielen Böden. C. speciosa, die Chinesische Scheinquitte, und C. × superba, die Zierquitte, sind bezaubernde, frühblühende Sträucher, die freistehend oder vor Mauern gezogen werden. Ihre rechtwinkligen Zweige und schönen Blüten am nackten Holz bringen etwas Exotik in den Garten. Alle besitzen eine offene, sich ausbreitende Form, sind also nichts für Ordnungsfanatiker.

C. speciosa 'Geisha Girl' ♀ trägt schöne, gefüllte, pfirsichfarbene Blüten. Eine weitere gute Sorte ist 'Moerloosei' ♀ mit weißen, üppigen Blütenbüscheln. 'Nivalis' ist ein exquisiter weißer Vertreter mit großen Blüten, wobei die weißen, leider nicht wetterbeständigen Sorten nicht uneingeschränkt zu empfehlen sind.

8

9

C. × superba 'Crimson and Gold' ♈ gehört zu den beliebtesten Sorten mit karminroten Blüten und goldenen Staubblättern. Für Freunde der Farbe Rosa ist *C. × superba* 'Pink Lady' mit dunkelrosa Knospen und rosa Blüten empfehlenswert. 'Rowallane' ♈ erscheint in strahlendem Dunkelrot.

Scheinhaseln *(Corylopsis)* sind zauberhafte Sträucher und mit der Zaubernuss *(Hamamelis)* verwandt (siehe Seite 195).

C. pauciflora ♈, die Armblütige Scheinhasel, ein kleiner, ausladender Strauch, erreicht, wenn auch selten, bis zu 2 m Höhe. Die kleinen, haselähnlichen Blätter, beim Austrieb rosa, erscheinen meist nach den blassgelben, himmelschlüsselartig duftenden Blüten, die in Büscheln stehen. Der meist klein bleibende Strauch sollte mit immergrünen Bodendeckern wie kleinblättrigem, dunkelgrünem Efeu *(Hedera)* unterpflanzt werden, um die Blüten zur Geltung zu bringen. Diese Art benötigt neutrale bis saure Böden.

Die beträchtlich größere Chinesische Scheinhasel *(C. sinensis)* 'Spring Purple' hat einen aufrechten Wuchs und üppige Büschel aus blasszitronengelben Blüten. Das junge Laub ist pflaumenpurpurn, erscheint sehr wirkungsvoll während der Blüte und verfärbt sich im Sommer grün. 'Spring Purple' zieht neutralen bis sauren Boden vor, gedeiht jedoch auch prächtig auf tiefgründigen kalkhaltigen Böden.

Winterblühende Heiden *(Erica)* liefern immergrüne Farbigkeit. Die meisten Schnee-Heiden *(E. carnea)*

Pflanzen und Schneiden von Zierquitten (Chaenomeles)

Der Standort von Zierquitten sollte sorgfältig gewählt werden. Pflanzen Sie dunkle Farben vor hellem Hintergrund, um die Blüten zur Geltung zu bringen. Hellrote Sorten sind vor Ziegelwänden fehl am Platz. Falls je ein Schnitt nötig werden sollte, erfolgt dieser gleich nach der Blüte, dies gilt besonders für Exemplare, die an Mauern gezogen werden.

und Englischen Heiden *(E. × darleyensis)* blühen im Spätwinter und zeitigen Frühjahr. Sie passen in Stein- und Kiesgärten und sind für frühe Topfbepflanzungen geeignet. Vom zeitigen Frühjahr an sind die Baum-Heiden präsent (siehe Seite 135). Sorten der Schnee-Heide, der Englischen Heide und der Purpur-Heide *(E. erigena)* sind allesamt kalktolerant, kümmern jedoch auf flachgründigen kalkhaltigen Böden.

Die Schnee-Heide *(E. carnea)* ist vor allem im Alpenbereich heimisch und sehr winterhart. Der populäre Zwergstrauch wartet mit zahlreichen Sorten auf. Die meisten bilden üppig blühende, rundliche Formen von 15 cm Höhe. Im Frühwinter bringen die Knospen hoffnungsvolle Farbe in triste Tage. Die Blüten öffnen sich im zeitigen Frühjahr, und die dichten Matten in Rosa, Weiß und Purpurrot sind am schönsten, wenn frühe Zwiebel- und Knollenpflanzen wie Krokus *(Crocus)*, Blaustern *(Scilla)* und kleine Iris *(Iris)* erscheinen.

Einige der besten Sorten sind die langsamwüchsige 'Ann Sparkes' ♈ mit goldgelbem, im Winter bronzefarben getöntem Laub und purpurnen Blüten, 'Foxhollow' ♈ mit gelbgrünen, im Winter rötlichen Blätter und blassrosa Blüten, 'Golden Starlet' ♈ mit limonengelbem Laub und weißen Blüten, 'Myretoun Ruby' ♈ mit dunkelgrünen Blättern und tiefrosa Blüten, die beliebte 'Pink Spangles' ♈ mit zahlreichen rosa Blüten, 'Rosalie' ♈ mit bronzegrünem Laub und rosa Blüten, die sich üppig ausbreitende 'Springwood White' ♈, die beste weiß blühende Heide, mit leuchtend grünem Laub (siehe Gute Pflanzpartner Seite 137) sowie 'Vivelli' ♈ mit bronzerotem Winterlaub und lebhaft karminroten Blüten.

Die Englische Heide *(E. × darleyensis)*, eine Hybride aus Schnee-Heide und Purpur-Heide, wird höher als die Schnee-Heide. Ihre Sorten erreichen etwa 25–30 cm Höhe und sind insgesamt größere, locker wüchsige Pflanzen, die in etwas größerer Höhe Farbe in gemischte Pflanzungen aus Heiden, Koniferen und Kleinen Immergrünen bringen.

Einige der besten Sorten der Englischen Heide sind

'Arthur Johnson' ♀ mit hohen Zweigen und magentafarbenen Blütenständen, die gute Schnittblumen ergeben, 'J. W. Porter' ♀ mit rosa Blüten, dunkelgrünem Laub und im Frühjahr rötlichen jungen Trieben, 'Kramers Rote' ♀ mit bronzegrünen Blättern und magentafarbenen Blüten, 'Silberschmelze' mit dunkelgrünen, im Winter rötlich getönten Blättern und lange anhaltender, süßlich duftender, weißer Blüte sowie 'White Perfection' ♀ mit hellgrünem Laub und weißen Blüten.

Die Purpur-Heide *(E. erigena)* ist eine weitere kalktolerante, winterblühende Heide, die dichte, kleine bis mittelgroße Sträucher bildet. 'Golden Lady' ♀ hat goldgelbes Laub und weiße Blüten und ist eine gute, kompakte Alternative zu gelben Zwergkoniferen von bis zu 30 cm Höhe. 'Irish Dusk' ♀ gehört zu den bekanntesten und schönsten winterblühenden Heiden, wird 50 cm hoch und trägt gesundes, dunkles Laub und ungewöhnlich lachsrosa Blüten. 'W. T. Rackliff' ♀ wächst extrem kompakt und bildet vorzügliche niedrige Hecken bis zu 75 cm Höhe. Das Laub ist dunkelgrün, die Blüten sind weiß mit braunen Staubbeuteln.

Baum-Heiden *(Erica arborea)* sind attraktive, immergrüne Sträucher mit duftenden, pollenbeladenen Blüten im Frühjahr. Alle hier beschriebenen werden für neutrale bis saure Böden empfohlen, sind jedoch keine strikten Kalkmeider und oft nur bedingt winterhart. Baum-Heiden fügen sich in Gestaltungen mit Fels und Stein und ertragen auch trockenere Bedingungen. Ein kräftiger Rückschnitt nach der Blüte bis auf das alte Holz fördert den Austrieb langer, gerader Blütentriebe.

Die Baum-Heide *(E. arborea)* ist ein gefälliger, immergrüner Strauch, der Laubkontraste in gemischte Pflanzungen einbringt. Sie wird bis zu 5 m hoch, in Gärten meist 2,5 m. Die mediterrane Gebirgspflanze hat extrem harte, knollenartige Wurzeln. Diese sind feuerfest und werden zur Herstellung von Tabakspfeifen (Bruyèreholz) genutzt. 'Alpina' ♀ ist winterhärter und aufrechter mit hellgrünem Laub und weißen Blüten mit braunen Staubbeuteln (siehe auch Seite 36).

Eine weitere mittelgroße Baumheide für milde Lagen ist die Spanische Heide *(E. australis)* ♀, die später blüht und purpurrosa Blüten hat.

Die Portugiesische Heide *(E. lusitanica)* ♀ wiederum blüht früher als *E. arborea*, und zwar über einen langen Zeitraum vom Winter bis zum Frühjahr. Die feinen, fedrigen, grünen Zweige sind über und über mit weißen Glockenblüten bedeckt.

Veitchs Heide *(E. × veitchii)* ist eine Hybride aus *E. arborea* und *E. lusitanica*. Vorzüglich ist ihre Sorte 'Exeter' ♀, die bis zu 2 m hoch wird und hellgrünes Laub hat. Im zeitigen Frühjahr erscheinen weiße, duftende Blüten in Massen. Wenn auch nicht für kalte, exponierte Standorte geeignet, ist sie doch pflegeleicht. 'Gold Tips' ♀ zeigt hellgelbes junges Laub, das sich grün verfärbt.

Ob man sie nun mag oder nicht, die Wirkung von Forsythien *(Forsythia)* im Frühjahr ist unbestritten.

Pflanzung und Pflege von winterblühender Heide *(Erica)*

Diese Heiden werden in unterschiedlichen Größen angeboten. Für effektvolle Szenen setzen Sie möglichst kleine Pflanzen einer Sorte gruppenweise zu dritt oder fünft. Halten Sie sich dabei an die Ratschläge auf den Seiten 11/12.

Heiden sollten nach der Blüte geschnitten werden, um welke Blüten zu entfernen und einen buschigen Wuchs zu fördern. Benutzen Sie dazu eine Gartenschere. Versorgen Sie sie nach dem Schnitt mit kalkfreiem Gartenkompost und kalkfreiem Langzeitdünger.

---

8 | Schnee-Heide *(Erica carnea)* 'Myretoun Ruby'

9 | Englische Heide *(Erica × darleyensis)* 'Arthur Johnson'

10 | Schnee-Heide *(Erica carnea)* 'Foxhollow'

11 | Englische Heide *(Erica × darleyensis)* 'White Perfection'

Als Mitglied der Familie der Ölbaumgewächse kam die Forsythie Mitte des 19. Jahrhunderts in unsere Gärten. Seit damals wurde sie in Mengen als freistehender Strauch, vor Mauern und als Hecke gepflanzt. Sie ist pflegeleicht, gedeiht auf schwierigen Standorten und auf kargen Böden.

Forsythien wirken als Sichtschutz oder Gerüstpflanzen im Hintergrund von Rabatten, wo ihr mittelgrünes Laub eine schöne sommerliche Kulisse bildet. Um die attraktive Blütezeit zu verlängern, kann man eine Italienische Waldrebe (Clematis viticella) oder duftende ausdauernde Platterbsen (Lathyrus) durch den Strauch ranken lassen. Forsythien sollten nach der Blüte geschnitten werden, wobei man das abgeblühte Holz um die Hälfte zurückschneidet, um einen kräftigen Neuaustrieb zu fördern. Die meisten der üblichen Sorten lassen sich einfach durch Stecklinge vermehren.

Die Hänge-Forsythie (F. suspensa) ist ein sich ausbreitender, sommergrüner Strauch, der prächtig über einer Mauer gedeiht, wo er eine Höhe von über 3 m erreicht. Die gelben Blüten sind locker angeordnet, zierlich und anmutig. Die Garten-Forsythie (F. × intermedia) ist eine Hybride aus F. suspensa und der spätblühenden, aufrechten Grünen Forsythie (F. viridissima). Die Garten-Forsythie ist ein starkwüchsiger, mittelgroßer bis großer, aufrechter, sommergrüner Strauch, von dem zahlreiche Sorten existieren: 'Lynwood Variety' ♀ ist die beste und verbreitetste Sorte mit breiten Blütenblättern und üppiger Blüte. 'Spectabilis' ist eine der ältesten Auslesen mit außerordentlich reicher Blüte (siehe Gute Pflanzpartner Seite 137). 'Courtalyn' ♀, eine Mutation von 'Lynwood Variety', hat deren ausgezeichnete Eigenschaften geerbt, ist jedoch kleiner sowie kompakter und damit für kleinere Gärten geeignet.

Andere sommergrüne Sträucher, die im Frühjahr mit ihren Farben unsere Gärten beherrschen, sind die seit dem 19. Jahrhundert bei uns bekannten Kerrien (Kerria). Diese wachsen aufrecht mit dicht stehenden, rutenförmigen, auch im Winter attraktiven Zweigen, die sich im älteren Stadium bogig überneigen. Kerrien sind hervorragende Blütensträucher für den Schatten, gedeihen praktisch überall und hellen dunkle, immergrüne Kulissen auf. Nach der Blüte schneidet man einzelne ältere Triebe heraus, um ein offenes, anmutiges Wuchsbild zu erhalten. Das eher seltene Japanische Goldröschen (K. japonica) trägt im Frühjahr einfache, blassorange Schalenblüten entlang der Zweige. 'Golden Guinea' ♀ ist die häufigste Sorte mit großen, einfachen Blüten. Die beliebteste allerdings ist 'Pleniflora' ♀, deren gefüllte, goldgelbe Blüten die Pflanze vom zeitigen Frühjahr an wie lockere Pompons überziehen. Sie wächst aufrechter als die einfach blühende Sorte.

---

12 | Baum-Heide (Erica arborea) 'Alpina'

13 | Garten-Forsythie (Forsythia × intermedia)

14 | Japanisches Goldröschen (Kerria japonica) 'Golden Guinea'

15 | Garten-Forsythie (Forsythia × intermedia) 'Courtalyn'

16 | Japanisches Goldröschen (Kerria japonica) 'Pleniflora'

Delavays Duftblüte *(Osmanthus delavayi)* ♀ ist ein schöner, kleiner, immergrüner Strauch mit aufrechtem, gefälligem Habitus. Die steifen, bogigen Zweige sind hellbraun und tragen kleine, matte, fast schwarzgrüne Blätter. Diese Duftblüte wächst langsam, trägt jedoch von Jugend an bezaubernde, kleine, weiße Röhrenblüten mit köstlichem Duft. Der Strauch ist pflegeleicht, wächst praktisch überall und toleriert etwas Schatten. Neben einem Weg gepflanzt kann man seinen Duft am besten genießen (siehe Gute Pflanzpartner unten).

Gute Pflanzpartner

Die weiß blühende Schnee-Heide *(Erica carnea)* **'Springwood White'** ♀ (A) ist eine gute Ergänzung zur weißen Rinde der Weißen Himalaya-Birke *(Betula utilis var. jacquemontii)* 'Silver Shadow' ♀ (B). Lassen Sie eine *Clematis* **'Kermesina'** (D) durch die Garten-Forsythie *(Forsythia × intermedia)* 'Spectabi-lis' (C) ranken, um die Blütezeit zu verlängern. Delavays Duftblüte *(Osmanthus delavayi)* ♀ (E) wirkt entzückend zusammen mit dem reinweißen, zierlichen Lungenkraut *(Pulmonaria)* 'Sissinghurst White' (F) ♀ und einem kleinen, silberlaubigen Efeu wie *Hedera helix* 'Glacier'.

Magnolien (*Magnolia*)

In voller Blütenpracht sind Magnolien wohl im zeitigen Frühjahr die faszinierendsten winterharten Gehölze. Ihre unwirklich schönen Blüten erscheinen uns noch vor Austrieb der Blätter beinahe wie ein Wunder. Es gibt immergrüne Magnolien, doch die meisten Gartenformen sind sommergrün. Magnolien sind pflegeleicht, gedeihen auf schweren Lehmböden, und obwohl sie saure bis neutrale Böden vorziehen, erweisen sich die meisten als einigermaßen kalktolerant. Viele Magnolien sind zu groß für den durchschnittlichen Garten. Einige baumförmige Magnolien benötigen Jahre, bis sie das erste Mal blühen. Sie sollten Ihre Wahl also mit Bedacht treffen. Bedenken Sie bei der Planung Endhöhe und Wuchsform. Die meisten Magnolien sind herrliche Solitärsträucher, brauchen jedoch Platz. Zu dicht stehender, benachbarter Bewuchs schadet dem Bild. Die frühblühenden Magnolien sind frost- und windempfindlich und verlangen einen geschützten Platz. Ein Schnitt ist bei Magnolien nicht nötig. Schneidet man, um ihre Ausmaße einzudämmen, sollte ihre natürliche Gestalt nicht zerstört werden. Größere Magnolien wie die Tulpen-Magnolie (*M. × soulangeana*) bilden nach einem Schnitt unerwünschte, kräftige, aufrechte Triebe. Eine gezielte Entnahme ganzer Äste ist die bessere Lösung.

Die Purpur-Magnolie (*M. liliiflora*) 'Nigra' ♀ eignet sich gut für kleine Gärten. Sie wächst zu einem ausladenden, großen Strauch von ungefähr 2 m Höhe heran, kann jedoch auch 4 m hoch werden. Ihre Blüten stehen aufrecht wie wächserne, tiefpurpurne Kerzen an den Ästen und behalten auch beim Öffnen ihre schlanke Tulpenform, wobei sich ihr cremefarbenes Inneres zeigt. Die Blüten erscheinen ab dem zeitigen Frühjahr und spärlicher bis in den Sommer hinein.

M. × loebneri wird gewöhnlich als großer Strauch gezogen, blüht von früher Jugend an üppig und ist die beste Wahl auf kalkhaltigen Böden.

Zu den bekanntesten Magnolien gehört die Tulpen-Magnolie (*M. × soulangeana*), in voller Blüte ein unvergesslicher Anblick. Ihre unzähligen, spitz zulaufenden Knospen öffnen sich zu kelchförmigen, cremefarbenen, an der Basis rosa überhauchten Blüten, die vor dem Laubaustrieb erscheinen und bis zur Entfaltung der jungen, limonengrünen Blätter verbleiben. Die Tulpen-Magnolie ist unempfindlich gegen Luftverschmutzung. Es existieren zahlreiche Sorten, die alle schon von frühester Jugend an blühen.

Wenn Sie nicht viel Platz haben, ist die Stern-Magnolie (*M. stellata*) ♀ eine gute Wahl. Der langsamwüchsige, breite, kompakte Strauch aus Japan wird im Alter maximal 3 m hoch. Die grauen, behaarten winterlichen Knospen an nackten Zweigen ähneln großen Weidenkätzchen. Im Frühjahr erscheinen zahlreiche, weiße, süß duftende Blüten mit schmalen, abgerundeten Blütenblättern. Die in vielen Sorten erhältliche Stern-Magnolie ist witterungsunempfindlicher als die meisten anderen Magnolien.

Weitere empfehlenswerte Magnolien

M. × soulangeana 'Lennei' ♀ trägt große Blätter und Blüten, die purpurrosa an der Außen- und cremefarben und purpurrosa gefleckt an der Innenseite sind.

M. × soulangeana 'Alba' hat duftende, reinweiße Blüten ohne den Rosahauch anderer Tulpen-Magnolien.

M. × soulangeana 'Brozzonii' ♀ trägt große, weiße, an der Basis purpurn getönte Blüten, die später als bei anderen Tulpen-Magnolien erscheinen.

M. × soulangeana 'Rustica Rubra' ♀ ist vital mit schalenförmigen, kräftig rosaroten Blüten.

M. stellata 'Rosea' trägt rosa überhauchte weiße Blüten.

M. stellata 'Waterlily' ♀ (links) hat große, weiße Blüten.

A | Die sternförmigen weißen Blüten von *M. stellata* leuchten in der Frühlingssonne.

B | 'Heaven Scent' ♀ ist ein Großstrauch oder kleiner Baum mit intensiv duftenden, schmalen, schalenförmigen, rosa, an der Basis dunkelrosa überhauchten Blüten und einem dunkleren Streifen an der Außenseite.

C | 'Susan' ♀ wächst als aufrechter, mittelgroßer Strauch und ist ideal für kleinere Gärten. Die eleganten, kerzenförmigen, dunkelpurpurnen Knospen öffnen sich zu rötlich purpurnen Blüten. Sie ist entzückend in Kombination mit dem Einjährigen Silberblatt (*Lunaria annua*).

D | 'Leonard Messel' ♀, die bekannteste Sorte von *M. × loebneri*, hat blasslilarosa Blüten. Mit aufrechtem Wuchs und offener Form eignet sie sich für gemischte Pflanzungen und Kombinationen mit anderen Sträuchern in großen Rabatten. Die Sorte 'Merrill' hat weiße Blüten.

E | *M. stellata* 'Centennial' ist eine hervorragende Sorte, starkwüchsig und üppig blühend, mit zahlreichen, an der Spitze nach außen gebogenen Blütenblättern.

F | *M. × soulangeana* ist die populärste Magnolie von allen.

A B
C D
E F

17 18

Im zeitigen Frühjahr zeigen Zier-Kirschen *(Prunus)* ihre spektakuläre Blütenpracht, obwohl diese verhältnismäßig kurz anhält. Zier-Kirschen sind für größere Gärten geeignet, wo sie keine Schlüsselpositionen einnehmen müssen. Alle hier beschriebenen Zier-Kirschen sind sommergrün.

Die Kirschpflaumen *(P. cerasifera)* 'Nigra' ♀ und 'Pissardi' sind häufig als Bäume zu sehen, können beide jedoch als große Sträucher gezogen werden. Im zeitigen Frühjahr in Wolken aus winzigen, blassrosa oder weißen Blüten gehüllt, sind sie auch mit ihrem später folgenden, tiefpflaumenfarbenen Laub an dunklen Zweigen wertvolle Gartenelemente. Leider sind sie häufig von der Schrotschusskrankheit und Pilzkrankheiten verunstaltet.

Als Strauch ist die Rote Sand-Kirsche *(P. × cistena)* ♀ eher zu empfehlen. Sie wächst grazil und aufrecht und erreicht allmählich eine Höhe von 2 m. Dem purpurroten Laub an burgunderroten Zweigen folgt im Frühjahr eine weiße Blütenpracht.

Sie ist eine seltene, wenn auch ausgezeichnete, Heckenpflanze.

Die März-Kirsche *(P. incisa)* 'Kojo-no-mai', eine besonders attraktive Sorte, blüht länger als andere Zier-Kirschen. Der kleine, langsamwüchsige Strauch hat einen faszinierenden zickzackartigen Astaufbau mit bonsaiartiger Silhouette. Im zeitigen Frühjahr sind die Äste dicht von seidenzarten, blassrosa Blüten überzogen. Das Laub zeigt eine schöne Herbstfärbung. Alles in allem ist diese Sorte eine zauberhafte Pflanze für den Stein- oder Kiesgarten sowie in einem Kübel auf der Terrasse. Sie wächst fast überall in Sonne oder Halbschatten.

Die anderen strauchigen Zier-Kirschen sind längst nicht mehr so beliebt wie einst. Alle haben Probleme mit Krankheiten, leiden oft an bakteriellem Baumkrebs und in der Folge an absterbendem Holz. Warme, feuchte Winter sind dabei nicht zuträglich, und ihre geringe Popularität ist sicher darauf zurückzuführen. Abgesehen von den herrlichen zeiti-

Gute Pflanzpartner

Der Japanische Perlschweif *(Stachyurus praecox)* ♀ (A), Schwarzrohrbambus *(Phyllostachys nigra)* ♀ (B) und Weicher Schildfarn *(Polystichum setiferum)* ♀ (C)

bilden eine dekorative Kombination mit kontrastierenden Wuchs- und Blattformen.

19 20

gen Frühlingsblüten sind die Pflanzen den Rest des Jahres nicht sonderlich attraktiv und benötigen zusätzliche Pflege.

Die Drüsen-Kirsche *(P. glandulosa)*, ein kleiner Strauch, mit schlanken, aufrechten Ästen öffnet ihre Blüten vor dem Blattaustrieb. Sie benötigt einen warmen, sonnigen Platz und liefert schöne Zweige für die Vase, der Grund, weshalb sie in Japan schon seit langer Zeit kultiviert wird. 'Alba Plena' hat große, gefüllte, weiße Blüten. Die Blüten von 'Sinensis' sind ebenfalls gefüllt, jedoch leuchtend rosa. Beide können in Kübeln gezogen und im Kalthaus im Winter vorgetrieben werden.

Das Mandelbäumchen *(P. triloba)* 'Multiplex', die größere Version der Drüsen-Kirsche, schmückt sich mit gefüllten, bonbonrosa Blüten, die im zeitigen Frühjahr wie gerüschte Papierblumen entlang der Zweige erscheinen. Die dunklen Äste bieten einen idealen Hintergrund für die perfekt angeordneten Blüten. Ein herrlicher Anblick! Die abgeblühten Zweige sollten sorgfältig geschnitten werden, um starke, gerade Blütentriebe für das folgende Jahr zu fördern.

Ein weiterer guter und verlässlicher sommergrüner Frühjahrsblüher ist die Blut-Johannisbeere *(Ribes sanguineum)*. Dieser wertvolle Gartenstrauch ist mittelgroß (bis zu 2 m), sehr winterhart, pflegeleicht und standorttolerant. Nachdem er in der Mitte des letzten Jahrhunderts eine Art Boom erlebte, ist er heute nur selten zu sehen und verbreitet den nostalgischen Reiz der Gärten der 1960er-Jahre. Eine überlegte Platzwahl ist für diesen nach Johannisbeeren duftenden Strauch besonders wichtig. Leider ist er allzu häufig in der unvorteilhaften Kombination mit Forsythien zu finden.

Die Blut-Johannisbeere sollte nach der Blüte geschnitten werden. Dabei entnimmt man bodennah etwa ein Drittel der ältesten Triebe. Ein späterer Schnitt fördert sparrigen Wuchs.

'King Edward VII' wächst als kompakter Busch mit karmesinroten Blüten, 'Koja' ist eine neue rot blühende Sorte mit großen Blütenbüscheln und gesundem Laub. Etwas unauffälliger ist 'Poky's Pink' mit weiß geflammten rosa Blüten. Die robuste, aufrechte 'Pulborough Scarlet' ♀ öffnet kräftig rosarote Blüten, während 'Ubric' ♀ frühe, große, hängende Büschel aus weißen Blüten präsentiert.

Der Japanische Perlschweif *(Stachyurus praecox)* ist ein außerordentlich schöner Strauch mit rötlich braunen, aufrechten, an der Spitze bogig übergeneigten Zweigen. Für die meiste Zeit des Jahres ist der Perlschweif nur ein ganz schlichter grüner, laubabwerfender Strauch mit einem der Leycesterie *(Leycesteria)* ähnlichen Wuchsbild (siehe Seiten 94/95). Hat er seine Blätter abgeworfen, erscheinen dunkelrotbraune Knospen. Diese verbleiben über Winter, öffnen sich im zeitigen Frühjahr und entfalten sich dann allmählich zu ungewöhnlich zartgelben Blütenglocken, die in perlenkettenähnlichen, traubigen Blütenständen stehen. Der Perlschweif wächst auf allen fruchtbaren Böden in Sonne oder Halbschatten, kümmert jedoch auf flachgründigen, kalkhaltigen Standorten. Vor allem vor einem dunklen Hintergrund und in fernöstlichen Gartenszenarien mit Bambus und Farnen oder an Wasserrändern kommen die Blüten vorteilhaft zur Geltung.

---

17 | Drüsen-Kirsche *(Prunus glandulosa)* 'Alba Plena'

18 | März-Kirsche *(Prunus incisa)* 'Kojo-no-mai'

19 | Mandelbäumchen *(Prunus triloba)* 'Multiplex'

20 | Blut-Johannisbeere *(Ribes sanguineum)* 'Koja'

Spätes Frühjahr

Mit dem nahenden Sommer nimmt mit wellengleich wechselnden Farben die Blütenfülle in den Rabatten zu. Die nackte Erde verschwindet, frisches, grünes Laub entfaltet sich, die Farben werden kräftiger und kühner. Die Kirschen präsentieren ihre Pracht, Apfelbäume locken Bienen, und Iris *(Iris)*, Wolfsmilch *(Euphorbia)* und Primeln *(Primula)* beginnen zu blühen.

Die Orangenblume *(Choisya)* 'Aztek Pearl' ist ein verlässlicher, pflegeleichter, kompakter Strauch von 2 m Höhe. Ihre immergrünen, palmenartigen Blätter bestehen aus extrem schmalen Fiederblättchen mit besonders duftiger Wirkung. Die reinweißen, duftenden Blüten öffnen sich aus rundlichen, rosa überhauchten Knospen im späten Frühjahr und erneut im Herbst in einer Fülle, die das Laubkleid der Pflanze fast völlig überdeckt. Wie Orangenblumen im Allgemeinen wächst auch diese Sorte in den ersten beiden Jahren nur zögerlich. Ein Schutz vor kalten Winterwinden verhindert den Laubfall.

Die Mexikanische Orangenblume *(Choisya ternata)* ♥ ist ein rundlicher, mittelgroßer Strauch mit klarer Silhouette, an dem sich manchmal bereits im Winter weiße, duftende Blüten öffnen, die erst in den wärmeren Tagen des Spätfrühlings ihren Höhepunkt erreichen (siehe Seiten 26 / 27).

Der Elfenbein-Ginster *(Cytisus × praecox)* ist der populärste Ginster, ein kleiner Strauch mit bogig überhängenden, zarten, blattlosen Trieben, die einen schönen Kontrast zu anderen breitblättrigen Sträuchern liefern. Die intensiv duftende Blüte dieses Schmetterlingsblütlers setzt ab Frühlingsmitte ein. 'Albus' blüht weiß, 'Allgold' ♥ trägt haltbare, kräftig gelbe Blüten. 'Lilac Lady' ist eine neue Züchtung mit blassgrünen Trieben und kleinen, zierlichen, lila Blüten. 'Warminster' ♥ erweist sich als die beste Sorte, die nur 1,5 m hoch wird. Ihre cremefarbenen Blüten überziehen die ganze Pflanze kaskadenartig (siehe Gute Pflanzpartner Seite 148).

Es existieren zahlreiche *Cytisus*-Sorten, alle sommergrün, einige mit spektakulären, großen Blüten. 'Boskoop Ruby' ♥, klein und rundlich, ist mit den karminroten Blüten eine der besten roten Sorten. 'Burkwoodii' ♥ wächst höher und kräftiger mit kirschroten Blüten, die kräftig karmesinrote, gelb gerandete Flügel aufweisen. 'Hollandia' ♥ produziert blasscremefarben-kirschrote Blüten an bogigen Zweigen. 'Lena' ♥, ein kompakter, ausladender Strauch, hat auffällige, tiefrot-gelbe Blüten. 'Luna' schmückt sich mit großen Blüten in rötlich getönten Gelbschattierungen. 'Minstead' besitzt kleine, lila überhauchte, weiße Blüten an biegsamen Trieben, die in gemischten Pflanzungen für eine besondere Farbnote sorgen. 'Zeelandia' ♥ ist ein gut geformter Busch mit lilarosacremefarbenen Blüten, der vorteilhaft mit Säckelblumen *(Ceanothus)* wirkt.

Daneben gibt es zwei gute sommergrüne Zwergginster. Diese eignen sich für Pflanzungen entlang von Mauern und Pflasterbereichen in der Sonne. *C. × beanii* ♥ wird nur 30 cm hoch, ist kompakt und schmückt sich im späten Frühjahr mit zahlreichen goldgelben Blüten. Er ist damit eine gute Alternative zum Lydischen Ginster *(Genista lydia)*. Der Zwerg-Elfenbein-Ginster *(C. × kewensis)* ♥ ist von ähnlicher Größe, wächst in die Breite, nachdem er sich etabliert hat, und bildet damit einen Teppich aus hübschen, cremefarbenen Blüten im späten Frühjahr (siehe Gute Pflanzpartner Seite 147).

Gesunde Ginster *(Cytisus)*

Ginster zieht neutrale, also weder zu saure noch zu basische, Böden vor und kann zur Förderung eines buschigen Wuchses geschnitten werden. Dies geschieht von Jugend an nach der Blüte. Schwerere Eingriffe im älteren Stadium können das Ende bedeuten. Man schneidet nie ins alte Holz, denn davon erholt sich die Pflanze nicht. Bedrängt von anderen Sträuchern wird Ginster an der Basis meist sparrig und verkahlt, ein irreversibler Zustand. Nur das Pflanzen eines neuen Ginsters schafft Abhilfe. Ginster haben eine kurze Lebensdauer, besonders auf flachen, kalkhaltigen Böden. Versuchen Sie nie, einen etablierten Ginster zu verpflanzen.

1 | Orangenblume *(Choisya)* 'Aztek Pearl'

2 | *Cytisus* 'Boskoop Ruby'

3 | *Cytisus* 'Minstead'

Säckelblume *(Ceanothus)*

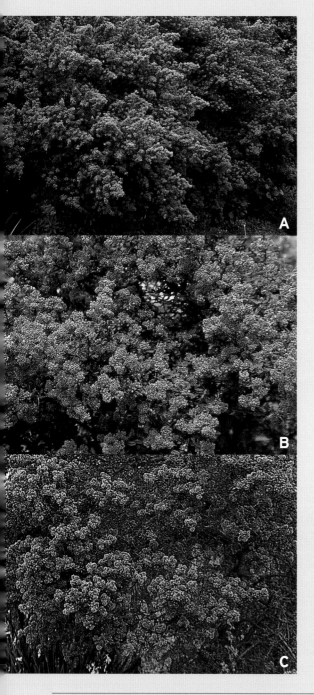

Säckelblumen sind außerordentlich markante, charakteristische Sträucher. Sobald sie aufblühen, hält die Farbe des Sommerhimmels im Garten Einzug, hebt unsere Laune und verspricht sonnige, warme Tage. Das späte Frühjahr markiert erst den Saisonauftakt. Einige Säckelblumen blühen im Sommer, andere im Herbst (siehe Seiten 78–80). Sie sind vielseitig verwendbar und bieten dem Gartenfreund alles, was er wünscht: reiche Blüte, attraktives Laub, Pflegeleichtigkeit sowie Schnellwüchsigkeit. Eine junge Säckelblume kann, abhängig von der Sorte, pro Jahr 1 m Höhe zulegen. Zudem sind viele immergrün.

Säckelblumen haben sich in Küstengärten bewährt, und die aufrecht wachsenden Sorten eignen sich ausgezeichnet für Pflanzungen an Mauern. Sie lieben Vollsonne und durchlässige Böden, die meisten tolerieren kalkhaltige Böden, wenn diese nicht zu flachgründig sind. Ein leichter Schnitt nach der Blüte wird vertragen, solange er nicht bis ins alte Holz geht, da sich dies, abhängig von der Sorte, nur selten regeneriert. Schneiden Sie altes Holz besser nur bis zur Ansatzstelle junger Triebe zurück.

Die meisten Säckelblumen sind kurzlebig. Ihr durchschnittliches Lebensalter beträgt zehn Jahre. Es gibt auch weiß blühende Sorten.

Weitere empfehlenswerte Säckelblumen

C. arboreus 'Trewithen Blue' ♛ ist groß und vital mit intensiv blauen, geneigten Blütenständen.

'Cascade' ♛ hat leuchtend blaue Blüten in dichten Büscheln an kaskadenartig wachsenden grünen Zweigen.

'Dark Star' ♛ ist ein bogig überhängender Strauch mit zierlichem, dunkelgrünem Laub und kleinen, tiefpurpurblauen Blütenständen.

'Yankee Point' zeigt einen ausbreitenden Wuchs und dunkelpurpurblaue Blüten.

'Italian Skies' ♛ wächst starkwüchsig und ausbreitend mit kräftig blauen Blüten.

A | **'Blue Mound'** ♛ ist eine exquisite, winterharte Säckelblume. Sie bildet aus steifen, bogigen Zweigen rundliche Sträucher, an denen im späten Frühjahr sowie häufig erneut im Herbst kleine, duftige, leuchtend blaue Blütenstände stehen. Die gerüstbildende Pflanze benötigt Platz, denn sie erreicht 2 m Höhe und Breite.

B | **'Concha'** ♛ ist ein zauberhafter, winterharter, verlässlicher Strauch, der aufrecht mit bogigen Zweigen und dichtem, dunkelgrünem Laub wächst. Die rotbraunen Blütenknospen explodieren im Frühjahr wie ein Feuerwerk in Wolken aus Saphirblau (siehe Gute Pflanzpartner Seite 98).

C | **'Puget Blue'** ♛ war einst wegen der Winterhärte und der langen Blütezeit die beliebteste dunkelsaphirblaue Säckelblume. Dieser wunderschöne Strauch wächst aufrecht mit eher steifen Zweigen und kleinem, dichtem Laub.

Pflanzenporträt

Blumen-Hartriegel *(Cornus)*

Blumen-Hartriegel, im Frühjahr ausgesprochen spektakuläre Pflanzen, sind winterhart sowie sommergrün und wenn auch nicht völlig kalkunverträglich, so ziehen sie doch neutrale oder zumindest leicht saure, tiefgründige, humose Böden vor. Eine geschützte, lichte Waldsituation ist ideal, obwohl sie auch in Stadtgärten gedeihen und sogar auf mächtigeren Böden über Kalkgestein prächtige Solitäre ausbilden. Der Blumen-Hartriegel *(C. florida)* aus Nordamerika ist ein großer Strauch oder buschiger, kleiner Baum mit eleganter, aufrechter Statur. Bei der Blüte im späten Frühjahr neigen sich die Zweige graziös bogenförmig. Im Herbst zeigt der Strauch eine wunderschöne herbstliche Laubfärbung.

Der Japanische Blumen-Hartriegel *(C. kousa)* aus Japan ist ein großer Strauch mit attraktiven, spitz zulaufenden, mittelgrünen Blättern, die sich im Herbst auf neutralen oder sauren Böden prächtig färben. Im Frühjahr sind die horizontal ausgerichteten, bogig geneigten Zweige über und über mit Blüten bedeckt. Erdbeerähnliche Früchte folgen im Herbst. *C. kousa* blüht erst, nachdem er gut eingewachsen ist.

C. **'Norman Hadden'** und *C.* **'Porlock'** sind sehr ähnliche Sorten. Die immergrünen Großsträucher oder kleinen Bäume von anmutig ausladendem Wuchs eignen sich für kleinere Gärten, wo sie Höhe in gemischte Pflanzungen bringen. Beide gedeihen auch in größeren Kübeln mit kalkfreier Erde auf Lehmbasis.

Weitere empfehlenswerte Blumen-Hartriegel

C. kousa **'Gold Star'** hat große, weiße Hochblätter und gelb panaschiertes Laub.

C. florida **'White Cloud'** besitzt bronzegrünes Laub und große, weiße Hochblätter.

Der Chinesische Blumen-Hartriegel *(C. kousa* var. *chinensis)* ♀ hat eine offene, anmutige Gestalt mit cremefarbenen Hochblättern, die sich rosa verfärben. **'China Girl'** ist eine kräftige Sorte mit zahlreichen großen Hochblättern.

A | **'Norman Hadden'** ♀ trägt über dem Laub an kurzen Stielen Blüten mit vier cremefarbenen Hochblättern und dunkler Mitte. Die Hochblätter verfärben sich später im Sommer blassrosa. Im Herbst nimmt ein Teil des Laubes, sobald die erdbeerähnlichen Früchte erscheinen, eine sanfte Rottönung an. **'Porlock'** ist ähnlich (siehe Gute Pflanzpartner Seite 146).

B | *C. florida* **'Cherokee Chief'** ♀ präsentiert zauberhafte, kräftig rosarote Hochblätter. Die rundlichen Knospen erscheinen im Winter und öffnen sich im späten Frühjahr.

C | *C. kousa* **'Satomi'** ♀ ist eine japanische Sorte mit dunkellachsroten Hochblättern und im älteren Stadium offenem, bogigem Wuchs. Im Herbst verfärbt sich das Laub sattpurpurrot.

4

Die Perlen-Radspiere *(Exochorda × macrantha)* 'The Bride' ♀ gehört zu den Glanzpunkten eines Frühlingsgartens. Der lockere, ausladende Busch mit bogenförmigen Zweigen und Blüten wie ein Apfelbaum sieht als erwachsene Pflanze zur Vollblüte wie ein großer, weiß schimmernder Hügel aus. Die Perlen-Radspiere ist pflegeleicht, muss jedoch auf flachgründigen, kalkhaltigen Böden gedüngt werden. Außerdem benötigt sie Platz. Einen Standort am Weg oder zwischen anderen Sträuchern mag sie nicht. Perfekt ist ein Platz am Ende einer Rabatte oder dort, wo sie sich kaskadenartig über den Rand einer Terrasse neigen kann (siehe Gute Pflanzpartner Seite 148).

Die Gattung der Pfingstrosen *(Paeonia)* umfasst neben Stauden auch Sträucher, die, was Blüte und Laub betrifft, zu den spektakulärsten sommergrünen Sträuchern überhaupt gehören. Sie stammen aus China und Tibet, sind winterhart, ziehen jedoch aufgrund der Frostempfindlichkeit ihrer jungen Triebe einen geschützten Platz vor. Sie lieben Vollsonne, gute Drainage und die meisten, besonders Delavays Strauch-Pfingstrose *(P. delavayi)*, gedeihen auf kalkhaltigen Böden.

Delavays Strauch-Pfingstrose *(P. delavayi)* ♀ ist ein ausläuferbildender Strauch mit aufrechten, braunen Zweigen mit abblätternder Rinde. Schon eine kleine Pflanze ist mit ihren ornamental gefiederten und gelappten Blättern eindrucksvoll. Die einfachen Blüten sind meist rubinrot mit goldgelben Staubblättern. Diesen folgen narrenkappenähnliche Balgfrüchte mit schwarzen Samen. Die Gelbe Pfingstrose *(P. lutea)* hat ähnliches Laub mit endständigen dotterblumenähnlichen Blüten.

P. 'Souvenir de Maxime Cornu' hat hellgelbe, karmesinrot gerandete Blüten. *P. ludlowii* ähnelt Delavays Strauch-Pfingstrose, hat jedoch größere, schalenförmige Blüten.

Die Strauch-Pfingstrose *(P. suffruticosa)* ist vielleicht die spektakulärste strauchförmig wachsende Pfingstrose. Sie wird bis zu 2 m hoch mit sehr großen Blüten (15 cm im Durchmesser). In freier Natur erscheinen die Blüten weiß bis purpurrot. Ihre Sorten präsentieren extravagant gefärbte Blüten.

Gute Pflanzpartner

Der Blumen-Hartriegel *(Cornus)* 'Norman Hadden' ♀ (A) passt gut zum Europäischen Perückenstrauch *(Cotinus coggygria)* 'Royal Purple' ♀ (B) sowie zur Rose *Rosa* 'Geranium' ♀ (C).

5   6

Auf sauren Böden sind es im Spätfrühling zweifellos Rhododendren und Azaleen, die allen anderen die Show stehlen, wenn sich ihre dichten Büsche mit Blüten in durchscheinenden Pastelltönen und satten, seidigen Schattierungen schmücken (siehe Seiten 101-108).

Geht das Frühjahr allmählich in den Sommer über, beginnen die ersten Rosen *(Rosa)* zu blühen (siehe auch Seiten 115-121). Einige der größeren Strauchrosen wie 'Frühlingsgold' ♥ öffnen ihre voluminösen Blüten an aufrechten Zweigen. Mit ihren einfachen oder halbgefüllten cremefarbenen Blüten bildet diese zauberhafte Rose in Kombination mit golden panaschierten Sträuchern einen wunderschönen Sichtschutz.

'Nevada', ein hoher Strauch, trägt im Spätfrühling und Sommer Massen an cremefarbenen Blüten mit goldenen Staubblättern. Die pflegeleichte Rose ist ein idealer Lückenfüller und blüht nach Entnahme einiger älterer abgeblühter Triebe vielleicht ein zweites Mal.

Einige Sorten der Bibernell-Rose *(R. spinoisissima)*

verdienen eine viel weitere Verbreitung in unseren Gärten. Sie tragen kleines Fiederlaub an buschigen, stacheligen Trieben, und der frühen, reichen Blüte folgen häufig schwarze Hagebutten. 'Andrewsii' ♥ schmückt sich mit halbgefüllten, rosa Blüten mit gelben Staubblättern und remontiert gelegentlich im Herbst. 'Glory of Edzell' entfaltet Blüten in reinem Rosa mit gelber Mitte. 'William III', mit purpurroten Blüten und schwarzen Hagebutten, wächst dicht und gedrungen.

Die Sorten der Kartoffel-Rose *(R. rugosa)* hüllen sich im späten Frühjahr in ihr plissiertes, apfelgrünes Laub und zeigen bereits dann ihre ersten Blüten. Sie blühen ab dann die ganze Saison hindurch und sind vielleicht für den die beste Wahl, der eine durchgän-

---

4 | Perlen-Radspiere *(Exochorda × macrantha)* 'The Bride'

5 | Gelbe Pfingstrose *(Paeonia lutea)*

6 | Strauch-Pfingstrose *(Paeonia suffruticosa)* 'Double Deep Pink'

Die cremefarbenen Blüten des Zwerg-Elfenbein-Ginsters *(Cytisus × kewensis)* ♥ (D) sind gute Begleiter der blau blühenden Säckelblume *(Ceanothus)* 'Centennial' (E).

D   E

7

8

gige Blüte dem Wandel der Jahreszeiten vorzieht. Ihre Hagebutten sind Glanzlichter im Herbst.

Die Goldgelbe Rose *(R. xanthina)* 'Canary Bird', eine zauberhafte Strauchrose, öffnet im späten Frühjahr ihre großen, dottergelben Blüten entlang steifer Zweige mit hübschem gefiedertem Laub. Ihre Blütezeit mag verhältnismäßig kurz erscheinen, ist jedoch eine unübersehbare Ankündigung des nahenden Sommers. Vater Hugos Rose *(R. xanthina* fo. *hugonis)* ♀, ein anmutiger Strauch, schmückt sich gerade dann mit zahlreichen gelben Blüten an bogigen Zweigen, wenn die ersten Säckelblumen *(Ceanothus)* aufblühen.

In unseren immer kleiner werdenden Gärten müssen Sträucher schon etwas Besonderes bieten, um sich dort einen Platz zu erkämpfen. Etliche der größeren, nur einmal, wenn auch spektakulär blühenden, pflegeleichten, verlässlichen Rosensträucher bleiben dabei weitgehend auf der Strecke.

7 | Säckelblume *(Ceanothus)* 'Blue Mound' und Strauchrose *Rosa* 'Nevada'

8 | Goldgelbe Rose *(Rosa xanthina)* 'Canary Bird'

Gute Pflanzpartner

Der Elfenbein-Ginster *(Cytisus* × *praecox,* A) passt zu purpurnem Silberblatt *(Lunaria)* und kräftig burgunderroten Tulpen wie *Tulipa* 'Queen of Night' (B). Die bogig geneigten Zweige der Perlen-Radspiere

(Exochorda × *macrantha)* 'The Bride' ♀ (C) sind im Spätsommer der perfekte Hintergrund für die Blüten der Waldrebe *(Clematis)* 'Alba Luxurians' ♀ (D).

A

B

C

D

Flieder *(Syringa)*

Das späte Frühjahr ist die Zeit des Flieders, der zur Familie der Ölbaumgewächse gehört und zu unseren beliebtesten Gartensträuchern zählt. Sein Duft ist eines der ausgeprägtesten Pflanzenaromen. Der Gewöhnliche Flieder *(S. vulgaris)*, die Ausgangsart für unsere Gartenflieder, ist in den Gebirgen Osteuropas heimisch und kam im 16. Jahrhundert in unsere Gärten. Seine Sorten und Hybriden sind Großsträucher und brauchen Platz. Ihre Blütezeit ist verhältnismäßig kurz, und sie sind den Rest des Jahres eher unauffällig. Sie gehören allerdings so sehr zur gewohnten Frühjahrsszene, dass darüber andere Fliedersorten und -arten wie die Hybriden des Amerikanischen Flieders *(S. × prestoniae)* sowie Unterarten des Wolligen Flieders *(S. pubescens)* meist vergessen werden, obwohl dies durchaus dekorative Sträucher mit langer Attraktivität und elegantem Wuchs sind.

Flieder ist in der Regel pflegeleicht, standort- sowie besonders kalktolerant und liebt Sonne. Obwohl Flieder schon im jungen Stadium blüht, sind die Blütenstände in den ersten Jahren normalerweise klein. Flieder wird unmittelbar nach der Blüte geschnitten, indem man die abgeblühten Blütentriebe vorsichtig einkürzt. Alte Fliedersträucher werden verjüngt, indem man im Winter alle Grundtriebe auf 30–60 cm über dem Boden kürzt und die erscheinenden Triebe im Sommer bis auf jeweils zwei bis drei wegschneidet.

A | *S. vulgaris* **'Andenken an Ludwig Späth'** ♔, einer der beliebtesten der verlässlichen und dekorativen Gewöhnlichen Flieder, besitzt einfache, weinrote Blüten.

A

B | **S. vulgaris 'Madame Lemoine'** ♀ ist ein
Flieder mit weißen, gefüllten Blüten. Die
Familie Lemoine aus Nancy, Frankreich, hat
in ihrer Gärtnerei im 19. und 20. Jahrhundert viele neue Sorten gezüchtet und auf
den Markt gebracht.

C | **S. pubescens ssp. patula 'Miss Kim'**, eine
Auslese des Ausladenden Wolligen Flieders
mit purpurnen Knospen, zeigt intensiv
duftende Blütenrispen in zartestem Lila
und benötigt einen geschützten Platz, da
Spätfröste die Knospen schädigen können.

D | Die Hybriden von **S. × prestoniae** sind
kräftige Sträucher, die schnell eine Höhe
von 2 m erreichen. Die exzellente **'Elinor'**
trägt dunkelpurpurrote Knospen, die sich
zu kräftigen, aufrechten rosa getönten,
lavendelfarbenen Blütenrispen öffnen.

Weitere empfehlenswerte Flieder

S. × josiflexa 'Bellicent' ♀ ist eine sehr winterharte
Fliederhybride, mit großen, lockeren, duftenden
Blütenrispen in gedecktem Rosa.

S. meyeri 'Palibin' ♀, in Lilarosa, wächst langsam
bis zu 1 m hoch, ideal für kleine Gärten oder Kübel.

S. pubescens ssp. microphylla 'Superba' ♀, eine
Sorte des Kleinblättrigen Wolligen Flieders mit
blasslilarosa duftenden Blüten, blüht vereinzelt bis
in den Herbst.

S. vulgaris 'Charles Joly' ♀ hat gefüllte, dunkelpurpurrote Blüten.

S. vulgaris 'Firmament' ♀ trägt einfache, lila Blüten.

Die gefüllten, purpurnen Blüten von **S. vulgaris
'Katherine Havemeyer'** ♀ verblassen zu Lilarosa.

S. vulgaris 'Vestale' ♀ hat einfache, reinweiße
Blüten.

Der mittelhohe Braut-Spierstrauch *(Spiraea × arguta)* ♀ ist einer der blühfreudigsten unter den sommergrünen Sträuchern. Ab Frühjahrsmitte bis zum Spätfrühling erscheinen an den Spitzen feiner, bogiger Triebe dichte, flache, weiße Blütenbüschel. Nach der Blüte formen die schmalen, ovalen und sanftgrünen Blätter einen eleganten, rundlichen Busch. Der Strauch hat keine lange Blühsaison, ist jedoch ein deutlicher Vorbote des Sommers.

Der Breitwüchsige Japanische Spierstrauch *(S. nipponica)* 'Snowmound' ♀ blüht nach dem Braut-Spierstrauch gegen Frühjahrsende oder im Frühsommer. Der kleine, dichte, buschige Strauch wächst steifer und aufrechter als *S. × arguta*, blüht jedoch ebenso üppig.

Diese beiden Spiersträucher sind pflegeleicht und standorttolerant. Keiner benötigt Schnittmaßnahmen. Sollte jedoch ein Schnitt nötig sein, um die Ausmaße zu begrenzen, erfolgt dieser unmittelbar nach der Blüte. Den Braut-Spierstrauch sollte man allerdings möglichst nicht schneiden, da dies seinen graziösen Wuchs zerstört.

Schneebälle *(Viburnum)* setzen zu fast jeder Jahreszeit Akzente. Im späten Frühjahr glänzen sie mit Blüten und Duft. Burkwoods Schneeball *(V. × burkwoodii)* ist ein breit wachsender, immergrüner Strauch mit offener Aststruktur. Sein glänzendes Laub entwickelt sich an geraden, hellbraunen Zweigen. Wächsern rosa Knospen in rundlichen Büscheln öffnen sich zu weißen, rosa überhauchten Blüten mit köstlichem Duft. 'Anne Russell' ♀ ist eine gute Sorte mit großen Blütenständen. 'Park Farm Hybrid' ♀ ist wüchsig und ausladend und hat größere Blüten als die Art.

Fragants Schneeball *(V. × carlcephalum)* ♀ ist ein sehr kompakter, sommergrüner Schneeball, der ungefähr 2 m hoch wird. Die rundlichen Blütenstände sind als Knospen rosa, öffnen sich weiß und duften intensiv. In offenen Situationen zeigt das Laub eine schöne Herbstfärbung.

Der Koreanische Schneeball *(V. carlesii)*, ebenfalls laubabwerfend, hat eine breitbuschige, eher steife Wuchsform mit geradem, hellbraunem, flaumig behaartem Austrieb. Er trägt rundliche Büschel aus rosa Knospen, die sich zu weißen, stark duftenden Blüten öffnen. Das Laub ist filzig graugrün und zeigt eine gute Herbstfärbung. Dieser Schneeball leidet gelegentlich unter Blattlausbefall, der die jun-

9 | Braut-Spierstrauch *(Spiraea × arguta)*

10 | Schneeball *(Viburnum)* 'Eskimo'

11 | Burkwoods Schneeball *(Viburnum × burkwoodii)* 'Anne Russell'

gen Blätter deformiert. 'Aurora' ♔ ist eine besonders bewährte Sorte mit lachsroten Knospen und lachsrosa, betörend duftenden Blüten. Die ähnliche 'Diana' hat purpurn getöntes junges Laub. Gewöhnlich sind die Sorten von *V. carlesii* veredelt. Wildtriebe aus der vitaleren Unterlage, dem Wolligen Schneeball (*V. lantana*), sollten umgehend entfernt werden, da sie schnell die Oberhand gewinnen.

Die halbimmergrüne Hybride *V.* 'Eskimo' bildet einen kleinen, kompakten Busch mit glänzenden, ledrigen Blättern und außerordentlich großen, schneeballförmigen, duftenden Blütenständen. Hilliers Schneeball (*V.* × *hillieri*) 'Winton' ♔, ein ausladender, halbimmergrüner Strauch, zeigt ovales, in der Jugend kupferfarbenes Laub, das sich im Winter bronzerot verfärbt. Die Blüten erinnern an

Gute Pflanzpartner

Der Japanische Schneeball *(Viburnum plicatum fo. tomentosum)* 'Mariesii' ♀ (A) wirkt besonders gut mit dem silbern panaschierten Wechselblättrigen Hartriegel *(Cornus alternifolia)* 'Argentea' ♀ (B).

jene der Zierjohannisbeeren, nur sind sie größer und cremefarben. Ihnen folgen rote Früchte, die sich schwarz färben.

Judds Schneeball *(V. × juddii)* ♀, eine Hybride von *V. carlesii*, präsentiert sich als kleiner, sommergrüner, rundlicher Busch mit filzigem Laub und süß duftenden, rosa überhauchten Blütenständen an den Triebspitzen. Er ist weniger anfällig für Blattläuse.

Der Gewöhnliche Schneeball *(V. opulus)* 'Roseum' ♀ gehört zu den häufigsten, spektakulärsten sommergrünen, hohen Blütensträuchern. Im Frühjahr erscheinen entlang der Zweige grüne Blütenstände, die sich dann zu einem rosa überhauchten Weiß verfärben und wie Schneebälle aussehen. Der Strauch ist pflegeleicht und standorttolerant.

Ein weiterer herrlicher Frühlingsblütenstrauch ist die Sorte 'Mariesii' ♀ des sommergrünen Japanischen Schneeballs *(V. plicatum fo. tomentosum)*. Der ornamentale, betont breitwüchsige Solitärstrauch mit horizontalen, etagenförmig angeordneten Ästen wird bis zu 2 m hoch. An den Enden der Zweige mit dem auffällig geäderten, hängenden Laub erscheinen im Spätfrühling tellerförmige Blüten, die an Lacecup-Hortensien erinnern. Weitere Blüten öffnen sich häufig im Herbst, bevor sich die Blätter verfärben (siehe Gute Pflanzpartner oben). 'Pink Beauty' ♀ besitzt kleinere, weiße Blüten, die sich später rosa färben. Die weniger in die Breite wachsende Sorte 'Summer Snowflake' blüht unaufhörlich den ganzen Sommer hindurch, ist jedoch weniger auffällig, dafür aufgrund der langen Blütezeit wertvoll. Diesen Sorten sollte stets ausreichend Platz eingeräumt werden, denn ein Schnitt zerstört die schöne Form.

Der aufrechte, sommergrüne Sargents Schneeball *(Viburnum sargentii)* 'Onondaga' ♀ hat purpurnes Laub und so prächtige Blütenstände wie Lacecup-Hortensien.

---

12 | Gewöhnlicher Schneeball *(Viburnum opulus)* 'Roseum'

13 | Sargents Schneeball *(Viburnum sargentii)* 'Onondaga'

14 | Japanischer Schneeball *(Viburnum plicatum* fo. *tomentosum)* 'Mariesii'

Sommer

Der Sommer ist eine Zeit verschwenderischer Fülle mit üppigem Laub, Massen an Blüten und betörenden Düften. Sommerblühende Pflanzen buhlen mit Blütenfarben und Aromen um die Aufmerksamkeit bestäubender Insekten. Sommergrünen Sträuchern kommt dabei eine zentrale Rolle zu, denn vor ihrer üppigen Laubkulisse bestehen nur die schönsten und besten Blüten.

Im Frühsommer stehen Pfeifensträucher *(Philadelphus)*, Deutzien *(Deutzia)* und Weigelien *(Weigela)* zusammen mit Rosen *(Rosa)*, Lilien *(Lilium)* und Rittersporn *(Delphinium)* im Mittelpunkt des Gartengeschehens. Ist die erste Blütenwelle der Rosen abgeebbt, beruhigt sich die Stimmung. In dieser ruhigeren, spätsommerlichen Phase erweisen sich Blütensträucher als besonders wertvoll. Alte Gartenlieblinge wie Schmetterlingssträucher *(Buddleja)* und Hortensien *(Hydrangea)* tragen bei jedem

Wetter mit warmen Farben zur Sommerkulisse bei, während Bartblumen *(Caryopteris)* und Perowskien *(Perovskia)* für das unentbehrliche Blau sorgen. Die meisten Schmetterlingssträucher *(Buddleja)* sind ausgesprochen winterharte, unkomplizierte Sträucher. Der Sommerflieder *(B. davidii)* ist der bekannteste. Im Sommer sind seine langen, bogig überhängenden Zweige mit konischen, lila Blütenständen ein vertrauter Anblick. Der Überlebenskünstler gedeiht prächtig auch auf kargen

1 | Rote Rabatte, Hadspen, Somerset

2 | Sommerflieder *(Buddleja davidii)* 'Dartmoor'

3 | Kugel-Sommerflieder *(Buddleja globosa)*

4 | Clandon-Bartblume *(Caryopteris × clandonensis)* 'First Choice'

5 | Sommerflieder *(Buddleja davidii)* 'Royal Red'

6 | Sternblütige Sichuan-Deutzie *(Deutzia setchuenensis* var. *corymbiflora)*

7 | Clandon-Bartblume *(Caryopteris × clandonensis)* 'Summer Sorbet'

2 3

4 5

6 7

Gute Pflanzpartner

Buddleja davidii* 'Black Knight'** 🏆 (A) verleiht Strauchkulissen, z. B. aus der Immergrünen Ölweide (Elaeagnus × ebbingei***, B), sommerliche Farbe.

Böden und in sonnigen, gut drainierten Lagen. Seine Sorten sind beliebt, nicht nur wegen Duft und Farbe ihrer Blüten, sondern auch wegen ihrer Attraktivität für Schmetterlinge. Mit elegantem, trichterförmigem Wuchs und gebogenen Zweigen werden sie schnell bis zu 3 m hoch, bringen Höhe und Struktur in Staudenpflanzungen, passen zu Rosen und übernehmen mit ihrer Blüte die Rolle der frühen, sommergrünen Sträucher.

'Nanho Blue' ist kompakt und für kleine Flächen geeignet. Die schmalen, konischen Blütenstände bestehen aus violettblauen Einzelblüten mit oranger Mitte. Die Pixie-Sorten wie **'Pixie Red'**, **'Pixie White'** und **'Pixie Blue'** fallen mit 1,5 m kleiner aus. Andere Sorten von *B. davidii* sind u. a.: **'Black Knight'** 🏆 mit langen, tiefvioletten Blütenständen, die kompakte **'Border Beauty'** mit karmesinroten Blüten, **'Dartmoor'** 🏆 mit großen, verzweigten Blütenstände in Magenta, die zauberhafte **'Empire Blue'** 🏆 mit sattviolettblauen Blüten mit orangeroter Mitte, **'Royal Red'** 🏆 mit dicken, purpurroten Blütenstände und **'White Profusion'** 🏆 mit voluminösen, reinweißen Blüten mit gelber Mitte.

Der beste Sommerflieder von allen ist allerdings *B.* **'Lochinch'** 🏆, der auf Seite 70 beschrieben wird. Der Schmalblättrige Sommerflieder ***(B. alternifolia)*** 🏆 schmückt sich mit graziös überhängenden Trieben und schmalem Laub (siehe Seiten 70/71). Der Kugel-Sommerflieder ***(B. globosa)*** 🏆 ist kräftig und wächst aufrechter mit breiterem Laub als *B. davidii*. Die steif abstehenden, ballförmigen Blütenstände aus orangeroten Einzelblüten, wie sie kein anderer Sommerflieder zeigt, erscheinen im Frühsommer.

Sommerflieder sind pflegeleicht, müssen jedoch geschnitten werden. Die *B.-davidii*-Sorten vertragen mit Ausnahme von **'Nanho Blue'** einen starken Rückschnitt auf ungefähr 1 m im zeitigen Frühjahr. Das hält die Pflanze jung und vital. Ein Ausputzen der Blüten fördert während des Spätsommers zudem ein gepflegtes Wuchsbild.

Sommerflieder eignen sich auch gut in Kombination mit Sichtschutzsträuchern. Während Letztere das Gerüst bilden, liefert der Sommerflieder sommerliche Farbigkeit (siehe Gute Pflanzpartner links).

Bartblumen ***(Caryopteris)*** sind wertvolle Farbelemente im Spätsommer und Frühherbst. Sie haben das duftende Laub und den strauchigen Wuchs mediterraner Pflanzen, sind jedoch in Ostasien heimisch. Sie benötigen gut durchlüftete Böden sowie Vollsonne und gedeihen prächtig auf kalkhaltigen Böden. Die in unseren Gärten kultivierten Bartblumen sind meist Sorten der Clandon-Bartblume ***(C. × clandonensis)***. Die Ähnlichkeit der Sorten löst häufig Verwirrung beim Kauf aus (siehe Kasten unten). Alle sind klein, kompakt und werden nicht höher als 60–90 cm. Sobald im Spätwinter im unteren Drittel der Pflanze neue Triebe sichtbar werden, kürzt man die Zweige um zwei Drittel ein.

Die bekannteste Sorte der Clandon-Bartblume ist wohl die **'Heavenly Blue'** mit spätsommerlichen, saphirblauen Blütenständen in den Achseln der graugrünen, weidenähnlichen Blätter (siehe Gute

Ein Tipp für den Kauf von Bartblumen *(Caryopteris)*

Aufgrund der Verwirrung angesichts so vieler ähnlicher Bartblumen, sollte man diese nur blühend kaufen, um zu sehen, was man erwirbt.

A B
C D

Gute Pflanzpartner

Die Clandon-Bartblume *(Caryopteris × clandonensis)* 'Heavenly Blue' (A) bildet zusammen mit dem purpurroten Roten Scheinsonnenhut *(Echinacea purpurea,* B) eine reizvolle und farbenfrohe spätsommerliche Szene.

Blüten und graues Laub von *Lavandula pedunculata* ♀ (C) in Kombination mit Beifuß *(Artemisia)* 'Powis Castle' (D).

A

B

Kleine Auswahl an Fuchsiensorten *(Fuchsia)*

'Alice Hoffmann' ♀: kompakt, bis zu 50 cm; kleine, purpurn getönte Blätter; Blüten mit scharlachroten Kelchblättern und weiße Kronblättern

Army Nurse' ♀: kräftiger, aufrechter Wuchs; karmesinrote Kelchblätter und blauviolette Kronblätter

'Hawkshead' ♀: zauberhafte, kleine Sorte; kräftig grünes Laub; schlanke, weiße Blüten

'Lady Thumb' ♀: zwergwüchsig und buschig; hellrot-weiße Blüten

'Lena' ♀ (B): Blüten halbgefüllt mit blassrosa Kelchblättern und purpurnen, rosa überhauchten Kronblättern

F. magellanica var. gracilis ♀: anmutiger, hübscher Strauch mit schlanken, bogigen Trieben; zahllose kleine, grazile Blüten in Scharlach- und Purpurrot

'Mrs Popple' ♀ (A): ausgezeichnete, kleine, kompakt wachsende Pflanze; große Blüten, scharlachrote Kelchblätter, violette Kronblätter

'Riccartonii' ♀: die beste Fuchsie für Pflanzungen mit einem größeren Strauch

'Snowcap' ♀: zwergwüchsig, kompakt; große Blüten, rote Kelchblätter, weiße, rot geäderte Kronblätter

'Tom Thumb' ♀: Zwergstrauch; zahllose kleine Blüten mit scharlachroten Kelchblättern und violetten Kronblättern

Pflanzpartner Seite 157). Die verlässliche 'Arthur Simmonds' ♀ ist ähnlich, wird daher häufig mit 'Heavenly Blue' verwechselt, hat jedoch hellere Blüten. 'First Choice' ♀ zeigt große, tiefblaue Blüten und schönes Laub. Vollsonne und gute Drainage sind hier Voraussetzung. Auf feuchten Standorten fällt sie in kaltem Winterwetter aus.

Andere Sorten der Clandon-Bartblume sind: 'Kew Blue', ein Sämling von 'Arthur Simmonds' mit etwas dunklerer Blütenfarbe, 'Summer Sorbet' mit blauen Blüten und graugrünem, zartgelb gerandetem Laub und 'Worcester Gold' ♀ mit sanftgelben Blättern und leuchtend blauen Blüten (siehe Seiten 39-41). Säckelblumen *(Ceanothus)* ziehen sich wie ein roter Faden durch die gesamte Saison. Wählt man die richtigen Sorten, blüht von Frühjahrsmitte bis Anfang Winter stets eine davon im Garten (siehe Seiten 78/79, Pflanzenporträt Seite 144).

Die sommergrünen Säckelblumen sind offene, luftige Sträucher, die ihre duftigen Blütenstände den ganzen Sommer über bis in den Herbst bilden. Die Sorten der Französischen Hybrid-Säckelblume *(C. × delilianus)* werden meist 1,5 m hoch. 'Gloire de Versailles' ♀ ist bei Weitem die beliebteste mit blassblauen Blüten. 'Henri Desfossé' hat eine ähnliche Wuchsform und Größe sowie tiefviolettblaue Blüten. 'Topaze' ♀ zeigt hellindigoblaue Blüten.

Rosa blühende Säckelblumen sind nicht jedermanns Sache. Sie können allerdings als hübsche Blütensträucher in gemischten Pflanzungen sehr nützlich sein. Die Hybrid-Säckelblume *(C. × pallidus)* 'Marie Simon' hat hellrosa Blüten. 'Perle Rose' zeigt leuchtend karminrosa Blüten mit einem leichten Grauton.

Sommergrüne Säckelblumen blühen am Neuaustrieb, sollten also im Spätwinter leicht geschnitten und ausgeputzt werden. Sie lieben offene, sonnige Lagen und gedeihen besser auf kalkhaltigen Böden als die immergrünen Vertreter.

Deutzien *(Deutzia)* sind unter den Blütensträuchern selten die erste Wahl. Dabei gedeihen die unkomplizierten, gesunden Sträucher fast überall. Die Raue Deutzie *(D. scabra)*, im öffentlichen Grün weit verbreitet, wird bis 3 m hoch und produziert im Frühsommer zahlreiche weiße Blüten. Andere Deutzien haben besonders schöne Blüten und sind mit 1,2-2 m Höhe mittelgroße, bezaubernde, anmutige Gartensträucher. Sie blühen im Frühsommer in der Vollsonne am prächtigsten.

Einige der besten Deutzien sind folgende: Die Elegante Deutzie *(D. × elegantissima)* 'Rosealind' ♀ ist eine hübsche Pflanze mit duftenden, lockeren, tiefrosa Blütenstände. Die Hybrid-Deutzie *(D. × hybrida)* 'Strawberry Fields' ♀ trägt zahlreiche, große, lilarosa, an der Außenseite weiß gerandete und

purpurn überhauchte Blüten. Die *D. × hybrida* 'Mont Rose' ♀ hat zahlreiche, magentarosa Blüten mit dunkleren Schattierungen. Die Langblättrige Deutzie *(D. longifolia)* 'Veitchii' ♀, die schönste Deutzie überhaupt, trägt lange, schmale Blätter und große, sattlilarosa Blüten. Die Ningpo-Deutzie *(D. ningpoensis)* ♀ hat eine ungewöhnliche Blütenform mit zurückgebogenen Blütenblättern und gelben Staubblättern. Ihre langen Blütenstände in Rosa oder Weiß sind über den ganzen Strauch verteilt. Die kleinen, sternförmigen, weißen Blüten der schönen Sternblütige Sichuan-Deutzie *(D. setchuenensis* var. *corymbiflora)* ♀ erscheinen später als bei den meisten Deutzien.

Deutzien werden unmittelbar nach der Blüte geschnitten. Dabei entfernt man die abgeblühten Triebe. Diese Maßnahme fördert einen anmutig bogigen Neuaustrieb. Erfolgt der Schnitt später, ruiniert er das Wuchsbild.

Fuchsien *(Fuchsia)* sind noch wenig bekannt als Beetpflanzen. Es überrascht daher, dass die winterhärteren Sorten als Blütensträucher gepflanzt werden können. Fuchsien stammen aus Mittel- und Südamerika, Tahiti und Neuseeland. Die winterhärteren unter ihnen haben in der Regel kleineres Laub und auch robustere Blüten.

In kälteren Gebieten frieren Fuchsien häufig im Winter zurück und ziehen wie Stauden ein. In milderen Lagen überdauern sie den Winter, und kräftigere, robustere Sorten wie 'Riccartonii' sowie die Scharlach-Fuchsie *(F. magellanica)* und ihre Abkömmlinge (siehe Seite 64) wachsen zu hohen Sträuchern von bis zu 3 m heran.

Fuchsien sind vielseitig und passen gut zu anderen Sträuchern und Stauden. Sie gedeihen und blühen im Halbschatten und Schatten. Die Fuchsienhecken Südwestenglands und Irlands sind spektakulär, wenn sich im Sommer ihre Zweige unter der Last der grazilen roten und purpurnen Blüten nach unten biegen.

Gute Pflanzpartner

Die gelben Blüten des Johanniskrauts *(Hypericum)* 'Hidcote' ♀ (A) finden ihre Ergänzung im gelb panaschierten Laub des Kletternden Spindelstrauchs *(Euonymus fortunei)* 'Emerald 'n' Gold' ♀ (B).

Potanins Indigostrauch *(Indigofera potaninii)* (C) passt gut zur Blauen Katzenminze *(Nepeta × faassenii)* ♀ oder zum Steppen-Salbei *(Salvia nemorosa)* 'Mainacht' ♀ (D).

Da Fuchsien so viele Liebhaber haben, wurde rege gezüchtet und ausgelesen, sodass es mittlerweile zahlreiche Sorten gibt (siehe auch Seite 64, Abbildung Seite 37).

Fuchsien werden im zeitigen Frühjahr geschnitten. Dabei schneidet man sie entweder bis zum Boden zurück oder schneidet nur leicht, um die Größe nicht zu reduzieren.

Bei Hortensien *(Hydrangea)* denkt man an opulente Laubsträucher mit schweren, runden Blütenständen in Rosa, Blau und Weiß. Ein vertrauter Anblick, der jedoch nur einen Teil dieser schönen Pflanzengruppe repräsentiert.

Die Blütenstände der Hortensien setzen sich aus zwei Blütentypen zusammen: den unauffälligen, kleinen, fruchtbaren Blüten und den sterilen, leuchtend gefärbten Schaublüten mit großen Kelchblättern. In einigen Fällen, wie bei den Hortensien mit ballförmigen Blütenständen, besteht fast der gesamte Blütenstand aus sterilen Blüten, während sich in den tellerförmigen Blütenständen anderer Hortensien beide Blütentypen finden.

Hortensien sind Sträucher für den lichten Schatten, die vom schützenden Blätterdach der Bäume profitieren. Obwohl frosthart, wird der Neuaustrieb häufig von Spätfrösten geschädigt. Sie bevorzugen ausgewogen fruchtbare, eher frische Böden. Mulchen mit Kompost sowie die Versorgung mit Langzeitdünger im Frühjahr fördern ein gesundes Aussehen.

Die verblühten Blüten bleiben über Winter am Strauch und werden erst im Frühjahr beim ersten Paar neuer, kräftiger Knospen abgeschnitten. Ein weiterer Schnitt ist nur zur Verjüngung älterer Pflanzen nötig, bei dem man einzelne alte Triebe bis zum Boden entnimmt.

Garten-Hortensie *(H. macrophylla)* siehe Seite 163, Rispen-Hortensie *(H. paniculata)* 'Preziosa' sowie

Eichenblättrige Hortensie *(H. quercifolia)* siehe Seiten 178 / 179.

Die Sorten der Wald-Hortensie *(H. arborescens)* sind kleine, lockere, aufrechte Büsche mit blassgrünen, fein gezähnten Blättern und dichten, kugelförmigen Blütenständen mit einem Durchmesser von 15 cm. Die zunächst limonengrünen Blütenstände von 'Annabelle' ♛ entwickeln sich zu riesigen Bällen aus cremefarbenen, sterilen Blüten. Zugige Standorte mag diese Hortensie nicht. Sie wirkt im Halbschatten mit Farnen und Funkien *(Hosta)*. Schnitt im Frühjahr.

Die Raue Hortensie *(H. aspera)* ist völlig anders, mittelgroß mit samtigen Blättern und offenem, verzweigtem Wuchs. Sie zieht Halbschatten und fruchtbaren Boden vor, der nicht austrocknet. Die Vertreter der **Kawakamii**-Gruppe blühen sehr spät dunkelviolett mit weißen, sterilen Schaublüten, die vor dem exotisch üppigen Laub sehr dekorativ wirken. Ein Schnitt dient nur der Formerhaltung. 'Mauvette' präsentiert große Schirmrispen mit malvenfarbenen, später graurosa fertilen und helleren sterilen Blüten. Hortensien der **Villosa**-Gruppe ♛ gehören zu den schönsten im Spätsommer blühenden Hortensien. Sie sind mittelgroß und wachsen ausbreitend mit samtigen Stängeln und Blättern.

Ihre großen blaulila Schirmrispen zeigen meist am Rand fein gesägte, sterile Blüten. **'Velvet and Lace'** ist eine besonders elegante Sorte mit schönem Laub und purpurblauen und lilarosa Schirmrispen. Für Kübel an schattigen Plätzen eignet sich die Hüllblatt-Hortensie *(H. involucrata)* 'Hortensis' ♛. Der aufrechte Strauch mit frischgrünem Laub zeigt im Sommer lockere Blutenstände aus gefüllten, sterilen Blüten in grünlichem Cremeweiß, die sich allmählich blassrosa färben.

H. serrata, ein niedriger Strauch von maximal 1 m, hat kleinere Blätter als die meisten Hortensien und schöne, tellerförmige Blütenstände. **'Bluebird'** ist die beste Sorte mit guter Herbstfärbung. Ihre blauen fertilen Blüten sind umgeben von großen Randblüten, die auf basischen Böden purpurrot und auf sauren Böden in Blautönen erscheinen. Weitere empfehlenswerte Sorten sind **'Grayswood'**, deren weiße Randblüten sich rosa und schließlich karmesinrot färben, sowie **'Tiara'** mit blauen, sich lilarosa verfärbenden Blüten und schönem Herbstlaub.

---

8 | Hüllblatt-Hortensie *(Hydrangea involucrata)* 'Hortensis'

9

10

Pflanzenporträt

Garten-Hortensien (*Hydrangea macrophylla*)

Die beliebten Garten-Hortensien werden in den Hortensia-Typ mit kugeligen Blütenständen und den Lacecup-Typ mit tellerförmigen Blütenständen unterteilt. Die meisten werden durchschnittlich 1,5 m hoch, auf günstigen Standorten auch größer. Auf geringmächtigen kalkhaltigen Böden verblasst ihr Laub gelblich. Mulchen und düngen verbessert den Zustand. Einige rosa Sorten erscheinen auf sauren Böden blau. Auf basischen Böden kann man den Blauumschlag dieser Blüten mit Spezialdüngern fördern. Dies geht bei Sorten mit weißen Blüten nicht, auch wenn sich die älteren Blüten in der Vollsonne rosa tönen. Lacecup-Hortensien mit ihren charakteristischen Blütenständen aus fertilen Blüten, umgeben von einem Kranz steriler Blüten, wirken duftiger als Hortensia-Typen und sind besser für Mischpflanzungen geeignet. Hortensienblüten zu Dekorationszwecken im voll aufgeblühten Zustand schneiden und mit dem Kopf nach unten trocknen.

A | **'Ayesha':** Hortensia-Typ mit ungewöhnlich grau getönten, fliederfarbenen, großen Blütenständen

B | **'Ami Pasquier'** ♀: Hortensia-Typ mit dunkelrosaroten Blüten; bleibt eher klein

C | **'Mariesii Grandiflora'** ♀: Lacecup-Typ mit blauen bis rosa Blütenständen mit einem Kranz weißer Randblüten; kleiner Strauch für offene Lagen

D | **'Mariesii Perfecta'** ♀: Lacecup-Typ, große Blütenstände variieren von Rosa bis Dunkelenzianblau; starkwüchsiger Strauch, gedeiht am besten im lichten Schatten

9 | Wald-Hortensie *(Hydrangea arborescens)* 'Annabelle'

10 | Raue Hortensie *(Hydrangea aspera)* Kawakamii-Gruppe

Weitere empfehlenswerte Garten-Hortensien des Hortensia-Typs

'Altona' ♀ (A): rosa, große Blüten färben sich gut blau; am besten im Schatten

Japanese-Lady-Gruppe: weiß gerandete Blüten, mehrere Formen und Farben

'Madame Emile Mouillère' ♀: große Blüten mit gesägtem Rand, blaue oder rosa Mitte; beste weiße Sorte

'Maréchal Foch' (B), sattrosa oder purpurne bis dunkelblaue Blüten; reich blühend

'Nigra' ♀: rosa Blüten; charakteristische schwarze Triebe

Weitere empfehlenswerte Garten-Hortensien des Lacecup-Typs

'Lanarth White' ♀ (C): flache Blüten in Rosa oder Blau mit einem Kranz großer, weißer Randblüten; kompakter Wuchs

'Lilacina' (D): breite Tellerblüten in Rosa oder Blau

'Veitchii' ♀: weiße, später rosa Blüten; mittelhoher Strauch mit dunkelgrünem Laub; am besten im Halbschatten; kalktolerant

Das Johanniskraut *(Hypericum)* 'Hidcote' ♀ besitzt alle guten Eigenschaften eines winterharten Strauchs: Es ist pflegeleicht und blüht üppig von Sommer bis Herbst. Es ist halbimmergrün und erreicht eine Höhe von ungefähr 2 m. Die großen, schalenförmigen Blüten, unter deren Gewicht sich die Zweige anmutig neigen, erscheinen in einem klaren Goldgelb. Der schöne Strauch entstand angeblich im berühmten Garten von Hidcote Manor, Gloucestershire.

'Hidcote' kann im zeitigen Frühjahr vor dem Neuaustrieb der diesjährigen Blütentriebe geschnitten werden. Leichte sowie stärkere Schnitte sind möglich. 'Hidcote' harmoniert gut mit golden panaschierten, immergrünen Pflanzen (siehe Gute Pflanzpartner Seite 160) und goldlaubigen Spiersträuchern *(Spiraea)*.

'Rowallane' ♀ ist selten, aber lohnend. Empfindlicher als 'Hidcote', überlebt diese Sorte nur in einem warmen, geschützten Garten. Dafür trägt sie die größten Blüten der Gattung: leuchtend gelbe Schalen von bis zu 7 cm Durchmesser, eine Last, unter der sich die Zweige neigen. Sie gedeiht vor geschützten Mauern, kann dort eine Höhe von 2 m erreichen und ist in voller Blüte ein spektakulärer Anblick.

Der Himalaya-Indigostrauch *(Indigofera heterantha)* ♀ ist im Winter nicht sehr attraktiv und treibt in der Regel spät aus, entpuppt sich jedoch als verlässlicher Dauerblüher. Der mittelgroße, ausladende, ohne Laub sparrige Strauch kann in kalten Wintern zurückfrieren. Allerdings treibt er danach schnell wieder zarte, sanft grüne Fiederblätter an überhängenden Zweigen aus. Die hellpurpurrosa Schmetterlingsblüten erscheinen in jeder Blattachsel und stehen in leicht gebogenen, traubigen Blütenständen.

Potanins Indigostrauch *(I. potaninii)* blüht von Sommer bis Herbst. Lässt man eine sommerblühende Waldrebe *(Clematis)* wie die blassblaue 'Prince Charles' in ihm ranken, ergibt sich eine faszinierende Kombination aus Blau und Magenta.

Indigosträucher lieben durchlässige Böden und Vollsonne. Sie sind ideale Pflanzpartner für Salbei *(Salvia)* oder Katzenminze *(Nepeta)* (siehe Gute Pflanzpartner Seite 160). Im Frühjahr schneidet man totes Holz bis auf den Neuaustrieb zurück. Zerzauste Pflanzen vertragen einen kräftigen Rückschnitt.

11 | *Hydrangea serrata* 'Bluebird'

12 | *Hydrangea serrata* 'Tiara'

13 | Himalaya-Indigostrauch *(Indigofera heterantha)*

Die Kolkwitzie *(Kolkwitzia amabilis)* ist ein mittelgroßer Strauch aus Westchina. Mit anmutig bogig überhängenden Zweigen bildet sie dichte, schön verzweigte, rundliche Büsche aus zartgrünem Laub. Im Frühsommer stehen magentarosa Blütenglocken dicht an dicht an den Zweigen. 'Pink Cloud' ♀ gilt als die beste Sorte.

Kolkwitzien sind pflegeleicht, standorttolerant und gedeihen in Sonne oder lichtem Schatten. Man schneidet sie wie jeden anderen laubabwerfenden, im Sommer blühenden Strauch, indem man nach der Blüte einige ältere Zweige entnimmt.

Lavendel *(Lavandula)* sind ein fester Bestandteil sommerlicher Gärten. Die besten Sorten werden ausführlich bei den silberlaubigen Pflanzen auf den Seiten 68–70 beschrieben. Neue Sorten, besonders des Schopf-Lavendels *(L. stoechas)*, kommen ständig auf den Markt. Viele sind sehr dekorativ, z.B. 'Purple Emperor'. Mit seinen weichen, purpurbraunen Blütenschöpfen und dem aufrechtem Wuchs ist er attraktiv, gedeiht jedoch nur auf gut durchlässigen Böden in milden, sonnigen Lagen. Solche Lavendelsorten sind jedoch wertvolle Topfpflanzen für sonnige Innenhöfe.

Bis zu den 1990er-Jahren wurde die Strauchpappel *(Lavatera)* durchweg als Staude angeboten, von der jedes Jahr nur wenige, kleine Exemplare verkauft wurden. Mittlerweile hat sie jedoch ihre guten Eigenschaften bewiesen und ist weiter verbreitet. Sie ist schnellwüchsig, blüht lange und harmoniert gut mit Stauden und anderen Sträuchern. Strauchpappeln gedeihen prächtig auf heißen, sonnigen, im Winter nicht zu kalten Standorten und wachsen gut auf kalkhaltigen Böden und in Küstengärten.

Die besten Strauchpappeln für den Garten sind Sorten der Strauch-Malve *(L. olbia)* sowie der Thüringer Strauchpappel *(L. thuringiaca)*, die teilweise als Hybriden beider Arten aufgefasst und als *L. ×*

14| Kolkwitzie *(Kolkwitzia amabilis)*

15| Strauch-Malve *(Lavatera olbia)* 'Blushing Bride'

16| Strauch-Malve *(Lavatera olbia)* 'Rosea'

clementii geführt werden. Sie sind kräftig und mittelgroß bis groß. Die erste Sorte war 'Rosea' ♥. Sie blüht von Frühsommer bis Spätherbst mit großen, magentarosa Blüten und passt gut zu Katzenminze (*Nepeta*) und blauem Salbei (*Salvia*).

'Barnsley' ist die bekannteste Sorte, eine Spielart von 'Rosea', die nach dem bekannten Barnsley Garden in Gloucestershire benannt wurde. Die Blüten sind sehr zart blassrosa mit roter Mitte. 'Barnsley' neigt zur Farbumkehr, und Triebe mit reinrosa Blüten müssen daher entfernt werden. 'Blushing Bri-

de' ist ähnlich, wächst jedoch kompakter und behält eher ihre Farbe. Als verlässlichere Sorte ist sie auf dem besten Weg, die beliebtere zu werden. 'Burgundy Wine' ♥ hat burgunderrote Blüten und wirkt besonders zusammen mit silberlaubigen Pflanzen oder Purpurglöckchen (*Heuchera*). Andere Sorten sind 'Bredon Springs' ♥ mit weit geöffneten Trichterblüten in tiefem, gedecktem Rosa, 'Candy Floss' ♥ als blassrosa Alternative und 'Stelav', deren blassrosa Knospen sich weiß mit rosa Auge öffnen.

Pflanzenporträt
Pfeifenstrauch *(Philadelphus)*

Pfeifensträucher werden häufig fälschlicherweise als Flieder bezeichnet, vielleicht weil beide sehr beliebte, pflegeleichte Pflanzen mit intensiv duftenden Blüten sind. Die meisten der bekanntesten Hybriden wurden Anfang des 20. Jahrhunderts in der Gärtnerei des französischen Pflanzenzüchters Lemoine in Nancy gezüchtet.

Bei der Auswahl eines Pfeifenstrauchs sollten Sie darauf achten, dass die Sorte tatsächlich duftet, denn dieser Duft ist ein Genuss in jedem sommerlichen Garten. Pfeifensträucher sind laubabwerfende Klein- bis Großsträucher. Ihre Zweige neigen sich elegant bogig unter der Last weißer, einfacher, halbgefüllter oder gefüllter Blüten mit auffällig gelben Staubblättern. Pfeifensträucher wachsen überall, jedoch besonders gut auf kalkhaltigen Böden. Man entnimmt unmittelbar nach der Blüte einige ältere, abgeblühte Äste, um einen kräftigen Neuaustrieb zu fördern. Achten Sie dabei darauf, dass der Strauch dabei seine elegante, lockere, natürliche Wuchsform behält.

A | **'Belle Etoile'** ♥ ist einer der schönsten Pfeifensträucher mit großen, herrlich duftenden, einfachen, weißen, in der Mitte rotbraun überhauchten Blüten. Der eher kleine Strauch wächst gedrungen und straff aufrecht und wirkt besonders zusammen mit purpurblättrigem Perückenstrauch **(Cotinus)** oder einer Blasenspiere **(Physocarpus)**.

B | **'Manteau d'Hermine'** ♥ ist die beste Sorte für kleine Gärten mit anmutig überhängenden Zweigen und cremefarbenen, gefüllten, duftenden Blüten. Der gedrungene Kleinstrauch von 1 m passt zu silberlaubigen Pflanzen auf sonnigen Plätzen.

C | **P. coronarius,** der Gewöhnliche Pfeifenstrauch, ist vor allem in Südeuropa verbreitet. Der mittelgroße, kräftige, pflegeleichte Strauch toleriert trockene Bedingungen. Seine Blüten sind kleiner als bei vielen Hybriden, glockenförmig und cremefarben mit köstlichem Duft. Die gelb panaschierten Sorten sind am beliebtesten (siehe Seiten 39–41, 63/64).

Weitere empfehlenswerte Pfeifensträucher

'Beauclerk' ist ein graziös wachsender, mittelhoher Strauch mit großen, offenen Blüten aus rundlichen weißen, in der Mitte rosa überhauchten Blütenblättern und üppigen Staubblättern.

Der **Oregon-Pfeifenstrauch** *(P. lewisii)* ist groß und aufrecht. **'Snow Velvet'** hat große, halbgefüllte, duftende Blüten.

Der **Kleinblättrige Pfeifenstrauch** *(P. microphyllus)*, eine Zwergform, hat zierliches graugrünes Laub und einfache, sternförmige, duftende Blüten.

'Minnesota Snowflake', eine amerikanische Sorte mit mittelhohen und niedrigen Vertretern, trägt besonders schwer an ihren duftenden, gefüllten Blüten.

'Virginal' ist vermutlich die bekannteste Sorte. Die großen, gefüllten Blüten duften intensiv. Alte ungeschnittene Pflanzen können mindestens 3 m hoch werden, ideal als Kletterstütze für eine spätblühende Italienische Waldrebe *(Clematis viticella).*

Perowskien *(Perovskia)* sind anmutige, aufrechte Halbsträucher, die kaum 1 m groß werden. Ihre silberweißen Triebe tragen weiches, farnartig geschnittenes Laub und im Spätsommer lavendelblaue Blütenstände. Sie sind vor allem für gut durchlässige Böden in der Vollsonne geeignet und passen zu silberlaubigen Pflanzen und Lavendel *(Lavandula).* 'Blue Spire' ❦ ist die beste Gartensorte mit den größten Blütenständen. 'Filigran' hat noch feineres Laub, geht in Pflanzungen leicht unter und steht daher am besten allein.

Die weißen Triebe der Perowskien sind besonders im Winter attraktiv, sodass man sie daher erst kurz vor dem Frühjahr auf 20 cm über dem Boden zurückschneidet. Zu diesem Zeitpunkt sterben auch die Triebspitzen ab, was das Erscheinungsbild der Pflanze nur stört.

Dies krautigen, seltener strauchigen Fingerkräuter *(Potentilla)* gehören zu den Rosengewächsen. Die kleinen Sträucher sind winterhart, pflegeleicht und blühen zuverlässig. Sie gedeihen in Sonne oder Halbschatten auf beinahe allen Böden, sind auf kalkhaltigen Standorten jedoch besonders prächtig. Im Winter wirkt Fingerkraut weniger ansehnlich, treibt jedoch nach einem leichten Schnitt im zeitigen Frühjahr mit Macht neu aus und schmückt sich mit seinen kleinen, leuchtenden, einfachen, rosenähnlichen Blüten von Frühsommer bis Spätherbst. Die weißen und gelben Sorten sind die beste Wahl für Plätze in der Vollsonne. Rote, orange und rosa Sorten ziehen den Halbschatten und feuchtere Bedingungen vor. Ihre Farben bleichen in der Sonne leicht aus.

Empfehlenswerte Sorten des Gewöhnlichen Fingerstrauchs *(P. fruticosa)* werden unten beschrieben. Die meisten sind kleiner als 1 m und wachsen rundlich oder ausgebreitet.

Die schönen Tamarisken *(Tamarix)* sind große, lichte Sträucher mit fedrigem Laub, häufig etwas wirrer Erscheinung und elastischen Zweigen. Sie werden gern in Küstennähe gepflanzt, da sie exponierte, salzhaltige Standorte und Rohböden sehr

---

17 | Perowskie *(Perovskia)* 'Blue Spire'

18 | Viermännige Tamariske *(Tamarix tetranda)*

19 | Weigelie *(Weigela)* 'Majestueux'

20 | Weigelie *(Weigela)* 'Bristol Ruby' mit Säckelblume *(Ceanothus)*

17 18
19 20

gut vertragen. Das blassgrüne, fedrige Laub wirkt wie verwandelt, wenn die feinen, flauschigen Blüten erscheinen und den ganzen Strauch mehrere Wochen lang mit einem rosa Hauch überziehen.

Die Kaspische Tamariske *(T. ramosissima)* hat rötlich braune Zweige und trägt im Spätherbst Blüten am Neuaustrieb, die den Strauch in duftige, rosa Wolken hüllen – ein zauberhaftes Bild zusammen mit purpurlaubigem Holunder *(Sambucus,* siehe Seite 50) oder der Ölweide *(Elaeagnus)* 'Quicksilver' (siehe Seiten 71-73). Die Sorte 'Rubra' ♀ ist ein besonders guter, breit aufrechter, lockerer Strauch mit dunkleren Blüten und bogig ausladenden Zweigen. *T. ramosissima* wird im zeitigen Frühjahr zur Erhaltung des Wuchsbildes leicht geschnitten und ausgeputzt.

Die Viermännige Tamariske *(T. tetrandra)* ♀ hat dunkle Zweige und kräftiger grün gefärbtes Laub. Sie blüht im späten Frühjahr und Frühsommer. Ihre Blüten erscheinen hellrosa und verwandeln die Zweige in lange, wogende Federbüsche. Da diese Tamariske am vorjährigen Holz blüht, muss sie unmittelbar nach der Blüte und nie im Frühjahr geschnitten werden.

Weigelien *(Weigela)* sind robuste Blütensträucher. Sie tragen stets im Frühsommer über wenige Wochen ihre schöne Blütenpracht, die sie gelegentlich schwächer im Spätsommer oder Frühherbst wiederholen. Weigelien gedeihen gut in Stadtgärten und trotzen Luftverschmutzung. Die anpassungsfähigen, frostharten Gehölze wachsen sowohl auf lehm- als auch kalkhaltigen Böden. Die meisten bilden lockere, aufrechte Büsche von 1,5-2 m Höhe. Empfehlenswerte Sorten (siehe auch die Seiten 40 / 41, 43 48 / 49, 51, 62, 64) sind u. a. 'Abel Carrière', üppig blühend, mit großen, leuchtend karminrosa Blüten und goldenem Schlundfleck sowie 'Bristol Ruby', ein kräftiger, aufrechter, reich blühender Busch mit hellrubinrote Blüten, der gut vor purpurnen Perückensträuchern *(Cotinus)* oder roten Ber-

Empfehlenswerte Sorten des Gewöhnlichen Fingerstrauchs *(Potentilla fruticosa)*

'Abbotswood' ♀: beliebte weiß blühende Sorte, blüht lang und üppig; dunkelgrünes Laub; ausladender Wuchs; passt zu silberlaubigen und weiß panaschierten Sträuchern

'Elizabeth' (A): große, goldgelbe Blüten von Frühjahr bis Herbst; ausgezeichneter, kompakter, von Natur aus kugeliger, 1 m hoher Busch

'Hopley's Orange' ♀ (B): Blüten orangerot, Blütenblätter schmal gelb umrandet; leuchtend grünes, filigranes Laub; zwergwüchsig und ausladend

'Limelight' ♀: sanft gelbe Blüten mit hellgelber Mitte; hellgrünes Laub

'Pink Beauty' ♀ (F): einfache sowie halbgefüllte, zartrosa Blüten; hellgrünes Laub; Zwergstrauch

'Marrob' ♀ (C): rote Blüten, kräftiger rot gefärbt als bei 'Red Ace' und weniger ausbleichend; niedrig, kompakt und ausbreitend

'Medicine Wheel Mountain' ♀ (D): große, gelbe Blüten; rot geflammte Triebe; gedrungen, niederliegend und ausbreitend

'Primrose Beauty' ♀ (E): eine der besten Sorten; blüht üppig; die zarte Farbkombination aus primelgelben Blüten und graugrünem Laub fügt sich gut in jede Pflanzung; klein und ausladend

'Sunset': leuchtend orange bis ziegelrote Blüte; kleiner, buschiger Strauch; passt zum Spierstrauch *(Spiraea)* 'Firelight'

'Vilmoriniana': cremefarbene Blüten; silbriges Laub; großer, aufrecht wachsender Strauch bis 2 m Höhe

beritzen *(Berberis)* wirkt. 'Courtalor', eine kleine,
kompakte, französische Sorte trägt zweifarbige
Blüten in reinem Rosa und Weiß. Die alte, beliebte
Sorte 'Eva Rathke' wächst kompakt und langsam
und passt mit ihren leuchtend roten Blütenglocken
und strohfarbenen Staubbeuteln perfekt in kleine
Gärten. 'Majestueux' wächst aufrecht und öffnet
seine karmesinrot überhauchten krapproten Blüten früh in der Saison. 'Mont Blanc' ist ein kräftiger
Strauch mit großen weißen, duftenden Blüten.
Weigelien werden sofort nach der Blüte geschnitten. Dabei schneidet man die abgeblühten Triebe
auf kräftige Triebe unterhalb der abgeblühten
Zweige zurück, um für Neuaustrieb Platz zu schaffen. Dies fördert bogig überhängende Blütenstände und eine attraktive Wuchsform.
Alte Weigelien zeigen häufig nur schütteres Laub
und werden von Flechten besiedelt. Man verjüngt
durch starken Rückschnitt und Düngung mit aus-
gewogenem Langzeitdünger.

Erhalten der Farbe

Durchgehende attraktive Pflanzenbilder im Sommer sind das A und O im Garten. Verwenden Sie
späte, sommerblühende Sträucher wie Schmetterlingssträucher *(Buddleja)* und Bartblumen
(Caryopteris) für die Zeit nach den frühblühenden
Sträuchern und Stauden. Die Clandon-Bartblume
(Caryopteris × clandonensis) 'Heavenly Blue'
z.B. ersetzt die saphirblauen Töne der bereits
zurückgeschnittenen Storchschnäbel *(Geranium)*.
Die Attraktivität frühblühender Sträucher wie
Pfeifenstrauch *(Philadelphus)* und Deutzie *(Deutzia)* kann durch Beigabe einer spätblühenden Clematis wie der Texas-Waldrebe *(C. texensis)* oder
der Italienischen Waldrebe *(C. viticella)* verlängert
werden.
Nutzen Sie frühe Sträucher als Hintergrund für
hohe, später blühende Stauden wie Arzneiehren-
preis *(Veronicastrum)*, Sonnenbraut *(Helenium)*
und Astern *(Aster)*.

Pflanzen für Bienen und Schmetterlinge

Zu den schönsten Verlockungen des sommerlichen Gartens gehören Schmetterlinge, Bienen und Hummeln, die die Blüten umschwirren. Besonders im letzten Teil dieser Jahreszeit strotzt der Garten vor nektarschweren Blüten. Sträucher und Stauden geben ihr Bestes, um Bienen, Schmetterlinge und andere nützliche Insekten anzulocken.

Zahlreiche Pflanzen üben große Anziehungskraft auf Insekten aus. Die beliebtesten sind Pflanzen mit Blütenständen aus zahllosen winzigen Blüten wie Schmetterlingsstrauch *(Buddleja)*, Purpur-Fetthenne *(Sedum telephium)*, Bartblume *(Caryopteris)* und Eisenkraut *(Verbena)* – alles pflegeleichte Pflanzen für offene, sonnige Situationen auf gut durchlüfteten Böden. Sie alle entfalten ihren besonderen Zauber, indem sie Schmetterlinge und Bienen sowohl in städtischer als auch in ländlicher Umgebung anziehen.

A+B | Blau blühende Schmetterlingssträucher wie die silberlaubige *Buddleja* **'Lochinch'** (A) ♀ fügen sich besonders gut zu hohen, duftigen Verbenen wie *Verbena bonariensis* ♀ (B). Letztere hat eine längere Blütezeit als der Schmetterlingsstrauch und ist bis zum Herbst mit ihren auffälligen Blütenständen in leuchtendem Purpur mit orangeroten Staubblättern attraktiv. Beide ziehen Schmetterlinge unwiderstehlich an.

C+D | Klassische, warme Sommerszenen aus blau blühenden Clandon-Bartblumen wie *Caryopteris* × *clandonensis* **'First Choice'** ♀ (C) und der Fetthenne *(Sedum)* **'Herbstfreude'** (D) ♀ werden wochenlang von Bienen und Schmetterlingen besucht, bis die Fetthenne zum herbstlichen Rostbraun verblasst.

E | Die aromatische Dostsorte *Origanum laevigatum* **'Herrenhausen'** ♀ gedeiht gut auf kalkhaltigen Böden und zieht im Winter ein.

Weitere empfehlenswerte Sträucher für Bienen und Schmetterlinge

Felsenbirne *(Amelanchier)*	Dost *(Origanum)*
Berberitze *(Berberis)*	Feuerdorn *(Pyracantha)*
Säckelblume *(Ceanothus)*	Johannis- und Stachelbeere *(Ribes)*
Zwergmispel *(Cotoneaster)*	Rosmarin *(Rosmarinus)*
Besenginster *(Cytisus)*	Skimmie *(Skimmia)*
Seidelbast *(Daphne)*	Spierstrauch *(Spiraea)*
Ölweide *(Elaeagnus)*	Flieder *(Syringa)*
Sonnenröschen *(Helianthemum)*	Tamariske *(Tamarix)*
Johanniskraut *(Hypericum)*	Thymian *(Thymus)*
Lavendel *(Lavandula)*	Weigelie *(Weigela)*
Katzenminze *(Nepeta)*	

A B

C D

E

Herbst

Der Herbst ist eine so lange Jahreszeit. Die ersten typischen Farbtöne machen sich bereits vor Ende des Sommers bemerkbar, während die letzten Blätter erst Mitte des Winters fallen. Das sind vier Monate, ein Drittel des Jahres. Mit etwas Voraussicht schenkt uns aber gerade der Herbst unvergleichlich farbenprächtige Gartenszenen.

Während das Jahr voranschreitet, entsteht im eintönigen Grün des Spätsommers allmählich eine farbenprächtige Szene aus blühenden Dahlien *(Dahlia)* und Astern *(Aster)*.

Das Falllaub, das später auf dem Komposthaufen landet, bildet mitunter reizvolle Teppiche aus warmen Farben. Regentage überstehen wir im Haus und betrauern das nahe Ende eines weiteren Jahres. Währenddessen setzen sich einige Pflanzen besonders in Szene. Fallende Blätter enthüllen die Schönheit von Rindenfarben und -strukturen sowie Früchten, die sich bisher unter dem dichten Blattkleid versteckten. Immergrüne Gehölze übernehmen nun entschiedener die Rolle als Gerüstpflanzen.

Bei buntem Herbstlaub denkt man zunächst an Bäume, aber auch Sträucher haben hier einiges zu bieten. Selbst heimische Gehölze wie Gewöhnlicher Schneeball *(Viburnum opulus)*, Wolliger Schneeball *(V. lantana)*, Kornelkirsche *(Cornus mas)* und das Gewöhnliche Pfaffenhütchen *(Euonymus europaeus)* setzen herrliche farbliche Akzente.

Hinzu kommen die reifenden Früchte des Spätsommers und Herbstes. Die attraktiven Früchte werden von Tieren gefressen, die damit gleichzeitig für die Verbreitung der Pflanzen sorgen. Während ländliche Hecken mit glänzend roten Hagebutten und den siegellackroten Früchten der Mehlbeeren *(Sorbus)* erglühen, prunken Gärten mit orangen und scharlachroten Früchten von Feuerdorn *(Pyracantha)* und Zwergmispel *(Cotoneaster)*.

---

1 | Säckelblume *(Ceanothus)* 'Autumnal Blue'

2 | Willmotts Hornnarbe *(Ceratostigma willmottianum)*

3 | Abelie *(Abelia)* 'Edward Goucher'

Die Chemie der Herbstfärbung

Die herbstlichen Farben entstehen, wenn Chlorophyll in den Blätter abgebaut wird, die Mineralstoffe aus den Blättern verlagert und in den Trieben gespeichert werden.

Für die verschiedenen Farben sind unterschiedliche Pigmente verantwortlich. Gelbtöne entstehen durch Carotinoide. Diese sind zwar ganzjährig im Blatt vorhanden, doch tritt das Gelb erst dann in Erscheinung, wenn das Chlorophyll, verantwortlich für das Grün, im Herbst abgebaut wurde.

Man nimmt an, dass der Anteil der Anthocyane, die die herbstlichen Rottöne verursachen, in dieser Zeit ansteigt. Anthocyane schützen das Blatt während des Chlorophyllabbaus vor Sonneneinstrahlung, damit der Verlagerungs- und Speicherprozess weitgehend störungsfrei ablaufen kann.

Obwohl sich auch einige Immergrüne verfärben und dabei eher rote und orange Farbtöne als gelbe zeigen, kommt das Phänomen der Herbstfärbung hauptsächlich bei laubabwerfenden Gehölzen vor, die eine Ruheperiode einlegen.

A | Fächer-Ahorn *(Acer palmatum)* 'Osakazuki'

Einige Sträucher haben sich die Blüte für diese Jahreszeit aufgespart. Die meisten beginnen damit im Spätsommer und blühen noch während der milden Herbsttage. Bei einigen kommen die Blüten vor dem verfärbten Laub erst richtig zur Geltung.

Im Herbst blühende Sträucher

Abelien (*Abelia*) sind kaum als besonders beliebte Sträucher zu bezeichnen. Gartenfreunden hat diese Gattung jedoch viel zu bieten, nicht zuletzt die Eigenschaft, erst im Herbst zu blühen. Als junge Pflanzen in Containern nicht sonderlich attraktiv, lassen sie die robuste Anmut kaum erahnen, die sie entwickeln.

'Edward Goucher', eine Sorte der Großblütigen Abelie (*A. × grandiflora*), wurde 1911 in den USA gezüchtet. Der kleine, immergrüne Strauch mit bronzefarbenem, jungem Laub blüht lilarosa im Sommer und Herbst und eignet sich für kleine Gärten. Mit graziösem Wuchs und pastellfarbenen Blütenglocken sind Abelien ideale Partner für einige unserer besten Herbstblüher wie Scheinsonnenhut (*Echinacea*), Purpur-Fetthenne (*Sedum telephium*),

4 | Rispen-Hortensie (*Hydrangea paniculata*) 'Unique'

5 | Rispen-Hortensie (*Hydrangea paniculata*) 'Kyushu'

Echter Roseneibisch (Hibiscus syriacus)

Der Echte Roseneibisch ist winterhart und entfaltet seine Blätter so spät im Frühling, dass seine Blüte im Spätsommer oder Herbst kaum verwundert. Er ist ein kräftiger, aufrechter Strauch mit steil aufragenden, aschgrauen Trieben. Die meisten Sorten werden 2–3 m hoch. Die Blätter erscheinen im späten Frühjahr in blassem Gelbgrün und nehmen schließlich eine mittelgrüne Färbung an. Die stockrosenähnlichen Blüten öffnen sich vom Hochsommer an, erreichen jedoch Anfang / Mitte Herbst ihren Höhepunkt. Der Roseneibisch gedeiht auf gut durchlässigen Böden sowie auf kalkhaltigen Standorten. Er ist in Ostasien heimisch und frosthart, braucht jedoch für eine schöne Blüte Vollsonne.

Der Echte Roseneibisch wurde vermutlich schon im 16. Jahrhundert eingeführt. Gegenwärtig gibt es eine erstaunlich große Anzahl an Sorten, einige mit einfachen, andere mit gefüllten Blüten in einem Farbspektrum von Weiß über Rosa und Rot bis zu einem Blauton. Sie erweisen sich als wertvolle, sommergrüne, gerüstbildende Sträucher für den Hintergrund von Rabatten und harmonieren mit früher blühenden Stauden wie Schafgarben *(Achillea)* und Sonnenbraut *(Helenium)*. Roseneibische werden häufig in Kübeln gezogen. Da sie jedoch verhältnismäßig spät austreiben und blühen, hält sich ihr Reiz dort in Grenzen. Roseneibische sollten nie geschnitten werden. Sie werden weder ausladend noch breit, und kürzt man sie ein, ist ihr Wuchsbild zerstört.

'Oiseau Bleu' ♀ (A), besser als **'Blue Bird'** bekannt, ist die bekannteste und verbreitetste Sorte. Die einfachen violettblauen Blüten haben eine dunklere Mitte. **'Marina'** ist eine verbesserte Sorte mit größeren Blüten in einem klareren Blau mit kräftig roter Mitte.

'Red Heart' ♀ (B) hat große, weiße Blüten mit dunkelroter Mitte. **'Floru'**, eine Hybride aus dieser Sorte und **'Blue Bird'**, hat lilarosa Blüten mit dunkelroter Mitte.

'Hamabo' ♀ (C), eine der verlässlichsten und attraktivsten Sorten, hat blassrosa Blüten mit karmesinroter Mitte. Ihre Farben sind rein und klar, ohne das Verwaschene vieler anderer Züchtungen. **'Aphrodite'** hat größere Blüten (bis zu 13 cm im Durchmesser) in dunklem Magentarosa mit roter Mitte.

Weitere empfehlenswerte Sorten

'Diana' ♀ ist die beste weiße Sorte mit großen, einfachen Blüten und knittrigen Blütenblättern. **'Flogi'** ♀ hat große fedrige, einfache Blüten in reinem Rosa mit dunkelroter Mitte.

Astern *(Aster)* sowie purpurlaubige Sträucher wie Berberitzen *(Berberis)* und Holunder *(Sambucus)*. Abelien benötigen einen Schnitt nur, um die Größe zu bewahren. Dazu entnimmt man gezielt einige Triebe. Ein formgebender Schnitt würde hingegen das charakteristisch schöne Erscheinungsbild zerstören.

Die herrlichen Blautöne der Säckelblume *(Ceanothus)* sind nicht auf das Frühjahr beschränkt. Die sommergrünen Vertreter blühen im Spätsommer und Herbst, wenn auch zurückhaltender als ihre immergrünen Artgenossen.

Sehr beliebt ist die sommergrüne Französische Hybrid-Säckelblume *(C. × delilianus)* 'Gloire de Versailles' ♀ mit blassblauen, rispigen Blütenständen. Mit ihrem lockeren, offenen Wuchs passt sie zu spätsommerlichen Stauden und den letzten Rosenblüten. Auch *C.* 'Autumnal Blue' ♀ blüht um diese Zeit. Sie ist eine der gut winterharten Hybriden mit leuchtend grünem, mittelgroßem Laub und himmelblauen Blüten in Spätsommer und Herbst sowie häufig auch im Frühjahr.

Die Hornnarbe *(Ceratostigma)* gilt gemeinhin als Sommerstrauch, denn die bekannteste Art, Willmotts Hornnarbe *(C. willmottianum)* ♀, öffnet ihre Blüten ab dem Hochsommer. Sie wird ungefähr 1 m hoch, hat kräftige Zweige und schönes, dunkelgrünes Laub, das im fortschreitenden Herbst dunkelrostbraun und rot getönt ist. Diese Laubfülle ist der ideale Hintergrund für die saphirblauen Blüten, die die Pflanze wie schimmernde Edelsteine überziehen. Eingeführt hat diese Art der Pflanzensammler Ernest Wilson im Jahre 1908. *C. griffithii* ist eine weitere dekorative Art mit tiefblauen Blüten und besonders leuchtend rotem Herbstlaub, das bis weit in den Winter am Strauch verbleibt.

Hornnarben werden ähnlich gepflegt wie Fuchsien *(Fuchsia):* Man kürzt sie nur leicht ein oder schneidet sie im Spätwinter bis zum Boden zurück. In letzterem Fall entsteht ein üppiger, aber weniger formschöner Wuchs. An ungeschützten Plätzen kann die Hornnarbe bis zum Boden zurückfrieren.

Hornnarben mögen trockene, gut durchlüftete Böden und zeigen die beste Blüte sowie Färbung in der Vollsonne. Sie eignen sich für die Pflanzung am Fuß von Mauern und faszinieren zusammen mit der bonbonrosa *Nerine bowdenii*, die zur Hochsaison der Hornnarbe blüht.

Hortensien *(Hydrangea)* beherrschen das sommerliche Gartenbild, vor allem in Küstengärten. Die kugelig und tellerförmig blühenden Hortensien entwickeln ihre grünlich roten reifen Farbtöne beim Übergang vom Sommer zum Herbst (siehe Seiten

Der Schnitt der Rispen-Hortensie (Hydrangea paniculata)

Werden Rispen-Hortensien nicht geschnitten, werden ihre Triebe weich und brüchig – Eigenschaften, die sich besonders bei jungen Pflanzen zeigen und manchen abhalten, eine Rispen-Hortensie zu pflanzen. Um ihre faszinierenden Blütenstände präsentieren zu können, braucht sie kräftige, aufrechte Zweige. Hat sich eine kräftige Basis gebildet, schneidet man im Spätwinter alle vorjährigen Triebe auf 5 cm (also bis zu 60 cm über dem Boden) zurück und entfernt gleichzeitig totes Holz.

160-165). Andere wiederum haben ihren Höhepunkt im Herbst.

Die Rispen-Hortensie *(H. paniculata)* 'Grandiflora', ein atemberaubend schöner, großer Strauch, ist besonders auffällig, wenn sie ihre langen Zweige mit riesigen, endständigen Rispen ausbreitet. Diese erscheinen im Sommer zuerst blassgrün, dann cremefarben und nehmen in der Sonne eine rosa Tönung an.

Eine ähnlich spektakuläre Sorte von *H. paniculata* ist 'Unique' ♀ mit noch längeren Blütenrispen. 'Tardiva' blüht sehr spät mit ebenfalls großen Rispen. 'Kyushu' ♀ mit aufrechtem Wuchs und dunklem, glänzendem Laub trägt Rispen mit besonders vielen Randblüten. Sie stammt aus Kyushu in Japan.

'Preziosa' ♀, eine ballförmig blühende Hortensie, ist eine Hybride der Garten-Hortensie *(H. macrophylla)* und *H. serrata*. Sie wird 1,5 m hoch und fasziniert mit dem Kontrast zwischen runden, magentarosa Blütenständen und purpurn überhauchtem, jungem Laub. Die Blüten verfärben sich im Herbstlicht tiefpurpurrot.

Die Eichenblättrige Hortensie *(H. quercifolia)* ♀ gehört zu den unterschätzten Sträuchern. Sie ist von mittlerer Größe mit dekorativem Zweiggerüst und fiederartig tief gelappten Blättern. Diese sind samtig weich und verfärben sich im Herbst leuchtend orangerot. Kegelförmige Blütenrispen aus großen Blüten erscheinen im Spätsommer, sind jedoch neben dem Laub von zweitrangiger Bedeutung. Diese Hortensie stammt aus den USA und kam im 19. Jahrhundert nach Europa. Es gibt mehrere pflegeleichte, schattentolerante Sorten wie 'Sike's Dwarf'. Die sehr gedrungene Sorte wächst eher in die Breite und ist für kleine Gärten geeignet.

Sommergrüne Sträucher mit besonderer Herbstfärbung

Fächer-Ahorne *(Acer palmatum)* sind für ihre Herbstfärbung bekannt. Als vielseitig verwendbare Pflanzen tauchen sie in etlichen Kapiteln dieses Buches auf (siehe Pflanzenporträt Seiten 46/47). Ihr Laub ist ein ästhetisches Element für Frühjahrs- und Sommerszenen, doch im Herbst mischen sie die Komposition noch einmal mit spektakulären Farbspielen auf.

Die schönsten Herbstfarben präsentieren diese Ahorne auf geschützten, hellen Plätzen mit etwas direkter Sonne. Zudem sind humusreiche, neutrale bis saure Böden günstig. Am wichtigsten ist, dass diese Gehölze im Sommer nicht zu trocken stehen. Bei Trockenheit verdorren ihre Blätter und fallen ab, ohne sich zu verfärben.

6

Rotlaubige Sorten sind besonders im Gegenlicht aufsehenerregend, wenn das Licht durch das Laub scheint. Die gelblaubigen Ahorne wirken vor allem vor der dichten, dunklen Kulisse immergrüner Gehölze.

'Bloodgood' ♀ (siehe Seite 46) mit intensiv rötlich purpurnem Laub verfärbt sich im Herbst sattrot. Ausgewachsene Pflanzen tragen sehr dekorative Flügelfrüchte.

'Inaba-shidare' ♀ hat die schönste Färbung der roten Dissectum-Gruppe. Die kräftigen, purpurnen, fein geschlitzten Blätter werden im Herbst scharlachrot. 'Inaba-shidare' reagiert auf Sommertrockenheit weniger empfindlich als die meisten anderen geschlitztblättrigen Ahorne.

'Kamagata' ist ein kleinerer Strauch mit leuchtend grünen Trieben und schönem, gelapptem, in der Jugend rotem Laub. Die Herbstfärbung ist eine Mischung aus strahlendem Gelb, Orange und Rot.

'Osakazuki', eine Sorte mit grünem, breiterem Laub, verfärbt sich im Herbst flammend scharlachrot. Sie gehört zu den Fächer-Ahornen mit der schönsten Herbstfärbung, erträgt Trockenheit vergleichsweise gut und hält auch zugigen Winden stand.

---

6 | Fächer-Ahorn *(Acer palmatum)* 'Seiryu'

'Sango-kaku' ♀ wird vor allem wegen der korallenroten jungen Triebe im Winter geschätzt. Seine Wuchsform ist aufrecht. In der Jugend wird er häufig fälschlicherweise für einen jungen Tatarischen Hartriegel *(Cornus alba)* gehalten. Das Laub nimmt im Herbst über den roten Zweigen eine zartgelbe Färbung an.

'Seiryu' ♀ gilt als die Sorte der grünlaubigen Dissectum-Gruppe, die sich am spektakulärsten verfärbt. Der große, aufrechte, anmutige Strauch entwickelt frischgrünes, rot getöntes Sommerlaub, das sich schließlich orangegelb mit blutroten Sprenkeln färbt.

'Yezo-Nishiki' ist schnellwüchsig und kräftig mit aufrechten Trieben, die mit zunehmendem Alter bogig überhängen. Das purpurrote Laub schillert im Herbst leuchtend rot.

Die in letzter Zeit weniger beliebten Berberitzen *(Berberis)* beweisen ihren eigentlichen Wert zu Herbstbeginn. Die Sorten der Thunbergs Berberitze *(B. thunbergii)* belohnen uns dann unabhängig von Boden oder Sommerwetter zuverlässig mit einem brillanten Farbspiel. Auf trockenen Standorten in Vollsonne ist ihre Wochen andauernde Färbung einfach unschlagbar. Die ledrigen, rundlichen Blätter verbleiben lange an den Zweigen, während ihre Färbung immer intensiver wird. Wenn das Laub abfällt, treten bei einigen Sorten glänzend rote Früchte in den Vordergrund. Diese Pflanzen mögen die meiste Zeit im Jahr eher unauffällig sein, doch das orange und rote Farbspiel von Mitte bis Ende Herbst ist sehenswert.

Die meisten rotlaubigen Sorten haben eine schöne Herbstfärbung. Besonders erwähnenswert sind die Säulenberberitzen 'Helmond Pillar' und 'Red Pillar'. Ihre betont aufrechten Silhouetten setzen Akzente, sobald sich im Herbst das purpurrote Sommerlaub burgunder- und scharlachrot verfärbt (siehe Seiten 48/49).

Der Liebesperlenstrauch *(Callicarpa)* bietet einen herbstlichen Farbcocktail in Pastelltönen. Den Sommer über sind die ovalen Blätter stumpfgrün, verfärben sich im Herbst in bronzepurpurn überhauchtes Bernsteingelb, während rosa und lilapurpurne, beerenartige Steinfrüchte an den Zweigen erscheinen. Auch nach dem Blattfall bleiben sie

---

7 | Fächer-Ahorn *(Acer palmatum)* 'Sango-kaku'

8 | Fächer-Ahorn *(Acer palmatum)* 'Yezo-Nishiki'

9 | Perückenstrauch *(Cotinus)* 'Grace'

10 | Bodinières Schönfrucht *(Callicarpa bodinieri* var. *giraldii)* 'Profusion'

11 | Flügel-Spindelstrauch *(Euonymus alatus)*

in dichten Büscheln hängen und sorgen bis in den Winter für eine besondere Note. 'Profusion' ♀, die bekannteste Sorte von *C. bodinieri* var. *giraldii*, zeigt bronzepurpurnes junges Laub und eine hohe, aufrechte Silhouette. Sie eignet sich als grüner Hintergrund von Staudenpflanzungen. In offeneren Situationen ist eine Unterpflanzung mit dem purpurnen Purpurglöckchen *(Heuchera)* 'Amethyst Myst' sehr wirkungsvoll. An jungen Pflanzen verschrumpeln die Früchte häufig vor der Reife. Dieser Strauch muss sich erst gut etablieren, bevor er all seine Vorzüge zeigt.

Die Vielseitigkeit des Tatarischen Hartriegels *(Cornus alba)* ist bekannt. Zahlreiche Sorten zeigen eine herrliche Herbstfärbung, bevor sie ihre winterlichen Aststrukturen preisgeben. Sie eignen sich für feuchte Standorte sowie Lehmböden und bringen sogar auf neutralen bis basischen Böden Farbe ins Spiel (siehe Seiten 192-194).

Die zarte sommerliche Rotbraun des zierlichen Laubs des Perückenstrauchs *(Cotinus)* 'Grace' wird mit der Zeit immer intensiver, bis es zur Herbstmitte zu einem strahlenden Scharlachrot wird. Da dieses besonders im Gegenlicht wirkt, sollten Sie den Standort entsprechend wählen.

'Grace', eine Hybride aus Amerikanischem Perückenstrauch *(C. obovatus)* und dem Europäischen Perückenstrauch *(C. coggygria)* 'Velvet Cloak', wurde 1979 in England gezüchtet. Der große, kräftige Strauch erreicht 3 m und mehr. Wird er im Spätwinter stark zurückgeschnitten, zeigt er im folgenden Sommer kräftige, anmutige Triebe und gesundes Laub.

'Flame' ♀ ist eine weitere Hybride aus *C. coggygria* und *C. obovatus*. Der mächtige, häufig baumförmige Strauch mit großen, runden, grünen Blättern treibt im Sommer stattliche, duftige rosa Blütenrispen aus und präsentiert sich im Herbst mit leuchtend orangerotem Laub.

Die purpurlaubigen Perückensträucher (siehe Seite 49) verfärben sich im Herbst rot. 'Ancot' entwickelt sogar noch im Halbschatten ein besonders wirkungsvolles Korallenrot (siehe Seite 39).

Der Flügel-Spindelstrauch *(Euonymus alatus)* ♀ ist ein ungewöhnlicher Strauch mit schöner Herbstfärbung. Heimisch in China und Japan, wächst er langsam mit ausladenden, dicht verzweigten Seitenästen und wird maximal 1,5 m hoch. Wenn das unkomplizierte Gehölz im Frühjahr seine Blätter austreibt, präsentiert er sich in unauffälligem Grün. Erst im Herbst folgt ein geradezu explosives Farbspiel in Korallenrot. Die Blätter fallen spät und enthüllen sehr dekorative grün geflügelte Zweige. Die Früchte einer ausgewachsenen Pflanze enthüllen beim Aufplatzen leuchtend orangerote Samen.

Das heimische Gewöhnliche Pfaffenhütchen *(E. europaeus)* wächst manchmal als kleiner Baum mit runden, grünen Ästen und ansprechender Herbstfärbung. Zweige und Äste sind erstaunlich gerade. Massen von scharlachroten Kapselfrüchten platzen auf und präsentieren orangerote Samen. Alle Pflanzenteile sind giftig.

'Red Cascade' ♀, eine Auslese mit scharlachroter Herbstfärbung, ist ein großer, luftiger Strauch mit zahllosen rosaroten Früchten an elegant gebogenen Ästen. Er harmoniert besonders mit dem weiß panaschierten Immergrünen Kreuzdorn *(Rhamnus alaternus)* 'Argenteovariegata'.

E. alatus und *E. europaeus* zeigen sogar auf kalkhaltigen Böden schön gefärbte Blätter, was sie besonders wertvoll macht, da die meisten Sträucher mit guter Herbstfarbe saure Böden vorziehen.

Hamiltons Spindelstrauch *(E. hamiltonianus)* ist der größere Verwandte des Gewöhnlichen Pfaffenhütchens. Die Sorte 'Coral Charm' des Siebolds Spindelstrauchs *(E. hamiltonianus* ssp. *sieboldianus)* hat blassrosa Kapselfrüchte, die beim Aufplatzen rote Samen enthüllen. *E. hamiltonianus* 'Red Elf' zeigt dunkelrosa Früchte mit roten Samen. Ist der Garten groß genug für einen hohen, grünen, laubabwerfenden Strauch mit wunderschöner Herbstfärbung, sollten Sie eine der oben genannten Sorten wählen.

Die Parrotie *(Parrotia persica)* ♀ ist eine Verwandte der Zaubernuss *(Hamamelis)* und ähnelt dieser, was Wuchs, Laubform, die seltsamen roten Blüten im Winter sowie die sensationelle Herbstfärbung angeht. Im Unterschied zur Zaubernuss ist die Parrotie jedoch kalktolerant und färbt sich auf diesen Böden ebenso fulminant wie auf sauren Substraten – für Gartenfreunde mit kalkhaltigen Böden also eine gute Wahl für herbstliche Akzente.

Parrotien eignen sich als Solitäre in Rasenstücken sowie als spektakuläre Kulisse für herbstblühende Stauden wie Sonnenbraut *(Helenium)* und Sonnenhut *(Rudbeckia)*. Der Strauch oder kleine Baum hat eine ornamentale, ausladende Gestalt mit an der Oberseite glänzendem, tiefgrünem Laub. Die Herbstfärbung in Schattierungen von Kastanienbraun über kräftiges Rot bis Feuerrot und Gold

---

12 | Gewöhnliches Pfaffenhütchen *(Euonymus europaeus)* 'Red Cascade'

13 | Parrotie *(Parrotia persica)*

14 | Essigbaum *(Rhus typhina)* 'Dissecta'

15 | Gewöhnlicher Schneeball *(Viburnum opulus)* 'Compactum'

16 | Perückenstrauch *(Cotinus)* 'Ancot'

12 13
14 15

16

17 18
19 20

21

hält lange an. Parrotien auf keinen Fall schneiden, da Sie dadurch ihre einzigartige trichterförmige, ausladende Wuchsform zerstören würden. Unterschätzen Sie nicht ihre späteren Ausmaße, die Sie bei der Planung berücksichtigen müssen.

Der Essigbaum (*Rhus typhina*) stand in der Mitte des 20. Jahrhunderts in fast jedem Garten. Seine samtig rotbraun behaarten Zweige und braunen, kolbenartigen Fruchtstände sind weithin sichtbar und im Herbst besonders auffällig, wenn das außergewöhnliche Farbspiel des Laubes beginnt. Hat sich der große, ausläuferbildende Strauch einmal etabliert, erscheint er überall im Garten. Dies gilt vor allem dann, wenn die Wurzeln im Umkreis der Elternpflanze gestört werden. Aufgrund seiner invasiven Eigenschaften und der Unart, selbst in Rasenflächen Ausläufer zu treiben, fiel er immer mehr in Ungnade. Essigbäume wirken in der Jugend und im Pflanzcontainer unattraktiv. Dennoch sind es interessante Pflanzen mit dekorativen, geweihartig geformten Zweigen und einer ausgesprochen brillanten Herbstfärbung. 'Dissecta' ♛ ist eine ausgezeichnete Sorte mit geschlitztem Laub, großen, braunen Fruchtständen und orangegelber Herbstfärbung.

Der Korall-Sumach (*R. copallina*) ist ein kompakterer Zwergstrauch aus Nordamerika mit im Vergleich zum Essigbaum stärker glänzenden Blättern, unauffälligeren Fruchtständen, jedoch spektakulärer Herbstfärbung in satten Rot- und Purpurtönen. *R. × pulvinata* 'Red Autumn Lace' ♛ ist ein großer Strauch mit auffälligem, farnartigem, betont gefiedertem Laub. Die roten Fruchtstände kommen besonders im herbstlichen roten, gelben und orangen Farbspiel des Laubes gut zur Geltung. Die Triebe sind grün, nur leicht behaart und ohne geweihartige Verzweigungen.

Der Gewöhnliche Schneeball (*Viburnum opulus*) trägt im Frühjahr weiße, den tellerförmig blühenden Hortensien ähnliche Blütenstände. Im Herbst färbt sich das Laub in dunklen, satten Schattierungen von Pflaumenpurpur und leuchtendem Scharlachrot. Die durchscheinenden, wie Johannisbeeren leuchtenden roten Früchte reifen büschelweise zur selben Zeit. Trotz ihres zarten Aussehens halten sie bis weit in den Winter. Das vertraute heimische Auwald-, Ufer- und Heckengehölz gedeiht prächtig auf feuchten Standorten. In ländlichen Bereichen kann der Gewöhnliche Schneeball in Gruppen als Deckgehölz zu dritt oder fünft gepflanzt werden. Auf ständig feuchten Böden lassen sie sich gut mit dem Tatarischen Hartriegel (*Cornus alba*) und Weidenarten (*Salix*) vergesellschaften (siehe Gute Pflanzpartner Seite 186).

'Compactum' ♛ blüht und fruchtet ausgesprochen reichlich und empfiehlt sich für kleine Gärten. Leider wird die Sorte nur selten angeboten. Zu 'Roseum' ♛ siehe die Seiten 152 / 153.

Zahlreiche weitere laubabwerfende und halbimmergrüne Schneebälle zeigen eine gute Herbstfärbung, werden jedoch selten aus diesem Grund gepflanzt. Der Japanische Schneeball (*V. plicatum* fo. *tomentosum*) 'Mariesii' ♛, weiß blühendes Highlight unserer Sommerrabatten mit etagenförmig angeordneten, horizontalen Ästen, zeigt bei guten Lichtverhältnissen eine aparte Herbstfärbung. Fragants Schneeball (*V. × carlcephalum*) ♛ ist eine mittelgroße, kompakte Hybride. Ihre großen, rundlichen, duftenden Blüten verfärben sich im Herbst häufig sattbraun, bevor sie abfallen.

Herbst auf sauren Böden

Für die glücklichen Besitzer von Gärten mit sauren Böden sind Zaubernuss (*Hamamelis*, siehe Seite 195) und sommergrüne Azaleen (*Rhododendron*, siehe Seiten 106 / 107) für schöne Herbstfärbungen sowie Blüten in Winter und Frühjahr praktisch ein Muss. Die Farben variieren zwar je nach Sorte, dennoch herrschen satte Bronze- und Orangetöne meist vor. Die Pflanzen sind nicht verwandt, haben jedoch viel gemeinsam. Mit ihrer eleganten Aststruktur und edlen Wuchsform setzen beide herrliche Akzente als Solitäre in Rasenflächen. Eine enge Verwandte der Zaubernuss, der Große Federbuschstrauch (*Fothergilla major*) ♛, ist eine weitere Empfehlung für opulente Herbstfarben (siehe Seite 114). Die Glockige Prachtglocke (*Enkianthus campanulatus*) ♛ und die Frühblühende Prachtglocke (*E. perulatus*) ♛, detailliert auf den Seiten 113 / 114 beschrieben, gehören zu den Sträuchern mit der spektakulärsten und verlässlichsten Herbstfärbung.

Der Wald-Tupelobaum (*Nyssa sylvatica*) ♛ wird normalerweise als Baum gezogen. Da er jedoch keine Störungen verträgt, wird er möglichst jung verpflanzt und findet sich daher in Baumschulen meist in Strauchgröße. Auf feuchten, kalkfreien Böden ist seine Herbstfärbung fulminant. 'Sheffield Park' ♛ ist eine der bekanntesten Sorten mit orangeroter Färbung im Frühherbst.

---

17 | Gebogene Traubenheide (*Leucothoe fontanesiana*) 'Rainbow'

18 | Duftloses Johanniskraut (*Hypericum × inodorum*) 'Rheingold'

19 | Kartoffel-Rose (*Rosa rugosa*)

20 | Feuerdorn (*Pyracantha*) 'Orange Glow'

21 | Wald-Tupelobaum (*Nyssa sylvatica*) 'Sheffield Park'

Die wachsende Beliebtheit von Blaubeeren führte zu einer vermehrten Kultur der Sorten der Amerikanischen Heidelbeere *(Vaccinium corymbosum)* ♀. Diese nicht nur produktiven, sondern auch dekorativen Sträucher haben bogig geneigte Zweige und leuchtend grünes Laub, das sich im Herbst scharlachrot und bronzefarben tönt. Den rosa und weißen Blütenständen folgen im Sommer schmackhafte Früchte.

Immergrüne mit schöner Herbstfärbung

Auch alle immergrünen Sträucher und Bäume verlieren ihre Blätter, doch ist das ein allmählicher Prozess, der über das ganze Jahr verteilt und nicht in einer einzigen Jahreszeit stattfindet. Nach heißen Sommern, und besonders nach Trockenperioden, zeigen auch Immergrüne eine gewisse Herbstfärbung.

In der Gattung der Traubenheiden *(Leucothoe)* finden sich etliche immergrüne Sträucher, die schattentolerant sind, jedoch kalkfreie Böden benötigen. Die Gebogene Traubenheide *(L. fontanesiana)* 'Rainbow', vermutlich die bekannteste, bleibt klein und wächst ausbreitend mit überhängenden Zweigen und ledrigem, cremefarben, gelb, rosa und burgunderrot panaschiertem Laub. Im Herbst und Winter verändern und intensivieren sich die Farbtöne leicht. Allerdings zeigen sich *L. fontanesiana* 'Lovita' und 'Scarletta' gerade im Herbst und Winter besonders attraktiv. In Ohio, USA, gezüchtet, sind sie sehr winterhart und daher sowie wegen ihrer Eignung als Kübelpflanzen in Europa ausgesprochen populär. 'Lovita' ist ein kompakter, langsamwüchsiger Strauch mit bogenförmigen Zweigen und schmalen, hellgrünen, in der Jugend rot überhauchten Blättern. Im Herbst und Winter färben sich diese sattpurpurrot. 'Scarletta' hat feinere, kürzere Zweige und wächst buschig. Mit der kalten Jahreszeit verfärbt sich ihr Laub tiefrot mit scharlachroten Blattspitzen.

Beide sind ausgezeichnete Bodendecker für Schatten und Halbschatten auf sauren Böden. Da sie auch als Kübelpflanzen im Schatten gedeihen, bringen sie Farbe in Bereiche, wo andere Topfpflanzen versagen. Am besten wachsen sie dabei in einem kalkfreien, humusreichen Substrat auf Lehmbasis.

Herbstfrüchte

Sorten des Duftlosen Johanniskrauts *(Hypericum × inodorum)* sind für Sträuße und Blumenarrangements beliebt – nicht wegen ihrer Blüten, sondern

Gute Pflanzpartner

Eine ausgezeichnete Kombination für feuchte Plätze ist Gewöhnlicher Schneeball *(Viburnum opulus,* A) mit Tatarischem Hartriegel *(Cornus alba)* 'Elegantissima' (B) und Dotter-Weide *(Salix alba var. vitellina)* ♀ (C).

aufgrund ihrer sehr haltbaren Früchte. Den kleinen, gelben Blüten am Neuaustrieb folgen konisch geformte, orangerote oder gelegentlich kastanienbraune Früchte, die noch ihr hübscher grüner Kranz aus Kelchblättern ziert. 'Rheingold' ist eine gute rost- und mehltauresistente Sorte. Um die für Sträuße erwünschte Langstieligkeit zu erreichen, sollte der Strauch Ende des Winters kräftig zurückgeschnitten werden. Die kräftigen, jungen Triebe blühen im Frühjahr und Sommer und fruchten im Herbst.

Feuerdorn *(Pyracantha)* gehört zur Familie der Rosengewächse, ist ein enger Verwandter der Zwergmispel *(Cotoneaster)* und trägt zahlreiche weißdornähnliche Blüten im Frühjahr und farbenprächtige Früchte im Herbst. Obwohl oft an Mauern gezogen, sind viele Feuerdorne auch schöne Solitäre mit lockerem, ausbreitendem Wuchs, sehr frosthart, immergrün, pflegeleicht und standorttolerant. Ein Nachteil ist ihre Anfälligkeit für Krankheiten wie Feuerbrand, Schorf und Baumkrebs. Es empfiehlt sich, eine der unempfindlichen Sorten zu wählen.

'Teton' ist eine Hybride aus 'Orange Glow' und dem Gelbfruchtigen Feuerdorn *(P. rogersiana)* 'Flava', die orangegelbe Früchte trägt und unempfindlich für Feuerbrand ist. Die Saphyr-Sorten sind alle robust und unempfindlich. 'Cadrou' ♛, mit roten Früchten, die sich bei Reife orange färben, eignet sich für Hecken. Die für Feuerbrand unempfindliche 'Rosedale' hat rote Früchte.

Trotz der vielen neuen Sorten bleibt 'Orange Glow' sehr beliebt. Der vitale Strauch wächst aufrecht, dicht und buschig und blüht und fruchtet überreich. Seine leuchtend orangeroten Früchte verbleiben bis weit in den Winter am Strauch. Die einst populäre Sorte 'Mohave' taucht heute kaum noch

Früchte für Vögel

Pflanzen produzieren Früchte zur Ausbreitung ihrer Samen, durch Vögel und andere Tiere, die sie fressen. Pflanzt man früchtetragende Sträucher, zieht man Vögel an – eine große Bereicherung des winterlichen Gartens.

auf. Grund ist ihre Anfälligkeit für Schorf, ein wachsendes Problem in milden, feuchten Wintern.

An Mauern gezogener Feuerdorn sollte nach der Blüte geschnitten werden. Dabei kürzt man die jungen Triebe bis zu den Blütenbüscheln ein, um die herbstlichen Früchte gut zur Geltung zu bringen. Dasselbe gilt für freistehende Sträucher.

Feuerdorne bringen herbstliche Farben in rein immergrüne Pflanzungen und lassen sich gut mit gelb panaschierten Sträuchern wie der Dornigen Ölweide *(Elaeagnus pungens)* 'Maculata' kombinieren.

Kartoffel-Rosen *(Rosa rugosa)* sind vermutlich die pflegeleichtesten Rosen. Als ausläuferbildende Sträucher erfordern sie, abgesehen von gelegentlichem Auslichten im Frühjahr, keinen Schnitt. Sie gelten als krankheitsresistent, sind standorttolerant und wachsen sogar auf kargen Sandböden. Sie öffnen ihre meist duftenden Blüten von Frühsommer bis Spätherbst. Die großen, hellroten Hagebutten verbleiben noch nach dem Blattfall am Strauch. Einfach blühende Sorten tragen die schönsten Hagebutten, so z. B. 'Alba' ♛, eine starkwüchsige Sorte mit duftenden, seidig weißen, einfachen Blüten und außergewöhnlichen Früchten. 'Rubra' ♛ hat weinrote bis scharlachrote Blüten und auffällige Hagebutten. Für eine reiche Hagebuttenproduktion dürfen die Blüten nicht ausgeputzt werden.

Zwergmispel *(Cotoneaster)*

Die Gattung Cotoneaster umfasst wichtige Gartensträucher aller Größen und Formen, von kriechenden Bodendeckern über mittelgroße Sträucher bis zu Großsträuchern oder kleinen Bäumen. Sie wachsen auf beinahe jedem Boden, sind pflegeleicht, laubabwerfend oder immergrün, in mindestens zwei Jahreszeiten sehr dekorativ und sehr attraktiv für viele Tierarten. Die üppig erscheinenden, kleinen rosa oder weißen Blüten im Frühsommer ziehen Bienen an, die herbstlichen Früchte Vögel.

Die großwüchsigen Zwergmispeln tragen im Herbst stets so zahlreiche Früchte, dass sich ihre bogigen Zweige unter der Last noch tiefer neigen. Häufig halbimmergrün, sind sie länger im Jahr attraktiv als viele andere kleinen Bäume, z. B. *Prunus* oder *Malus*, und können durchaus als Alternativen gelten.

Viele Zwergmispeln sind wertvolle Pflanzen für karge Böden und schwierige Lagen. Von den mittelhohen Arten sind sowohl Franchets Zwergmispel *(C. franchetii)* als auch die Späte Zwergmispel *(C. lacteus)* ♀ pflegeleichte und wirkungsvolle, gerüstbildende Sträucher, die fast überall gedeihen.

Bodendeckende Cotoneaster wie die Teppich-Zwergmispel *(C. dammeri)* ♀ eignen sich für Böschungen oder unter Sträuchern. Die traditionelle Pflanze für schattige Hausmauern unter Fenstern ist die Fächer-Zwergmispel *(C. horizontalis)* ♀, ein niederliegender, ausbreitend wachsender Strauch mit charakteristisch frischgrätenähnlich verzweigten Trieben, die keinen Schnitt vertragen.

Es gibt zahlreiche andere Zwergmispeln, z. B. gelb oder lachsrot fruchtend, doch die mit den roten Früchten bestehen am besten neben dem herbstlich gefärbten Laub.

Waterers Zwergmispel *(C. × watereri)* 'John Waterer' ♀ und die Baum-Zwergmispel *(C. frigidus)* 'Cornubia' (A) ♀ sind große, halbimmergrüne Sträucher mit bogigen Zweigen und dicken Fruchtbüscheln.

Die zierlichen grünen Blätter des sommergrünen *C. horizontalis* (B) ♀ färben sich vor dem Blattfall dekorativ und lassen leuchtend rote Früchte zurück, die bis weit in den Winter am Strauch verbleiben.

C. franchetii (C), ein anmutiger, mittelhoher Strauch mit graugrünem Laub, hat orange-scharlachrote, ausgeprägt ovale Früchte. Die kleinen, roten Früchte des immergrünen *C. lacteus* ♀ färben sich spät, halten jedoch bis zur Wintermitte.

Im Herbst überziehen siegellackrote Früchte das glänzende Laub der Teppich-Zwergmispel *(C. dammeri,* D) ♀ sowie der Kleinblättrigen Zwergmispel *(C. microphyllus)* 'Queen of Carpets'. Beide sind gute Bodendecker und können auch an Klettergerüsten gezogen werden.

Winter

Der Winter sollte nicht als tote Zeit im Garten betrachtet werden. Die saftig grünen Szenen und farbenprächtigen, überbordenden Rabatten unserer herkömmlichen Gärten zeigen in den kältesten Monaten des Jahres einen völlig anderen Charakter. Die geringe Lichtintensität und das eingeschränkte Farbspektrum verändern das Erscheinungsbild selbst jener Pflanzen, die keinen radikalen, jahreszeitlichen Wandel durchlaufen.

Gehölze tragen, von Blüten und Laub einmal abgesehen, mit Farbe und Textur der Triebe sowie ihrer Aststruktur zum attraktiven winterlichen Gartenbild in so mancher Hinsicht bei. Wenn die Tage kürzer werden und die Blätter fallen, zeigen sommergrüne Bäume und Sträucher bislang verborgene Qualitäten und vermitteln ein anderes Raumgefühl.

Blüten, die sich in dieser Jahreszeit öffnen, sind vielleicht in Größe und Farbe nicht spektakulär, doch verströmen sie in der Mehrzahl einen herrlichen Duft, um die wenigen Insekten anzulocken, die an diesen kalten Wintertagen noch unterwegs sind.

Einige im Winter blühende Sträucher sollten einen Platz in Hausnähe erhalten. Dort stehen sie geschützt, und man kann ihren Anblick an den Tagen, an denen man kaum in den Garten geht, vom Haus aus genießen. Viele Winterblüher gedeihen prächtig im Schatten oder Halbschatten, also in Situationen, wo sommerblühende Sträucher oft Probleme haben.

Die Schneeforsythie *(Abeliophyllum distichum)* ist ein guter winterharter Strauch aus Korea. Sie gehört zur Familie der Ölbaumgewächse, ist mit der Forsythie *(Forsythia)* verwandt, erscheint jedoch deutlich anmutiger und zierlicher. Trotz Frosthär-

1 | Schon eine leichte Schneedecke verwandelt die Gartenszene, indem sie Form und Struktur betont.

te benötigt sie für eine gute, üppige Blüte einen warmen, sonnigen Platz. Sie wächst langsam und bildet dünne, dunkelpurpurne Triebe, die ihr Laub nach kurzer Herbstfärbung abwerfen. Die duftenden, zarten, perlmuttweißen Blüten öffnen sich im Februar an kahlen Ästen. In freier Natur droht die Pflanze auszusterben. Sie ist wenig spektakulär, besitzt jedoch eine dezente, fragile Schönheit, die sie für jeden Garten empfiehlt.

Die eher unauffällige Chinesische Winterblüte (*Chimonanthus praecox*) begeistert vor allem mit ihrem betörenden Duft, der sich im ganzen Garten ausbreitet. Sie stammt aus China und ist pflegeleicht. Da sie einen sonnigen Platz benötigt, um Blütentriebe auszubilden, wird sie häufig an Mau-

ern gezogen. Als Blickfang im Garten ist sie mit ihrem unspektakulären, mittelgrünen Laub ungeeignet. Sie mag gut durchlässige Böden und gedeiht prächtig auf kalkhaltigen Böden.

Die reine Art trägt im Spätwinter wächserne, blasse, durchscheinende, in der Mitte purpurn gefleckte Blüten an kahlen Ästen. Die Sorte 'Grandiflorus' ♚ besitzt größere Blüten als die Art. Sie sind rot ge-

---

2 | Schneeforsythie (*Abeliophyllum distichum*)

3 | Chinesische Winterblüte (*Chimonanthus praecox*)

4 | Tatarischer Hartriegel (*Cornus alba*) 'Kesselringii'

Gute Pflanzpartner

Für ganzjährig attraktive Szenen unterpflanzt
man die Korkenzieher-Hasel *(Corylus avellana)*
'Contorta' (B) mit Kriechendem Günsel *(Ajuga
reptans)* 'Atropurpurea' (A) und Gewöhnlichem
Efeu *(Hedera helix)* 'Glacier' ♀ (C).
Die pflaumenpurpurnen Blüten des Kleinen
Immergrüns *(Vinca minor)* 'Atropurpurea' (D)
verlängern die Blütezeit des Duftenden Seidelbasts *(Daphne odora)* 'Aureomarginata' ♀ (E).

Farbige Triebe bei Hartriegeln *(Cornus)* fördern

Das Geheimnis einer schönen, winterlichen Rindenfärbung bei Hartriegeln ist der entsprechende Schnitt. Nach Winterende kürzt man die Hälfte der Triebe bis zum Boden ein. Der Rest verbleibt als Gerüst für die folgende Vegetationszeit und wird wiederum nach dem nächsten Winter geschnitten. Zu diesem Zeitpunkt haben sich aus der Basis Triebe für das kommende Jahr gebildet. Diese einjährigen Triebe zeigen die schönste Rindenfarbe. Leichtes Schneiden fördert lediglich unattraktive, schwächliche, kaum gefärbte Zweige.
Alternativ pflanzt man Hartriegel mit schöner Winterfärbung in Gruppen und schneidet die Hälfte jeden Winter bis zum Boden zurück, sodass der Rest für die nötige Höhe während der Sommermonate sorgt.

6

sprenkelt, während die Blüten von **'Luteus'** in einem klaren, wächsernen Gelb erscheinen.

Überlange Triebe können sofort nach der Blüte zurückgeschnitten werden. Später mindern stärkere Schnittmaßnahmen die Blühwilligkeit. Junge Pflanzen blühen selten. Daher ist Geduld gefragt, die allerdings durch den winterlichen Duft belohnt wird.

Den Tatarischen Hartriegel *(Cornus alba)* gibt es in vielen Sorten, die auch im Sommer wertvoll sind. Am bekanntesten ist der Großstrauch jedoch für die Schönheit seiner glatten, farbenprächtigen Triebe im Winter. Die nach ansprechender Herbstfärbung und Blattfall nackten Zweige präsentieren sich in einem satten, leuchtenden Rot.

C. alba ist ein sehr unkomplizierter Strauch und toleriert trockene bis vernässte Böden. Er wächst zwar im Schatten, doch es bedarf etwas Wintersonne, um das Farbenspiel der Zweige richtig in Szene zu setzen. Der Tatarische Hartriegel kommt aus Sibirien, der Mandschurei und Nordkorea und ist daher sehr winterhart. Aufgrund seines robusten Charakters wird er häufig im öffentlichen Grün verwendet, was ihn allerdings für unsere Gärten nicht weniger wertvoll macht.

Ungeschnitten erweisen sich die kräftigeren Vertreter als gute Deckgehölze und eignen sich für die Bepflanzung von Böschungen. Für wirkungsvolle Szenen mischt man rot- und gelbtriebige Hartriegel. Sie verbinden sich zu schönen Gartenbildern mit immergrünen Sträuchern wie Stechpalmen *(Ilex)* und dem Immergrünen Schneeball *(Viburnum tinus)* (siehe Gute Pflanzpartner Seite 200).

'Sibirica' ♛ ist weniger robust als die Art, zeigt jedoch leuchtend karmesinrote winterliche Triebe. **'Sibirica Variegata'**, eine panaschierte Sorte, ist ein ausgezeichneter sommergrüner Strauch. Die

Hartriegel (Cornus) im Haus

Leuchtend gefärbte Zweige in Vasen sind ein attraktiver, reizvoller winterlicher Hausschmuck, der erstaunlich lange hält. Lange, biegsame Triebe werden zudem zur Herstellung von Kränzen und Girlanden für weihnachtliche Dekorationen verwendet.

cremefarben gerandeten Blätter sind oft rosa überhaucht und haben eine schöne Herbstfärbung. Die Triebe sind ebenso lebhaft gefärbt wie bei der reingrünen Sorte.

Die Zweige von 'Kesselringii' sind schwarzpurpurn gefärbt und bieten sich für Gestaltungen mit Pflasterflächen und vor hellem Hintergrund an. Auch die Kombination mit den bogigen, weißen Zweigen der Tangutischen Himbeere (Rubus cockburnianus) 'Goldenvale' ♀ ist dekorativ.

'Elegantissima' ♀ ist die weitverbreitete, weiß panaschierte Sorte mit blassgrünen, weiß umrandeten und gefleckten Blättern. Sie ist starkwüchsig und empfehlenswert, wo ein großer, lockerer Strauch gebraucht wird. Etwas aufrechter im Wuchs und weniger kräftig zeigt sich 'Spaethii' ♀ mit golden panaschiertem, in der Vollsonne oft rot überhauchtem Laub. 'Gouchaultii' ist ähnlich, nur mit rosa getönten Blättern. Die Sorte 'Aurea' ♀ hätte eine weitere Verbreitung verdient. Ihr Laub ist zartgelb, im Schatten limonengelb, der Wuchs licht und locker. Sie gehört zu den eher dezent gelblaubigen Sträuchern, jedoch mit dem zusätzlichen Bonus einer dekorativen winterlichen Rindenfärbung.

Der heimische Blutrote Hartriegel (C. sanguinea) hat grüne, rot geflammte Triebe mit kleinen, weißen Blüten, denen schwarze Früchte folgen. Die meiste Zeit im Jahr ist der Strauch unauffällig, setzt jedoch im Herbst mit seiner purpurroten Laubfärbung angenehme Akzente. Verschiedene holländische Auslesen sind wegen ihrer ungewöhnlichen Rindenfarbe mittlerweile sehr populär. 'Midwinter Fire' und 'Winter Beauty' haben leuchtend orangegelbe Triebe, die im Winter orangerot nachdunkeln. Es sind einfach faszinierende Pflanzen, deren Quartiere in der Baumschule in der Wintersonne blutrot glühen.

Das Einwachsen sämtlicher C.-sanguinea-Sorten gestaltet sich oft schwieriger als bei anderen Hartrie-

5 | Blutroter Hartriegel (Cornus sanguinea) 'Winter Beauty'

6 | Tatarischer Hartriegel (Cornus alba) 'Sibirica'

7 | Weißer Hartriegel (Cornus sericea) 'Flaviramea'

8 | Korkenzieher-Hasel (Corylus avellana) 'Contorta'

Seidelbast *(Daphne)* im Haus

Seidelbastzweige halten in Innenräumen nicht lange. Der Trick ist, nur die Blütenbüschel mit einigen Blättern zu pflücken und diese bis zu den Blütenkelchen ins Wasser zu stellen.

Pflanzung und Pflege von Seidelbast *(Daphne)*

Seidelbast liebt fruchtbare, lehmige Böden und Feuchtigkeit bei guter Drainage. Er gedeiht gut auf kalkhaltigen Böden, solange die anderen Anforderungen erfüllt sind. Für Kübel eignet er sich weniger.

Viele Seidelbastarten wurzeln zögerlich und lassen sich nur schwer vermehren. Sie werden teilweise veredelt und sind daher teurer als andere Gartensträucher. Bei veredelten Sorten sollte man den Austrieb aus der Unterlage sofort entfernen. Anderenfalls setzt sich diese durch.

Seidelbast hat eine Lebenserwartung von 10 bis 15 Jahren. Gewöhnlicher Seidelbast *(D. mezereum)* und besonders Duftender Seidelbast *(D. odora)* werfen dann ihre Blätter ab, während sie noch einige wenige Blüten austreiben. Dann ist es Zeit, eine neue Pflanze zu kaufen.

geln. Die Wurzeln sind in den Containern frostanfällig, daher ist eine Pflanzung im Frühwinter ratsam. Der Weiße Hartriegel *(C. sericea)* ist wie *C. alba* ein großer Strauch von bis zu 2,5 m Höhe. Er stammt aus Nordamerika und erweist sich als ebenso winterhart und pflegeleicht wie *C. alba*. Die bekannteste Züchtung ist 'Flaviramea' ♀, deren gelbgrüne Triebe gut zu den rottriebigen Hartriegeln passen. Sie gedeiht prächtig auf nassen Standorten. 'Budd's Yellow' hat hellgelbe junge Triebe und gilt als verbesserte 'Flaviramea'. 'Cardinal' besticht durch scharlachrote junge Triebe mit orangen Spitzen und scheint eine kräftigere Alternative zu *C. sanguinea* 'Midwinter Fire' zu sein.

Die Korkenzieher-Hasel *(Corylus avellana)* 'Contorta' ist eine Spielform unserer heimischen Hasel, die ursprünglich in einer Feldhecke in England entdeckt wurde. Ihr dekorativstes Attribut sind ihre ungewöhnlich gedrehten und gewundenen Zweige, die ihr ihren deutschen Namen eingebracht haben. Im Sommer werden die Triebe von dichtem, grünem, ebenfalls verformtem Laub verdeckt. Im Laubkleid ist diese Hasel nicht sonderlich schön und erweckt eher den Eindruck einer kranken Pflanze. Sind die Blätter jedoch gefallen, bietet sie einen ungewöhnlichen Anblick. Zusätzlich schmücken sich die Zweige im Spätwinter mit gelben Kätzchen.

'Contorta' wird durch Veredelung auf die Gewöhnliche Hasel *(C. avellana)* vermehrt. Wildtriebe der Unterlage sollten entfernt werden, bevor sich die kräftigere Art durchsetzen kann. Ansonsten ist 'Contorta' pflegeleicht und wächst auf fast jedem Boden in Sonne wie Schatten.

Zieht man die Korkenzieher-Hasel in einem Kübel, kann sie ihre gedrehten Äste sowie die Kätzchen besonders vorteilhaft in Szene setzen. Zudem wirkt die Pflanze als Solitär in einem niedrigen Teppich aus Bodendeckern wie Efeu *(Hedera)* oder Günsel *(Ajuga)* oder an einem Zaun oder einer Steinmauer gepflanzt (siehe Gute Pflanzpartner Seite 191).

Seidelbast *(Daphne)* erfreut sich seit vielen Jahren einer lebhaften Nachfrage. Die Gattung umfasst ungefähr 50 sowohl immergrüne als auch sommergrüne, in Europa heimische Arten. Viele sind recht klein, doch einige wachsen zu mittelhohen Sträuchern heran. Ihre Blüten sind selten auffällig, bei etlichen Arten sogar bedeutungslos, doch viele verströmen einen überaus herrlichen Duft – der eigentliche Grund für die Beliebtheit des Seidelbasts. Seidelbaste sind überaus giftig, werden von Kaninchen und Rehen nicht verbissen und eignen sich speziell für ländliche Gärten.

Der Gewöhnliche Seidelbast *(D. mezereum)*, ein sommergrüner, kleiner Strauch mit aufrechten Zweigen, öffnet im Februar und März massenhaft purpurrote Blüten an den vorjährigen Trieben, denen häufig rote Früchte folgen. Den drastischen Rückgang ihrer Beliebtheit verdankt die Pflanze einer Virusinfektion. Infizierte Pflanzen blühen zwar, sind jedoch unansehnlich und kümmern.

Der Duftende Seidelbast *(D. odora)* ist ein kleiner, rundlicher, immergrüner Strauch mit glänzend dunkelgrünen Blättern. Seine frosthärteste und verbreitetste Sorte ist 'Aureomarginata' ♀ mit schmal gelb gerandetem Laub. Die sternförmigen, lilapurpurnen Blütenbüschel duften betörend. Dieser Seidelbast gedeiht gut im Halbschatten, z. B. in Hausnähe.

9 | Duftender Seidelbast *(Daphne odora)* 'Aureomarginata'

Pflanzenporträt

Zaubernuss (*Hamamelis*)

Die Mitglieder dieser nur wenige Arten umfassenden Gattung sind ausgesprochen schöne Bäume und Sträucher aus Nordamerika, Japan und China. Außer ihren bizarren, zarten Blüten, die mitten im Winter erscheinen, erfreuen sie mit einer der prachtvollsten Herbstfärbungen, die Gartensträucher zu bieten haben.

Die Zaubernuss eignet sich ideal als kleiner freistehender Baum oder Großstrauch und hat eine ornamentale Aststruktur aus unregelmäßig in die Breite wachsenden Verzweigungen in lockerer Trichterform. Alle gedeihen auf humosen, nicht zu schweren Böden und färben sich besser auf sauren Böden. Die Sorten der Chinesischen Zaubernuss *(H. mollis)* bevorzugen niedrige pH-Werte. Trockenheit vertragen diese Pflanzen nicht. Bis sie eingewachsen sind, ist regelmäßiges Wässern zwingend. Sie sind winterhart, profitieren jedoch vom Schutz benachbarter Bäume.

Der Platz einer Zaubernuss sollte so gewählt werden, dass die Blüten gut zur Geltung kommen. Die Sorten und Arten mit blassgelben Blüten wirken besonders vor dunklem Hintergrund; rot blühende Exemplare verstärken das schwache winterliche Licht. Eine Zaubernuss erwirbt man am besten während der Blüte,

um sich ein zutreffendes Bild machen zu können. Dass selbst junge Sträucher blühen, liegt daran, dass die meisten veredelt sind. Die Zaubernuss ist eine erprobte Heilpflanze. So wird aus der in Virginia, USA, heimischen *H. virginiana* die entzündungshemmende Hamamelislotion gewonnen.

H. mollis (A) ♀ ist die populärste Art. Ihre großen Blüten duften süß und haben breitere, bandförmige Blütenblätter als die meisten anderen Zaubernüsse. Diese bewährte Art kann jedoch wie alle aus Samen gezogenen Pflanzen unterschiedliche Blütenqualitäten zeigen.

Die Hybrid-Zaubernuss *(H. × intermedia)* 'Jelena' (B) ♀ gehört zu den beliebten exotisch rot und orange blühenden Zaubernüssen mit passend gefärbtem Herbstlaub.

H. × intermedia 'Diane' (C) ♀ blüht richtig rot und ist vermutlich die beste der rot blühenden Sorten mit entsprechendem Herbstlaub.

'Pallida' (D) ♀ ist der beliebteste registrierte Klon der Hybrid-Zaubernuss *(H. × intermedia)*. An den kahlen Zweigen stehen zur Wintermitte dicht an dicht schwefelgelbe Blüten. Im Herbst färbt sich das Laub gelb.

A B
C D

Lonicera × *purpusii* gehört zu den kräftigen, strauchförmig wachsenden Heckenkirschen. Sie ist eine Hybride der im Winter blühenden, halbimmergrünen Arten Wohlriechende Heckenkirsche (*L. fragrantissima*) und Stinkende Heckenkirsche (*L. standishii*).

Die Pflanze ist die meiste Zeit des Jahres unauffällig und sieht mit ihrem einfachen, dunkelgrünen Laub eher wie ein Liguster *(Ligustrum)* aus. Die Zweige wachsen überhängend und senken sich oft tief herab, was die Pflanze noch buschiger und ausladender erscheinen lässt. Das lockere, sparrige Bild, das sie als junge, im Container gezogene Pflanze abgibt, ist irreführend. Sie ist im reiferen Alter ein ausgezeichneter Strauch für den Hintergrund einer Rabatte, wo sie ihren kräftigen Wuchs frei entfalten kann. Zudem ist sie pflegeleicht und standorttolerant.

Schnittmaßnahmen erfolgen unmittelbar nach der Blüte, normalerweise Ende März. Alle abgeblühten Zweige sollten dabei stark zurückgeschnitten werden, um einen Neuaustrieb und die Blüte im folgenden Winter zu fördern.

Die köstlich duftenden Blüten dieser Heckenkirsche, weiß mit cremefarbenen Staubfäden, stehen zu zweit in den Blattachseln. 'Winter Beauty' blüht üppig über einen langen Zeitraum. Sie entstand 1966 aus einer Rückkreuzung von *L.* × *purpusii* mit *L. standishii.*

In milderen Wintern behält die Pflanze einen Teil ihres Laubes, was ein gewisser Vorteil ist, auch wenn die Blätter die Blüten teilweise verdecken. Schneidet man Zweige für die Vase, entfernt man das Laub.

Mahonien *(Mahonia)* waren lange Zeit unter den beliebtesten immergrünen Winterblühern. Mit ihren steifen Zweigen sehen sie als junge Pflanzen gewöhnungsbedürftig aus, nehmen jedoch im fortgeschrittenen Alter eine anmutige Wuchsform an. Ihre ledrigen Blätter stehen im Gegensatz zu ihrer zarten Schönheit und dem göttlichen Duft ihrer Blütenrispen.

Gewöhnliche Mahonie *(M. aquifolium)* siehe Seiten 84, 87.

Die Japanische Mahonie *(M. japonica)* ⚍ ist die bekannteste und wohl schönste Mahonienart. Die Pflanze wächst fast überall, sogar auf kalkhaltigen

10| Heckenkirsche (*Lonicera* × *purpusii*) 'Winter Beauty'

11 | Japanische Mahonie *(Mahonia japonica)*

12| Mahonie *(Mahonia* × *media)* 'Winter Sun'

13| Mahonie *(Mahonia* × *media)* 'Underway'

13

Böden und im Schatten. Sie ist immergrün, zeigt jedoch auf kargen, flachgründigen Böden an einigen Blättern satte Scharlachrot- bis Rotschattierungen, die bis weit in den Winter halten. Diese Mahonie wächst vergleichsweise locker.

Gewöhnlich erscheint das steife, ledrige Laub in tiefem, glänzendem Grün und ist unpaarig gefiedert. Die großen, zusammengesetzten Blätter stehen in Wirteln an starren, zähen, aufrechten Zweigen. Wie bei ihrer Verwandten, der Berberitze (Berberis), ist das Laub dornig gezähnt, was sie zu einer guten Pflanze für abweisende Grenzhecken macht. Die Japanische Mahonie besitzt den intensivsten Duft der Mahonien. In der Wintermitte bilden sich zwischen den endständigen Blattrosetten lockere, straußartige Blütenstände mit zahlreichen, zartgelben, betörend duftenden Blütenglöckchen.

Die Lomarinblättrige Mahonie (M. lomariifolia) ♈ ist eine imposante, aufrechte Pflanze aus Burma und Westchina. Die Blätter bestehen aus einer größeren Anzahl von schmaleren Fiederblättchen als bei der Japanischen Mahonie, während die straußartigen, kräftig gelben Blütenstände aufrecht stehen. Diese Pflanze ist nur für milde Lagen und vor kalten Winden geschützte Standorte geeignet.

M. × media vereinigt die Vorteile beider vorgenannten Arten in sich und ist Ausgangsmaterial für viele beliebte Gartensorten. Diese können eine Höhe von bis zu 3 m erreichen, zeigen ein schönes Astgerüst sowie hellgelbe Blütenstände und sind damit

Schnitt von Mahonien (Mahonia)

Bei Mahonien kann man die Zweige unterhalb eines Blattquirls schneiden, um einen kompakten Wuchs zu fördern. Sie vertragen auch einen Schnitt ins alte Holz, z. B. zum Verjüngen oder um ein Überwuchern benachbarter Pflanzen zu verhindern. Sie lassen sich außerdem gut als Hecken ziehen.

Pflanzpartner für Mahonien (Mahonia)

Mahonien (Mahonia) besitzen eine ausgeprägte, etwas bizarre Wuchsform. Die geschickte Kombination mit gelb panaschierten Pflanzpartnern bringt das Gelb ihrer Blüten ausdrucksvoll zur Geltung. Der buntlaubige Japanische Spindelstrauch (Euonymus japonicus) 'Aureus' ist pflegeleicht und gedeiht unter denselben Bedingungen wie Mahonien. Als Bodendecker empfiehlt sich der populäre Kletternde Spindelstrauch (E. fortunei) 'Emerald 'n' Gold', der mit seinen kleinen Blättern eine aufhellende Wirkung zeigt. Bei ausreichendem Platz wählt man am besten einen großblättrigen Efeu (Hedera) als Bodendecker. H. colchica 'Sulphur Heart' erweist sich hier als besonders attraktiv. Heutzutage blühen Mahonien früh, häufig zu Beginn des Winters. Verlängern Sie die attraktive Zeit, indem Sie ihnen gelbe Narzissen (Narcissus) zur Seite stellen. Das kräftig grüne Laub der Mahonien bildet die perfekte Kulisse.

bei begrenztem Platzangebot eine ausgezeichnete Alternative zu kleinen Bäumen im Schatten.

Es existieren mehrere bekannte Klone von *M. × media*, z.B. 'Lionel Fortescue' ♀ mit aufrechten Blütenständen sowie 'Buckland' ♀, benannt nach dem Ort, in dem beide gezüchtet wurden. 'Charity', ein weiterer Klon von *M. × media*, ist aufgrund seiner robusten Natur und langen Blütezeit sehr beliebt, duftet jedoch leider nur mäßig. Wie bei 'Buckland' sind die Blütenstände lang und ausladend. Kompakte Sorten von *M. × media* sind 'Underway' ♀ mit aufrechten Blütenständen und 'Winter Sun' ♀, die durch aufrechte Blütenstände mit intensivem Duft punktet.

Fleischbeeren *(Sarcococca)* sind charmante, immergrüne Zwergsträucher. Von ihnen existieren etliche populäre Arten, die alle gut auf fruchtbaren Böden und besonders prächtig auf kalkhaltigen Böden wachsen. Sie wachsen langsam, werden selten größer als 1 m, sind erstaunlich standorttolerant und gedeihen sogar im Schatten und unter Bäumen.

Ihr immergrünes Laub ist ein wertvolles Element, doch die beste Überraschung kommt mitten im Winter, wenn sich die winzigen, weißen, fadenartigen Blüten öffnen. Obwohl weder spektakulär in Farbe oder Form, bleiben sie schon aufgrund ihres wunderbaren Duftes nie unbemerkt.

Fleischbeeren sind wertvolle Gartenpflanzen, denn es gibt wenige andere frostharte Zwergsträucher mit dieser Vielseitigkeit. Sie eignen sich hervorragend, um Lücken unter höherwüchsigen Pflanzen zu füllen. Ihr glänzendes, üppiges Laub bildet gute Kulissen für frühblühende Zwiebel- und Knollenpflanzen. Am Saum von Gartenwegen und in Hausnähe kann man ihren Duft in vollen Zügen genießen. Sie eignen sich mit ihrem schönen Laub und dem Duft ihrer Blüten auch für Vasen.

S. confusa ♀ hat besonders attraktives, glänzendes, sattgrünes Laub und eine anmutige, ausgebreitete Wuchsform. Hat sich die Pflanze einmal etabliert, bildet sie gern Ausläufer und breitet sich, wenn auch nicht wuchernd, so doch dicht aus. Schwarze Früchte folgen den duftenden, cremefarbenen Blüten.

S. hookeriana var. *digyna* ♀ ist ein aufrechter Strauch mit schmalen Blättern und offenem Wuchs. Die Blüten erscheinen spärlicher, duften jedoch ebenso intensiv. *'Purple Stem'* hat attraktive, purpurn überhauchte junge Triebe und Blattstiele. Die Pflanze eignet sich als Kulisse für rote und purpurne Hybriden der Orientalischen Nieswurz *(Helleborus orientalis)*.

S. orientalis wächst aufrecht und vital mit kräftigen, grünen Zweigen. Die Blätter sind größer als bei *S. confusa* und bis zu 9 cm lang. Die Blüten haben eine rosa Tönung. Die Mäusedornblättrige Fleischbeere *(S. ruscifolia)* ist im Garten unüblich und wird häufig mit *S. confusa* verwechselt. Empfehlenswert ist *S. ruscifolia* var. *chinensis* ♀, die mit ihrem kräftig grünen Laub der perfekte Hintergrund für dunkelrote Früchte ist. Die sehr attraktive Pflanze bildet eine dichte, buschige Form.

Skimmien *(Skimmia)* sind Sträucher, die erst voll zur Geltung kommen, wenn die Tage kürzer werden und der Winter bevorsteht. Dennoch sehen die frostharten Pflanzen am richtigen Platz rund ums Jahr gut aus.

Skimmien bringen mit ihrem Laub und den bunten Blütenknospen Farbe und Leben in winterliche Topfpflanzungen. Sie stammen ursprünglich aus dem Himalaya und Ostasien und tolerieren als ausgezeichnete Immergrüne Schatten, Küstenstandorte und Luftverschmutzung. Sie wachsen kompakt und buschig. Das in Rosetten angeordnete Laub bereitet die Szene für die auffälligen Blütenstände sowie die dicken Früchte einiger Sorten vor. Aufgrund des Zeitpunkts der Fruchtreife werden sie gelegentlich als Ersatz für Stechpalmen *(Ilex)* genutzt. Die Skimmien mit roten Blütenknospen sind ebenso dekorativ. Skimmien gehören zur Familie der Rautengewächse, was ihr aromatisches Laub und ihre duftenden Blüten erklärt.

Die Japanische Skimmie *(S. japonica)* 'Rubella' ♀ ist die bekannteste Sorte. Dieser männliche Klon produziert keine Früchte. Er blüht jedoch sehr üppig, und die zahlreichen, im Herbst und Winter sichtbaren roten Blütenknospen kompensieren die fehlenden Früchte. Im Frühjahr öffnen sie sich zu Büscheln duftender, cremefarbener Blüten. 'Rubella' eignet sich hervorragend für saisonale Topfarrangements sowie für dauerhafte Gartenbilder.

Reeves Skimmie *(S. japonica* ssp. *reevesiana)* bildet sowohl männliche als auch weibliche Blüten. Sie ist selbstbestäubend, trägt siegellackrote Früchte und wird selten größer als 60 cm. Ihre weißen Blüten duften süß. Sie mag keine kalkhaltigen Böden und etabliert sich im Garten nur schwer. Beliebt ist sie

14| Fleischbeere *(Sarcococca confusa)*

15| Fleischbeere *(Sarcococca hookeriana var. digyna)*

16| Reeves Skimmie *(Skimmia japonica* ssp. *reevesiana)*

17| Japanische Skimmie *(Skimmia japonica)* 'Rubella'

18| Skimmie *(Skimmia × confusa)* 'Kew Green'

14 15
16 17

18

Gute Pflanzpartner

Pflanzen Sie für ein schönes Winterarrangement Immergrünen Schneeball *(Viburnum tinus)* (A) mit rottriebigem Tatarischem Hartriegel *(Cornus alba)* 'Sibirica' ♀ (B) und panaschierter Gewöhnlicher Stechpalme *(Ilex aquifolium)* 'Ferox Argentea' ♀ (C) zusammen.

Unter die gelb blühende *Mahonia* × *media* 'Charity' (D) passt gut ein Efeu mit gelben Blättern wie *Hedera colchica* 'Sulphur Heart' (E).

vor allem, weil sie bereits als junge Kübelpflanze Früchte trägt.

Der weibliche Klon *S. japonica* 'Veitchii' produziert mit männlichen Bestäubern wie *S. × confusa* 'Kew Green' besonders dekorative, haltbare Früchte. Man sollte auch die männlichen Klone wegen der fehlenden Früchte nie als minderwertig betrachten, denn ihre schönen Blüten machen dies wett. 'Kew Green' ist eine erstklassige Sorte mit apfelgrünem Laub und Büscheln aus weißen, nach Maiglöckchen duftenden Blüten. Wie der Name bereits andeutet, ist auch die männliche *S. japonica* 'Fragrans' ♀ eine Duftpflanze.

Skimmien *(Skimmia)* in Kübeln

Mit ihrer kompakten Wuchsform sind Skimmien sehr schöne Kübelpflanzen. In einem ausreichend großen Topf mit mehr als 35 cm Durchmesser mit guter Drainage kann eine Skimmie ein permanentes Gestaltungselement sein, das an jedem Platz ohne direkte Sonneneinstrahlung jahrelang Freude bereitet. Als Substrat sollte man eine lehmhaltige Erde verwenden.

Wuchs und Laub der Skimmien kontrastiert reizvoll mit ebenfalls für Kübel geeigneten Farnen und Funkien *(Hosta)*.

Wie man das Beste aus Skimmien *(Skimmia)* macht

Skimmien sind Schattenpflanzen für gut durchlüftete, humusreiche Böden. Sie gewöhnen sich besser ein, wurde bei der Pflanzung reichlich guter Gartenkompost oder reifer Mist unter die Erde gemischt. Das feine Wurzelsystem muss im Anfangsstadium gut gewässert werden. Skimmien sind pflegeleicht und benötigen keine spezielle Pflege und keinen Schnitt.

In offenen Situationen in Vollsonne vergilbt das Laub, was oft zu dem Trugschluss führt, dass Skim-

mien Kalk meiden. Die meisten Skimmien gedeihen jedoch sowohl auf basischen wie auf sauren Böden, solange sie nur im Schatten oder Halbschatten stehen. Auf sonnigen Plätzen kann die Gelbfärbung auch durch Spinnmilben verursacht werden, die Sie mit geeigneten Mitteln bekämpfen sollten.

Skimmien setzt man nie tiefer als zuvor im Container. Will eine Skimmie nicht gedeihen, blühen und fruchten, ist das meist ein Zeichen dafür, dass sie zu tief gepflanzt wurde.

Winterblühende Zwiebel- und Knollenpflanzen unter winterblühenden Sträuchern

Dalmatiner Krokus *(Crocus tommasinianus)* ♀
Vorfrühlings-Alpenveilchen *(Cyclamen coum)* ♀
Kleiner Winterling *(Eranthis hyemalis)* ♀

Kleines Schneeglöckchen *(Galanthus nivalis)* ♀
Kleine Netzblatt-Iris *(Iris reticulata)* ♀
Puschkinie *(Puschkinia scilloides)*

Schneeball *(Viburnum)*

Von den über 150 immergrünen und sommergrünen Schneeballarten werden etliche vor allem wegen ihrer winterlichen Blüten geschätzt. Sie sind pflegeleichte Sträucher für fast alle Böden sowie Sonne und Schatten, frosthart und ausgezeichnete Gerüstpflanzen.

Der Immergrüne Schneeball *(V. tinus)* kam bereits im 16. Jahrhundert aus dem Mittelmeerraum. Wie viele mediterrane Pflanzen übersteht er die Winter bei uns nur in milden Lagen (Weinanbaugebiete, Norddeutschland, Innenstädte). Er hat viele der besten Eigenschaften, ist pflegeleicht, immergrün, reich blühend über einen langen Zeitraum und reagiert positiv auf Schnitt.

Die Art wächst als mittelhoher bis großer, dicht buschiger Strauch mit Massen an dunkelgrünen, glänzenden, ovalen Blättern. Die flachen Blütenköpfe aus rosafarbenen Knospen öffnen sich kontinuierlich vom Herbst bis ins späte Frühjahr. Den weißen Blüten folgen häufig blauschwarze Früchte, die in der Regel noch immer am Strauch hängen, wenn die Blütenknospen der folgenden Saison austreiben.

Mit seinem immergrünen Laubkleid ist *V. tinus* das ganze Jahr über ein attraktives, vielseitig einsetzbares Gartenelement. Die robusten Blätter und seine Blühfreudigkeit empfehlen ihn für ein breites Spektrum sowohl formaler wie freier Gartenanlagen.

Der Immergrüne Schneeball übersteht selbst trockenen Schatten, auch unter Eichen *(Quercus)*. Allerdings muss er gut eingewachsen sein, bevor er blüht. Das Geheimnis des Erfolges ist eine gute Bodenvorbereitung und reichliches Wässern, auch in trockenen Wintern.

Der Bodnant-Schneeball *(V. × bodnantense)* gehört zu den bekanntesten Winterblühern. Sein Wuchs ist kräftig und aufrecht. Büschel aus magentarosa Knospen öffnen sich zu blassrosa, süß duftenden Blüten, die bei günstigen Bedingungen von Herbstmitte an erscheinen.

Der Bodnant-Schneeball ist eine in Großbritannien gezüchtete Hybride aus Duftendem Schneeball *(V.*

farreri) ♀ und Großblütigem Schneeball *(V. grandiflorum)*, die beide im Winter blühen.

V. × bodnantense wächst zu einem hohen Strauch heran, der häufig über 3 m Höhe erreicht. Er ist eine ausgezeichnete Gerüstpflanze für den Hintergrund einer Rabatte, wo er sich frei entfalten kann. Leider wird seine Endhöhe meist unterschätzt. In geschützten Lagen behält er meist über Winter sein Laub, was die Wirkung der Blüten mindert. Am schönsten präsentiert er sich in offenen Situationen.

'Dawn' ♀ (A) war eine der ersten Sorten von *V. × bodnantense* und wird immer noch am häufigsten gepflanzt. Der Strauch ist kräftig mit dunklem, geripptem, oft später im Jahr rotbraun überhauchtem Laub. 'Deben' ♀ hat blassere Blüten.

V. tinus 'Anvi' (B) öffnet über eine lange Zeit zahlreiche weiße Blüten aus rosa Knospen. Blauschwarze Früchte folgen den Blüten. Das Laub ist kräftig, dicht und dunkelgrün und steht an tiefroten Zweigen, die mit zum attraktiven Erscheinungsbild der Pflanze beitragen.

Immergrüner Schneeball *(Viburnum tinus*, C) von Frost bedeckt

V. 'French White' (D) ♀ ist 'Anvi' ähnlich und eine der am häufigsten gepflanzten Sorten. 'Purpureum' ist eine Auslese mit dunklerem Laub und bronzefarben getönten jungen Trieben, die lockerer als die meisten anderen Schneebälle wächst, eine wertvolle Eigenschaft für Mischpflanzungen.

V. tinus 'Eve Price' ♀ (E) hat die kompakteste Wuchsform und erreicht langsam eine Höhe von 1,5 m. Die Blätter sind kleiner und stehen dichter. Er produziert zahlreiche dunkelrosa Knospen und rosa überhauchte Blüten, gedeiht auch an weniger sonnigen Plätzen und ist ein guter immergrüner Strauch für einen großen Kübel. 'Gwenllian' ist ebenfalls sehr kompakt mit weißeren, größeren Blüten.

Schnitt und Erziehung von Schneebällen *(Viburnum)*

Alle Sorten des Immergrünen Schneeballs *(V. tinus)* reagieren positiv auf Schnitt. Dieser erfolgt unmittelbar nach der Blüte im zeitigen Frühjahr, damit die Triebe, die im nächsten Winter die Blüten tragen, genügend Zeit zum Ausreifen haben. Man schneidet nur, um Größe und Form zu erhalten. *V. tinus* kann für schöne frei wachsende Hecken sowie als Deckgehölz verwendet und als Hochstamm, Pyramide oder Kugel erzogen werden.

Aufgrund der aufrechten Wuchsform von *V. × bodnantense* wirkt sich ein schwacher Schnitt nachteilig auf die Silhouette des Strauches aus. Werden die Triebe teilweise zurückgeschnitten, um die Größe zu reduzieren, führt das zu einem kräftigen, hässlichen Neuaustrieb im oberen Teil der Pflanze. Ist ein Schnitt zur Reduzierung von Umfang und Höhe nötig, entnimmt man ganze Triebe bodennah, um einen Austrieb von der Basis aus anzuregen.

Register

Die **halbfett** gedruckten Seitenangaben beziehen sich auf Pflanzenporträts bzw. auf Kapitel über bestimmte Pflanzen.

Der Autor dankt allen Personen, deren Gärten für das Buch
fotografiert werden durften.

Bibliografische Information der Deutschen Nationalbibliothek
Die Deutsche Nationalbibliothek verzeichnet diese Publikation
in der Deutschen Nationalbibliografie; detaillierte bibliografische
Daten sind im Internet über http://dnb.d-nb.de abrufbar.

1. Auflage
ISBN 978-3-7688-2664-8
Die Rechte für die deutsche Ausgabe liegen beim Verlag
Delius, Klasing & Co. KG, Bielefeld

Alle Fotos von Andrew McIndoe und John Hillier,
mit Ausnahme von:
David Austin® Roses: S. 117(C+F), 121(D)
Duncan & Davies: S. 46(C)
Garden Picture Library: S. 98(C), David Askham; 73(7),
Mark Bolton; 86(3), Vaughan Fleming; 190(4), John Glover;
188(D), Sunniva Harte; 90(F), 140(18), 174, Neil Holmes; 45(C),
52, Clive Nichols; 81(B), Jerry Pavia; 58(B), 137(A), 160(D),
J S Sira; 164(A), Didier Willery
New Leaf Plants: S. 51(D)
Osberton Nurseries: S. 103(C); 108(C)
Aus dem Englischen von Christine und Markus Mössel
Umschlaggestaltung und Layout: Gabriele Engel
Printed in China 2010

Delius Klasing Verlag, Siekerwall 21, D - 33602 Bielefeld
Tel.: 0521 / 559-0, Fax: 0521 / 559-115
E-Mail: info@delius-klasing.de
www.delius-klasing.de